貝諾法王係堪仁波切的具恩根本上師

堪仁波切 1999 年攝於四川省甘孜藏族自治州色達喇榮五明佛學院

蓮師聖地貝瑪貴「寧瑪菩提昌盛寺」，於 2011 年 2 月興建完成

2006 年於台北國軍文藝活動中心舉辦不動明王灌頂法會，堪仁波切為與會大眾授課開示

2010 年，堪仁波切與宗薩蔣揚欽哲仁波切（中）、堪欽貝瑪謝拉仁波切（右，堪仁波切老師），於尼泊爾雪謙寺「頂果欽哲法王百年紀念法會」

遍智 吉美林巴

本智光照

功德寶藏論

顯宗分講記

堪布徹令多傑仁波切◎講記　張福成◎口譯

目錄

尊貴的 寧瑪白玉大堪布 徹令多傑仁波切 簡介

　　堪布 徹令多傑仁波切於 1958 年誕生在貝瑪貴（Pemakod，原屬西藏，今屬印度），貝瑪貴係蓮花生大士在一千多年前便預言及授記的殊勝岩藏聖地，該聖地亦為　貝諾法王及第二世　敦珠法王的誕生地。堪仁波切初次接觸佛法因緣，為其小時看到田中蚯蚓不小心被踩死，悲慟不已，母親發現他有深切的慈悲心，便在他 16 歲時，讓他前往尼泊爾依止　敦珠法王，學習佛法修行，一年中從法王處接受各種灌頂、口傳及密訣。

　　後因　敦珠法王要前往法國，指示堪仁波切到南印度　貝諾法王設立的佛學院就讀，說：「該佛學院是最好的佛學院，你要依止　貝諾法王出家接受比丘戒，學習並精通佛法。」並預言堪仁波切將來會傳法利益無量眾生。

　　堪仁波切前往南印度佛學院後，經過九年時間精進研習顯密典籍，以優異成績畢業，且於　達賴喇嘛尊前辯經及講經考試時，表現優異，深獲　達賴法王之讚許。之後圓滿四加行、氣功和大圓滿之修行及完成大部分之三年閉關法。成為佛學院第一屆畢業生中，升座的五位資深堪布之一。

　　堪仁波切傳法講經至今二十四年，弟子包括多位轉世仁波切（藏語稱祖古）、教授（藏語稱堪布）及講師（藏語稱洛本）；堪仁波切以無分別之心，學習並通達不同教派如噶舉、薩迦及格魯之教法；亦從　頂果欽哲法王、　貝諾法王、　多竹千法王、　吉美彭

措法王、　祖古圖桑仁波切等上師處接受圓滿教言及所有傳承之法門灌頂和口傳，特別由　貝諾法王處接受不共的白玉傳承大手印、大圓滿合一之密訣耳傳講解，因此堪仁波切視　貝諾法王為己之具恩根本上師。

　堪仁波切被　貝諾法王派往西康白玉祖寺佛學院擔任校長時，由堪布　阿秋仁波切處得到堪布　雅嘎仁波切傳承的大圓滿耳傳密訣，並獲堪布　阿秋仁波切讚揚其為學者及實修雙有成就之執法大師。住持白玉祖寺三年期間，堪仁波切除了得到　圖桑祖古的「天法」口傳、「堪布雅嘎全集」灌頂、「吉美林巴全集」灌頂及一些秘密稀有的灌頂、口傳外，更依師囑前往謁見大成就者　阿秋仁波切，在每年兩個月的假期中，不但在　阿秋仁波切尊前接受大圓滿法全部口訣的口耳傳承，更接受了「堪布雅嘎全集」口訣及一對一口耳傳承的指導，並在　阿秋仁波切駐錫地「亞青寺」閉關實修。四個月間得到　阿秋仁波切的教授、口訣及口耳傳承，不負上師　貝諾法王殷重敦囑和期許。　阿秋仁波切除了在數千位僧眾面前讚歎堪仁波切，且公開授記他將來會有廣大利生的佛行事業外，也曾對堪仁波切的修證功德授予秘密讚賞。歡喜之餘，以其從伏藏中所取出的金剛鈴、杵及由五寶所製的文殊慧劍和古老且極具加持力的佛像賜予堪仁波切，作為殊勝之緣起並做特別之授記。

　堪仁波切亦由　達賴喇嘛處獲得時輪金剛之灌頂、講解和格魯派及寧瑪派之教法；由薩迦派　崔津法王處獲得灌頂和口傳。後由　貝諾法王派遣到前一世　頂果法王的「雪謙寺」擔任堪布職、教授師，達四年之久。此段期間，　貝諾法王曾親自到雪謙寺垂

賜大眾以「大寶伏藏」灌頂，並甚為歡喜和感激地告訴堪仁波切：
「　頂果法王是我的上師，我派你來協助我的上師，你不僅不負所
託，甚至令我的上師、佛母及　冉江法王皆大歡喜和讚歎，我由衷
感謝你！」於尼泊爾雪謙寺佛學院擔任堪布教授四年期間，　頂果
法王也對堪仁波切極為滿意並讚歎有加。

　　1999 年堪仁波切返回南印度時，　貝諾法王特別對他指示，
需於殊勝的貝瑪貴聖地，修建一所出家眾寺院和一所瑜伽士寺院；
且需在當地興建學校、醫院和養老院。並寫下向不分教派的十方施
主介紹堪布及勸善募款的信函，還指示堪仁波切必須前往台灣等
地，結下法緣。

　　同年底，堪仁波切首先赴歐洲，再轉往新加坡、菲律賓、香
港、台灣等地，佛行弘法事業。2002 年　貝諾法王派遣堪仁波切
二度來台，成立板橋弘法中心。　堪仁波切面對　上師殷殷敦囑、
策勉和期許，內心十分感恩與感動，這也支持著堪仁波切能夠遇難
不退。

　　為報恩供養，為昌弘聖教，為利益有情，堪仁波切的心願是：
「在　上師的指導和加持下，除能於貝瑪貴完成僧俗二眾的『白玉
分寺』外❶，也能夠在貝瑪貴興建學校、養老院、醫院等，以攝受

❶ 2011 年 2 月已於貝瑪貴興建完成「寧瑪菩提昌盛寺」，目前持續募款進行「瑜伽士閉關
　中心」興建計劃及寺院周邊設施工程。有意願護持的法友大德，懇請捐款，詳情可上「寧
　瑪三根本法洲佛學中心」網站 http://www.y-s-p-d.org.tw。劃撥帳號：19849851，戶名：
　臺北縣寧瑪三根本法洲佛學研究會。

當地居民，使都能信受佛法、實踐佛法，讓聖教正法能在聖地廣弘昌盛！相信這也是身爲佛弟子每一個人的願望，期盼具緣的佛弟子們，能夠用最清淨的意樂、最歡喜的發心，共襄盛舉、鼎力護持，在這稀有殊勝的密境聖地，一起造下無量功德之共業！」

堪仁波切在台弘法紀事：

1. 1999 ～ 2000 年　貝諾法王派遣來台，在新店白玉中心灌頂及講授教法《大圓滿三自解脫論》及《三律儀》等。

2. 2002 年，奉法王之命二度來台，在台灣成立板橋弘法中心；同年十月成立高雄弘法中心。正式開始有計劃、有次第的講說佛法課程，用心爲弟子做聞思修之規劃。

2002 ～ 2012 年：

＊教授法：

　　至今已講授：《大圓滿三自解脫論》、《生起次第釋論》、《大幻化網念誦實修指導文》、《大圓滿心性休息論》、《大圓滿虛幻休息論》、《大圓滿禪定休息論》、持明吉美林巴所著 《功德寶藏論》、龍欽七寶藏《法界寶藏論》、《入菩薩行》智慧品、《大圓滿椎擊三要》……等近三十門課程。

＊實修法：

　　至今已口傳灌頂：嗡啊吽前行法、金剛手菩薩、地藏菩薩、二十一財神及二十一度母等實修法、山淨煙供、黑財神水供、更密上師具明點印、貝諾法王上師瑜伽法及毗瑪心

滴、大圓滿前行修心七要、八大嘿嚕嘎大吉祥總集、上師內
持明總集、大樂佛母母尊意修儀軌等。

＊實修指導：

　　堪仁波切會針對弟子根器及學習進度而有一對一的傳法
指導，且會依弟子個人修法上的問題和瓶頸做善巧引導、突
破。

3. 2006 年成立香港弘法中心。

4. 2007 年於樹林成立「寧瑪白玉菩提昌盛閉關中心」，引導相應
弟子進行三日、七日等短期，乃至三年三個月的長期閉關。若
具因緣者，日後可至貝瑪貴的瑜伽士關房進行短、長期閉關。

＊目前已指導進行之閉關課程：

　　八關齋戒、大圓滿前行～上師內持明總集閉關、大圓滿
前行～本尊大吉祥總集閉關、大圓滿前行～大樂佛母母尊意
修閉關、地藏菩薩閉關、天法藥師佛閉關、天法二十一財神
閉關、普巴金剛密修閉關、龍欽寧體威猛馬鵬上師護法總集
及格薩爾王閉關、天法文武百尊閉關、千手千眼觀音菩薩紐
涅閉關……等。同時已計劃傳授完整「寧瑪派・龍欽寧體法」
之閉關課程。

5. 2008 年受邀獲聘擔任大華嚴寺「萬人供僧大法會」之指導上師。

6. 2009 年再度受邀獲聘擔任大華嚴寺「萬人供僧大法會」之指導
上師。

7. 2010 年於香港中心講授《大幻化網總說光明藏論》。

8. 2011 年成立澳門弘法中心。

9. 2012 年 3 月成立台中中心（貝瑪瑪尼顯密法林中心）。

10. 2012 ～ 2013 年應南印度南卓林寺之邀，擔任高級佛學院院
長。

自序

　　大約十年前，我個人初到台灣之時，遇到多位弟子非常重視佛法，信心強烈，所以我也略略講解了佛法課程。之後多位弟子請求：「已經有很多堪布、祖古、仁波切到台灣來，也開示了許多佛法，但是他們大多數只停留台灣一個月，因此我們台灣弟子不能長期學習佛法，而且由於上師經常不在台灣，聞法後若有疑問，也無請教、解惑之處。」

　　當時我內心想：「原來這些台灣弟子遇到的困難是如此！」為了這些重視佛法的弟子，我個人於是計劃長住台灣，並且打算詳細解說佛法。對此計劃，我內心也感到好樂高興。

　　二○○四年時，我經過仔細地深思熟慮，決定於「寧瑪三根本法洲佛學中心」對弟子先講解《功德寶藏》❶，這是一部大論，註解也多，由於台灣弟子極為忙碌，上課時間只有週六、週日晚間二小時，上課時用藏文講解，再由張福成老師現場口譯成中文，因此真正講解的時間並不長，前後用了一年多時間，才講畢了《功德寶藏》整部大論。

　　《功德寶藏》與其他書比較，有諸多不同的特色，大遍智龍欽巴尊者開示的教法極多，有單獨經教方面，有單獨密咒乘方面，也有貫通顯密而開示的，其中主要的典籍有《七寶藏論》《三休息論》

---

❶ 全名《功德寶藏・歡喜雨》，一般簡稱《功德寶藏》。

《三自解脫論》《三類除暗》等，都是長篇巨論。而將這些典籍特色歸納總結的，即是《功德寶藏》。

《功德寶藏》一書的內容，由內道入門皈依開始講解，之後有居士戒、八關齋戒、沙彌和沙彌尼戒、善學女戒、比丘戒、比丘尼戒，開示了外分別解脫戒完整的內容。在菩薩戒方面，則開示二種菩提心，另外開示了四無量心、六度等，此為經乘方面的義理，齊備一切關鍵要點。在密咒乘方面，則開示了事續、行續、瑜伽續等外續三部的義理，以及瑪哈、阿努、阿底瑜伽等內續三部的義理，關鍵要點俱皆齊備，可說完整齊備了寧瑪派的特色。

格魯派的《菩提道次第廣論》，雖然廣大齊備，但只有闡述經乘教法，有關密咒乘教法都放在《咒道次第廣論》；噶舉派的《解脫莊嚴寶》，也只有經乘方面，沒有密咒乘的理論；薩迦派的道果教授雖然經咒雙運，但無大圓滿教法。

因此希望台灣弟子重視及學習此一教法，因為遍智吉美林巴的《功德寶藏》，次第分明，由淺入深（詳細主題請參見導讀篇），完整齊備了經咒乘門的所有法理，必定對弟子有很大助益。

在講解這部書時，有些弟子已經六、七十歲了，聽聞此法後，內心相當高興。我個人今後不可能有時間、有機會再度講解，不過中心場場錄音製作成 CD 片，有許多新進弟子只要來請求口傳了，就可以自行聽聞 CD 片學習。期望這個教法，對全台灣的佛教弟子都有很大的助益。有些弟子談到：「比起耳聽而言，若有文字供閱讀，幫助更大！」因此現在筆錄成冊出版，以利益更多眾生。

這部《本智光照──功德寶藏論》前後講述與譯成文字，張老

師提供了很大的幫助，在此特別感謝。但因爲這是部大論，法義深奧，在講解上難免會有疏失，在翻譯上也難免會有疏失，這一切，個人致上深深的歉意。

　　萬法因緣生，這本書的出版結合了多方的因緣條件，希望能爲藏傳佛教在台灣的發展貢獻棉薄心力。在此也深深祝福有緣弟子們能賴此法緣，早日獲得無上菩提！

堪布徹令多傑仁波切

導讀

　　龍欽心滴的伏藏教法由遍智吉美林巴在他第一次三年閉關時挖掘取得，因此，遍智吉美林巴可說是大圓滿龍欽心滴的教法法主。他在第二次三年閉關時，實修大遍智龍欽巴（法），親見龍欽巴三次，同時龍欽巴毫無保留地傳授給他一切的指導、教誡。

　　吉美林巴所著《功德寶藏・歡喜雨》，就是將大遍智龍欽巴所著《七寶藏論》的關鍵精髓全部凝聚在一起，包括下士道、中士道、上士道的基、道、果的部分。分成三個根本大綱，也就是初善——前言，中善——正文，後善——結行。

　　正文分為十三章：

　　第一章：暇滿難得

　　第二章：死亡無常

　　第三章：業力因果

　　第四章：輪迴痛苦

　　第五章：殊勝士夫最初入門處——四大輪

　　第六章：佛道入門——皈依

　　第七章：正式進入大乘——四無量心

　　第八章：發殊勝菩提心

　　第九章：菩薩學處

　　第十章：持明藏典

　　第十一章：一切聖教之頂——自性大圓滿

第十二章：自性大圓滿不共之道

第十三章：究竟之果——佛身與佛智

其中，第一至第三章是使本來還沒有趣向於佛法的人，能夠轉心向法；第四章到第九章，講說脫離三界輪迴的解脫之道；第十章是能滅盡其錯亂見地之方便；第十一、十二、十三章，講述把一切迷惑所顯現的景象全部清淨去除的方法，去除後，所顯全是清淨浩瀚，唯有本智。

以三士道次第而言，第三至第十三章廣說所應修持的三士道次第，下士道於第三章講說；中士道於第四章講說；上士道屬不共道，細分為三項：

1. 說明前行法：第五章

2. 說明道之所依基礎：第六章

3. 說明道之主體「觀修兩種菩提心」，再細分為三：

　　(1) 道之主幹——依因經教性相乘門而說

　　　　修心——四無量心：第七章

　　　　發誓——全面執持菩提心：第八章

　　　　修學學處——願、行菩提心學處：第九章

　　(2) 道之隱義——依果密咒金剛乘門而說：第十章

　　(3) 道之近道——依自性大圓滿而說：第十一至十三章

第十章到第十三章屬密分，本書內容只講述第一章到第九章顯分部分；第十章到第十三章密分部分將於下冊講述。

初善——前言

包括解釋書名、供養禮讚文和撰者誓言。

解釋書名

遍智吉美林巴原書名有印度語和西藏語，意思是「功德寶藏‧歡喜雨」。

為何這樣說明呢？因為書裡所講的三士道，基是功德，道路的範圍是功德，果的一切也是功德，諸如此類的各種功德都放在這裡，像個寶藏一樣。譬如國王得到金銀財寶等各種寶藏，可以除去貧窮的痛苦。一般人如果得到一個藏寶庫，當然也是一生不愁吃穿，不再辛苦勞累。

一樣的道理，三士道的內容包括基、道、果，需要下士道功德的人，就向他講解下士道；需要中士道功德的人，就向他講解中士道；需要上士道功德的人，就向他講解上士道。因為聽聞的緣故而擁有下、中、上士道的功德，不再有所欠缺，所以是「功德寶藏」。

其次，「歡喜雨」是以農夫作比喻。種田的人希望稻米能豐收不再貧窮，因此，把所要收穫的稻米比喻成功德，想得到稻米就像我們想要得到功德。但要得到稻米並不只是辛苦就夠了，老天也要幫忙，要下雨使泥土得到滋潤，稻苗慢慢才能長出稻米。當老天下雨時，農夫的期盼轉成歡喜高興，所以稱為「歡喜雨」。

同理，希望得到下士道功德的人，向他講解下士道的基道果，他聽聞後非常歡喜；喜歡中士道的人，向他講解中士道的基道果，

他聽聞後歡喜無比；喜歡上士道的人，向他講解上士道的基道果，他也是非常歡喜！因此，這部書就像是滂沱大雨的喜悅，講解了三士道基道果的理論，想要得到這些功德的人，聽聞後就像農夫遇到大雨一樣歡喜無比。

遍智吉美林巴寫這部書時，以此比喻作為書名，意思就是如同農夫遇到盼望的大雨一樣，向渴求三士道的人講解所需基道果的部分，讓他們歡喜無比。

供養禮讚文

先頂禮三寶，即佛寶、法寶、僧寶。對於三寶，以身語意三門恭敬頂禮。為什麼一開始要頂禮三寶？一般來講，若是我們真實見到三寶，內心就會產生強烈的信心，得到廣大的利益。如果把三寶的意義寫成文字，讓有緣者閱讀時，依然能對三寶產生強烈信心，使自己內心的遍計和俱生的煩惱都能夠斷除掉，這是三寶的加持和威力！原文「遍計見道所應斷」是說遍計煩惱在見道位應該斷掉；「俱生修道所應斷」是說俱生煩惱在修道位應當斷掉。

以一個印度故事來說明。釋迦牟尼佛住世時，釋迦族有一個名叫靡千的貴族，非常富有。釋迦牟尼佛講說教法時，靡千的女兒去了，全身佩戴珊瑚、珍珠、金銀，打扮得珠光寶氣。在聽聞教法時，許多人看到她的珠寶，都生起貪戀之心而障礙聽法。因此，她叫侍女羅根姐把珠寶收起來送回家裡，再回到聽法的地方。

現場還有另外一個女子，也有一個珍珠項鍊。聽法時，一直摸

著項鍊，產生傲慢之心，想著：

「這麼好的珍珠項鍊，只有我有，別人沒有！」

手中把玩著，貪戀之心很強烈，不能夠專心聽聞教法。麋千的女兒為了調伏她的傲慢之心，就叫侍女羅根妲回去把珍寶飾物再拿來。羅根妲聽了之後，心想：

「啊呀！作為佣人真是身不由己，被叫來叫去，佛陀說法都不能好好的聽聞。」心裡非常不高興。

這事當然佛陀知道了，特別為她講了一個頌文，女僕聽了內心非常高興，樂意地回去拿珠寶，沒想到在路上發生意外被牛撞到而亡，死後投生在辛格爾國，成為國王女兒，出生時，天空降下像大雨般的許多珍珠，所以被取名為珍珠。

當時許多印度生意人到這個國家來，讀誦著佛經，珍珠公主聽到了，說：

「你們唱的歌非常好聽，是什麼歌啊？」

生意人告訴她：

「這不是歌，是佛陀的語言，加持力非常大！」

公主聽了以後，對佛經產生強烈的信心，很喜歡，很高興。寫了一封信讓生意人帶回印度，請佛陀賜給一個加持物。

生意人見到佛陀後，呈上這封信。佛是一切智者，當然完全了解，但是裝做不知道，問東問西，問清楚後，為了使公主產生信心，所以要賜給她一個加持物。佛叫工匠依照自己形體畫一張像，要送給公主，但是因為佛的形體自然放出像太陽光一樣強烈的光芒，畫匠無法看清，只好從側面模糊隱約的畫了一張像，佛再寫上

皈依戒的儀軌、學處。

這張圖畫連同文字送到公主手上，公主打開一看，看到佛的畫像，仔細看文字，是皈依戒的儀軌、學處，讀了皈依戒的儀軌，得到皈依戒律，再讀一讀皈依學處，成為一個居士，守護著這些學處。因此，雖然她沒有看到佛，但透過文字，卻能夠了解三寶的意義。守護這些學處而把見道所應斷的煩惱斷掉了，同時產生能力，逐漸也斷掉修道所應斷的煩惱。這些功德都是因為透過文字傳達而產生。

撰者誓言

吉美林巴說，以前南方許多登地的菩薩聖者，為了使自己的功德增長增廣、清淨煩惱而寫下的論典，多得無量無邊。因此，自己所寫的這本書，可以說只是一些分別妄念，懷疑之心所寫的書，就好像聲音小的人，故意吼得很大聲一樣，可能大博士看了也不會滿意，詞句文藻也不夠華麗工整，不過內容都是依循佛陀講說的教法，所以讓弟子學習仍然是可以的。

在輪迴的處所之中，有些眾生正受到出生的痛苦，有些眾生正面臨疾病的痛苦，有些眾生正面臨衰老的痛苦，有些眾生正陷入死亡的痛苦。所以，眾生不可避免的都要受到生老病死的痛苦，把生老病死的痛苦消滅掉的藥是什麼呢？就是佛陀所說的正法。而佛陀對去除痛苦所說的正法，登地以上的大菩薩所寫的註解論典已經很多，我們可以依據這些典籍來做實修。不過現在人已經把佛陀的語

言和登地大菩薩所寫的論典丟棄了，沒有用來做實修。因此，吉美林巴說：

「在這種狀況之下，我再寫一本書，對於眾生可能會有什麼利益，實在是值得懷疑的，不過因為總是有一些有緣份的人，一定可以從這本書得到利益，還是會對有緣者有幫助的。」

根據這個想法，他寫下了這部書。

中善——正文

正文也就是這本書的內容，分成十三章。第一章暇滿難得，第二章死亡無常，第三章業力因果；這三章好好學習後，本來還沒有趣向於佛法的人，就能夠轉心向法。第四章到第九章，整體講的是脫離三界輪迴得到解脫的道路，這是聲聞和獨覺的道路，但若以方便大悲、空性智慧攝持之下來學習，這也是大乘的道路，也能夠證得佛果。第十章談到顯教乘門所走的道路有應做和應斷，以致對應做和應斷會有所執著，而去除這種執著的方式是什麼呢？將於第十章講述。第十一章、十二章、十三章，講述把一切迷惑所顯現的景象全部清淨去除的方法，去除後，所顯全是清淨浩瀚，唯有本智。（註：第十章到第十三章屬密分，將於下冊闡述）

如果內心沒有傾向於佛法，要使它傾向於佛法的方式是什麼？這要做一個解釋。首先，第一項是人身暇滿，非常難以得到；第二項是爲了能夠產生精進之心，所以要講解各種無常；最後是所實修的道路是三士道，這部分要詳細解釋。

1

暇滿難得

這章要說明的內容，包括八種無暇是什麼；要辨明清楚能夠實修佛法的八有暇、十圓滿；能夠修法的十八暇滿如何難得的原因等。

　　從無始輪迴以來，在三界輪迴之中如同走入濃密的森林一樣，會在裡面走錯路，投生到地獄，頭手腳被砍斷，不可思議的痛苦已經遭受過很多很多！即使是這輩子活著的時候，頭手腳被砍斷的痛苦也會遇到。不僅如此，就是下輩子，這種痛苦也不會窮盡，還要繼續。為什麼呢？因為下輩子感得痛苦的不善業，現在很多隱藏在底下，呈現出來的不善業能夠了解，但是忘記了、不知道的、埋藏起來的不善業，多得不得了，所以，有的受報這輩子受苦，有的受報下輩子受苦。

　　有很多人心裡想：「下輩子我要投生在天道！」「下輩子我要投生在人類！」或是想要下輩子長得非常美麗、非常有財富、有名氣、有身分地位等，這些想法都是對輪迴仍產生貪戀執著，所追逐的只是輪迴的痛苦，對徹底脫離輪迴痛苦的方法卻從沒想過或完全不知道，愚笨、無知，仍然要受到很多的痛苦。

八有暇

　　八有暇是什麼呢？就是八無暇的反面，無暇的意思是指沒有空暇學習佛法。

　　就像前面提到的，根本沒有產生過學習佛法的想法，不僅如此，內心還有很多罪業、不善業，也會消滅想要學習佛法的想法。

如果是這種情況，這種人的身體將來只會向下沉淪，那會沉淪到什麼地方去呢？不再投生爲人，而投生到第一，地獄道；第二，鬼道；第三，畜牲道；第四，腦袋不做任何思維的無想天。

以上是投生在非人道的四種無暇。

就算投生爲人，卻生活在絲毫沒有佛法的蠻荒之地，這是第五個無暇；即使投生在佛法流傳的區域，可是愚笨或根門不具足、腦袋不能思維，這是第六個無暇；第七個，心有邪見，認爲沒有三世因果存在，死後一了百了，什麼都沒有！或者認爲即使做不善業，也沒有痛苦的果報；第八個是佛不出世，要了解世間界無量無邊，非常多，這裡面很多世界根本沒有佛！

以上是投生在人道的四種無暇。

再來要詳細解釋八無暇。第一種，地獄道。如果已經投生在地獄，那連得到短暫刹那快樂的機會也絲毫不存在！爲什麼呢？地獄之內，整個大地都是火紅燒熱的鐵，天空不斷降下像滂沱大雨一樣的刀劍，把身體刺穿很多洞或砍成好幾段，如此生生死死、不斷流轉持續，而且在過程中，想要投生到另外一道都不太可能。地獄的眾生，身體的痛苦不管多少、時間不管多久，除了受苦之外，不會死亡；有時以爲自己死了又活過來，不斷地受苦，直到惡業窮盡。

不僅如此，地獄道眾生還會想：「我並沒有造作什麼惡業，爲什麼要在這裡遭受如此猛烈的痛苦呢？」

因此勃然大怒，常常處在憤怒中，因而造了更多惡業，累積更多更久投生到地獄的因，牽引著將來還要再投生到地獄裡。若累積很多投生熱地獄的業，就會受繼續投生在熱地獄裡的果報；累積很

多投生在冷地獄的業，就會受繼續投生在冷地獄裡的果報。如此受苦千千萬萬年，痛苦不斷地持續。

所以，在地獄的眾生絲毫不會產生學習佛法的想法，主要是因為痛苦的力量太過猛烈之故，因而不能夠實修佛法。這是八無暇之一。

第二種，鬼道。有些鬼在這個世界來來往往，卻連膿、血、大小便都看不到、找不到，處於強烈飢餓之中，飢餓乾渴的程度無法想像，這是鬼道的痛苦！有些鬼能夠看到水，遠遠看去以為是水或水果，等千辛萬苦跑到河那邊，水完全乾涸了；千辛萬苦跑到森林裡，果樹全都枯萎了，一點都得不到。這是因為慳吝之心非常嚴重所累積的惡業，投生在鬼道，完全不能享用食物。

還有一些鬼，肚子非常大，手腳非常細小，臉很大，嘴巴很小很小，喉嚨更細小，這種鬼就算非常幸運得到一些食物，卻無法放進嘴巴，即使放進了嘴巴，因為咽喉非常細小，食物也無法通過咽喉，只能吞入細微的一點點，這一點點的食物掉到肚裡等於沒有了，所以飢餓難以忍受，五臟六腑飢火中燒，比沒有得到食物更加猛烈！

這些飢餓乾渴的痛苦都是因為自己上輩子、上上輩子慳吝之心非常嚴重，向上不供養三寶，向下也不布施乞丐貧窮之故，因為吝嗇之心嚴重，所以投生鬼道，沒有辦法得到食物和水。鬼道的壽命如何呢？不一定，有些也許五百年、六百年，有些也許千年、萬年。

第三種，畜牲道。整體的痛苦是互相吃掉對方，像大海裡、河流裡、森林裡有很多動物，這些動物都是大吃小、強凌弱。例如魚

類，經常都是在恐懼害怕中度日，快樂絲毫都不存在。還有其它很多動物也都受到獵人捕殺，森林中的鳥、蛇、河流裡的魚都被抓來烤食販賣，受到喪失性命的痛苦，這在台灣也很普遍。

另外還有勞累的工作，這在印度很普遍，譬如牛在田地裡耕田，從早到晚，日復一日、年復一年，馬也要背負沉重的擔子工作。

還有一些動物，例如豢養在家裡的小狗小貓，看起來很可愛的樣子，不過如果告訴牠：念佛能夠清淨罪障，對三寶產生信心能夠清淨罪障，牠們完全不能了解。牠們不能念誦、不能聽聞、無法起信。

如果有一天我們投生變成畜牲，那該怎麼辦？畜牲當然也會趨吉避凶、離苦得樂，這是本能的反應，但卻無法了知，所以投生畜牲無法思索，欲離苦卻不知離苦的方法，欲得樂也不知如何追求快樂，不能理解和思維，唯有愚癡。

第四種是投生無想天，成為沒有任何想法的天神。投生在無想天不會很快死亡，而要經過千千萬萬年的時間才會死亡。解脫輪迴要依於出離心和信心，但他們沒有機會去思維這些內容，沒有辦法得到脫離輪迴的基礎，所以無法得到解脫。

還有，無色界的眾生，粗糙的色法物質不存在了，所以不能夠聽到佛陀說法的聲音，內心也不能夠思維。他們前面一剎那的想法是進入禪定，到達無想天，以為自己解脫了，之後進入無想，在無想之中經過千千萬萬年的時間，壽命窮盡之後，要死亡了，又產生一個想法：「以前我認為我解脫了，原來我錯了，根本就沒有解脫！」所以就對解脫產生邪見，造作了惡業，牽引投生到三惡道，

無法學習佛法。

　　以上是八無暇中的前四種，是投生在非人道的四種無暇。

　　第五種是投生在蠻荒邊地的民族，雖然是人類，也是用兩隻腳站立，但完全不知道對自己有幫助的是善業，對自己有傷害的是不善業、惡業；完全不懂對於利益之事要學習、對於不善業應捨棄等善惡取捨的理論，因此往往把對自己有利益的善業認爲是不好的，而把不善業當作是對自己有幫助的，顚倒相反，不能分辨善惡。這就像一個人走到了濃密的森林裡，黑天暗地，什麼都看不到，無法分辨東西南北。雖然想回家但不知道方向，只好在森林中漫遊，走來走去，找不到回家的路。邊地蠻族就像這樣。

　　世界上很多國家都有蠻族，在貝瑪貴也有一個蠻族，稱爲珞巴族。他們對於善惡取捨完全不知道，當然他們內心也希望離苦得樂，但是完全不知道怎麼做，一輩子都在殺生度日。殺生是不善業，將來要感得痛苦，他們卻完全不知道！如果有人死掉了，家裡有錢的話，就殺兩三頭牛，把肉分給左鄰右舍。實際上這是不善業，因爲這是殺生，而這樣的不善業他們卻當作是好的。

　　有人教導他們：造作殺生不善業會投生地獄，冤親債主會來追殺你，所以你要有準備。因此，他們在死亡時往往準備了很多刀劍武器一起陪葬，這樣到地獄遇到牛鬼蛇神就可以跟他們打架，同時也準備一些錢財、乾糧食物可以用。他們完全不了解人死後只有神識離開身體，任何一樣世俗的東西，一點一滴完全帶不走！他們完全不明白，對於善惡業不能了解，趨善避惡的方法也不知道，所以是無暇。

　　第六種是愚笨，分為內和外，內主要指意根衰損，外主要指五根衰損，譬如舌頭壞掉、眼睛壞掉、耳朵壞掉，這種情況都包括在第六種無暇。如果說有這些情況，即使遇到登地以上的大菩薩講經開示，對他來講也完全沒有什麼利益，就像是空谷回音一樣，不能思維，無法產生理解。這種眾生就好像是走到一望無際的大平原上，不知道何去何從，來回徘徊，受到許許多多的痛苦。譬如，舌頭壞掉就不能說話；眼睛壞掉就不能視物；耳朵壞掉就不能聽聞，這些情況中，最糟最糟的就是意根衰損，內心思維能力衰損，那就和畜牲一樣了，雖然得到人的身體，但是不能思維善惡取捨。

　　第七種是邪見，三界輪迴就像大海一樣，要脫離大海需要靠船，這船就是人的身體，但是有時候得到人的身體，就算他具足聰慧福報，仍可能是邪見者。譬如某人聰明又具福報，卻說佛教是鴉片是毒，不相信上輩子也不相信下輩子，不相信佛法會帶來安樂，只要有佛法的地方他就不喜歡，想要滅掉佛法，這即是邪見。這種想法都是被魔鬼所控制，將來也會變成魔鬼。所以就算他是大博士，非常聰明、有地位、名氣、財富，但還是不會學習佛法，也根本沒有學習佛法的想法，為什麼呢？因為邪見的緣故。

　　第八種是佛陀不出世的暗劫。有許許多多世界都是佛沒有出現的世界，為什麼有的世界有佛出世，有的世界沒有佛出世呢？這些世界的眾生沒有值佛降生的福報，所以佛不出現。如果投生在暗劫的世界，就像一個人掉下懸崖，不管他用盡各種辦法，萬丈深谷怎樣也爬不上來！

　　所以如果投生在沒有佛陀出世的時代，就算內心想學習佛法也

沒有辦法，四周全都是顛倒的道路和想法，沒有人開示正確的道路，因此要受到無量無邊的苦。如果是這種情況，只會不斷的向下沉淪，投生會不會越來越好呢？很困難，因為沒有正確的道路。

前面所講的八個處所，稱為八無暇。如果投生在八無暇，就會遇到許許多多的痛苦，累積許許多多的罪業，無量無邊，就好像狂風暴雨不會止息，不斷不斷地吹過來，若投生在這些處所，無論如何都會非常辛苦勞累，而且處在恐懼害怕之中，所做的事情都是不善業，沒有造作善業的機會，內心根本就不會想實修佛法，而實修佛法的機會也根本就不存在，所以叫做八無暇。

我們好好分析思維，發現自己都不在這裡面，我沒有遇到八無暇的任何一種情況，自己現在這個人身多麼的好，這樣的善緣要珍惜！進一步思維：我今天處在八有暇（沒有遇到任何一種無暇，就稱為有暇）的情況，應該要好好運用人身的時間，做一些偉大的事情。這樣的想法一定要產生，在內心裡再三地思維。

十圓滿

八有暇之後是十圓滿，自己要具足的有五種，稱為自圓滿；外在環境要具足的有五種，稱為他圓滿。

自圓滿第一個要投生在中原區域，中原是指有佛教傳播的區域。具足這第一個條件還不夠，第二個就是自己根門要具足，亦即眼耳鼻舌身等根門。這樣還不夠，第三要對內道佛法產生信心，想要學習。這樣還不夠，第四還要不造作嚴重的罪業。這種情況在中

國、台灣都有，就是對佛法有信心，但對殺生罪業也沒有羞恥心，習慣去做這件事，例如有人也祈請觀世音菩薩加持，但也喜歡殺生。尼泊爾也有這種情況，既殺雞宰羊又拜佛，這是落入邊業的情況。第五個當然是要有人類的身體。

如果具足以上五條件，就像如意寶樹。雖然經常用如意寶樹來比喻，可是一般人都不知道如意寶樹是什麼，因為人間沒有如意寶樹，天界才有。對著如意寶樹誠懇祈請，什麼樣的東西都能得到，這才是如意寶樹。如果具足這五個條件的人身，就跟如意寶樹一樣，非常地稀少珍貴。

五種他圓滿，不是靠自己得到的，是外面的環境所要齊備的條件，也要自己能遇到。第一是佛出現世間，就像優曇婆羅花出現世間少之又少一樣，佛陀出現世間也是少之又少，這第一個條件我們遇到了，在我們這個時代，佛陀有出現世間。

第二個條件，佛陀在印度成就佛果，一開始七七四十九天沒有講說佛法，如果佛出現世間卻沒有講說佛法，對我們就沒有用處了，幸而佛出現世間，還講說了佛法。

第三個條件，經過非常多年以後，佛的教法滅亡了，若滅亡後我們才出生，那就沒有辦法學習佛法。現在不是，現在是佛法還流傳在世間的時代。

第四個條件，佛法流傳在世間，還要有學習佛法的人，這就是上師善知識。佛法如果還在世間但沒有人學習，那就沒有用處了。現在不是這樣，仍有許多上師善知識努力學習佛法。

第五個要具足善心，內心要有大悲之心。譬如雖然有許多上師

在學習佛法，若沒有大悲之心，就不會攝受弟子，不會向弟子講說佛法，不傳授灌頂，不做口訣指導，對我們也就沒有用處了。現在不是這種情況，現在有很多善知識具足善良的大悲心，對弟子宣說佛法、傳授灌頂、給予指導、講說口訣，這些全部都有。

十八暇滿

　　若具足上述五自圓滿，就像是天界的如意寶樹一樣，非常難得，只要祈請，一切心願都能實現；五他圓滿要齊備也非常地稀少，就像優檀婆羅花一樣。這就是十種圓滿，在八有暇的基礎上，又遇到五自圓滿、五他圓滿，這樣具足十八種暇滿條件的人類身體，就更加地稀有難得了！

　　佛陀曾以一個比喻說明十八種暇滿的人身寶之難以得到，這個比喻叫做不可能的比喻，以不可能的事情來做一個比喻形容。若把整個世界變成一個大海，廣大無邊，海底住著一隻沒有眼睛的烏龜，海面上漂浮著一根上面有個小洞的木頭，烏龜每一百年才浮上海面一次，海面上的木頭漂流不定，如果有一天，烏龜從海底鑽出來時，頭剛好鑽進木頭的小洞中，這樣的機率微乎其微，非常困難，可能要經過千千萬萬年的時間才會發生一次。如果要得到十八種暇滿的人身寶，機率比這個更低，這是佛陀在佛經裡的比喻。

　　如果從數量上來看，和地獄道眾生相比，鬼道眾生算少，畜牲道比鬼道更少，人道比畜牲道還要少，修羅道比人道還要少，天道比修羅道還要少，這是數量上的多和少。但是地獄我們看不到、鬼

道也看不到、天道也看不到，到底是多是少我們不能相信。畜牲道我們倒是能看得到，把畜牲和人類比看看，誰多誰少就知道了。人類每天殺掉的大魚小魚不知有多少，但是大海裡的魚還是一樣多，餐廳也不會沒有魚可賣。不要說魚，就說螞蟻小蟲，數量也是不可計算之多。

現在很多人不結婚、不生小孩，或是結婚了但不生小孩，所以要投生爲人類多麼困難！那暇滿的人身寶，能夠學習內道佛法的這種身體，更是難以得到了！不要說學習佛法，就算是對人類社會有用處的科學家身體，也得不到。

再舉例來說，晚上抬頭看，繁星點點不可計算，白天的星星則少之又少。以人類和畜牲的數量相比，畜牲數量如同晚上的星星，人類數量如同白天的星星，這樣一比較，可以說根本就沒有人類，就像白天根本就沒有星星。這是佛經裡所做的比喻，類似的說明還有很多。

再仔細分析一下十八暇滿的人身寶，就好像越過大海的渡船一樣，如果我們有船，卻不用它來渡過大海，這艘船又有什麼用處呢？對一個學習佛法的人而言，就好像長途跋涉的旅客，譬如要去印度，一定要找一個嚮導帶路，才知道怎麼走。如果已經雇了一個嚮導卻又不去，那爲什麼要雇他呢？得到人的身體就好像已經雇了一個嚮導，就該請嚮導把我們帶到目的地；運用這個身體把我們帶到目的地。若是已得到暇滿人身寶卻不學習佛法，就等於平白浪費掉了。應當要謹愼掌握這個機會，做偉大的事情。什麼是偉大的事情呢？就是爲自己未來生生世世的利益好好想一想！

2
死亡無常

思維器物世界而觀無常

　　一般都覺得房子會壞掉、樹木會枯萎，但山河大地是恆常存在的，任誰也沒辦法破壞。實際上，器物世界存在的過程分成四個階段：最早有漩渦狀的風大種形成，逐漸形成這個世界，接著生命慢慢地形成了，之後整個大地逐漸衰壞，最後又化成像虛空一樣不存在。

　　換句話說，這個器物世界有成、住、壞、空四個階段，成劫要經過二十小劫，住劫要經過二十小劫，壞劫要經過二十小劫，空劫也要經過二十小劫，四個階段合起來是八十小劫，八十小劫稱為一個大劫，時間上相當於幾億年。

　　雖然取這個名稱，但無論如何最後它仍然是會壞掉的，大地最後會經過七次大火、一次水、一次風，完全破壞無餘，最後，整個世界被破壞，然後化成空，什麼都沒有了！

思維聖者士夫而觀無常

　　譬如釋迦牟尼佛是天人的導師、道路的指示者，身體是金剛不壞之身。當他住世時，地水火風四大種，任何狀況都不能損傷他的身體；又譬如蓮花生大士到西藏時，西藏的魔鬼邪祟製造了許多傷害，想盡辦法要消滅蓮花生大士，但是他的身體絲毫不會受到任何傷害，也是金剛不壞之身。

　　我們想一想，以釋迦牟尼佛、蓮花生大士爲主的這些殊勝之士、實修者，爲了調伏不了解無常、將無常執著爲常的弟子，而示現無常幻化，暫時捨棄金剛不壞之身，進入止息的法界，融入清淨的淨土之中，示現許許多多的事蹟，這些也都是無常。釋迦牟尼佛距今兩千多年，蓮花生大士距今一千多年，當時他們的弟子眷屬也有很多不可思議的神通幻化，現在只留下歷史事蹟，再也看不到了！這些都是無常的性質。

思維權貴主宰而觀無常

　　如果我們現在修禪定靜慮，能夠得到色界的心或得到無色界的心，死亡之後就會投生在色界或無色界。如果投生在色界、無色界，有些天人的壽命能夠達到一劫那麼長的時間，但即使得到那麼長的壽命，時間到了，最後還是要死亡，總有結束的時候，一切都沒有了，死亡之後仍要繼續墮入輪迴之中。

　　除了這些情形外，又譬如說世間的天神，例如大梵天、自在天、遍入天、或以前轉輪聖王，權勢強大無比，這一切的權貴主宰，如今僅留名稱，再沒有活著的，全都沒有脫離死亡的無常！

思維死亡性質而觀無常

　　例如就天界的環境而言，多麼美麗漂亮，許多奇花異草，是充滿喜悅快樂乾淨的地方，但天界的眾生卻像是被獵人追趕的鹿一

樣，也受到死神的追趕。

將要傷害壽命的死神，是不斷地靠近的，誰也不能脫離死神的手掌心，終將面臨死亡壞滅的情況。除此之外，不死恆存的，一個也沒有！

思維各種喻義而觀無常

例如夏天天氣炎熱無比，讓人覺得很難過，心裡會喜歡冬天的天氣或月亮，代表了涼爽。而四季不斷地變化就像這種情況，我們的一生就算能活一百歲，一百個一年也是逐漸地在改變，如同春去冬來一樣，壽命不斷減少，最後終將死亡。

死亡逐漸在靠近，壽命不斷在減少，將來會投生在什麼地方，會遇到什麼痛苦，沒有人去想一想這些問題，不知道害怕，也沒有好好做準備！

印度有一個比喻，最厲害的神射手能向四方同時射出箭，但是一個地行鬼跑得很快，可以同時抓住他射出去的箭；比起地行鬼，太陽跑得更快。這是佛經的講法，以現在科學的講法則應該是地球跑得比地行鬼還要快。

但是，什麼跑得比地球、太陽、月亮還要快呢？壽命！眾生的壽命跑得快得不得了，快到什麼樣子呢？我們想一想，最初自己從媽媽的肚子生出來，是一個小娃娃，之後讀幼稚園、小學、中學……，逐漸長成二十、三十歲的年輕人，到了四十、五十歲的壯年人，之後慢慢就會遇到死亡。死的時候，身體四大種能量慢慢衰

損，身體逐漸產生許多疾病，頭髮由烏黑亮麗轉為白髮蒼蒼，臉上出現許多皺紋，力氣衰損，沒有光彩，最後身體逐漸損壞，然後就死亡了。

　　仔細想一想，壽命走得這麼快速，一生很快就結束了。從剛出生到十五、六歲青少年階段，時間好像過得很慢，到了二十、三十、四十歲時，覺得還有很多時間，但到了六十歲時，回想自己六十年的人生卻是剎那飛逝，快得不得了。即使活到九十、一百歲，也覺得壽命如彈指般快速，一下就過掉了。

　　所以，時間的消逝非常快速，死亡很快就到了！

思維臨終狀況而觀無常

　　無論如何，我們最後總是會面臨死亡。當最後面臨死亡，閻羅王要來取走壽命時，即將死亡的人沒有任何的救護者，沒有任何的大力士做為後台靠山，就好像一個人從懸崖掉下去，還能逃到什麼地方去呢？完全沒有逃生之處。

　　注定會死亡的疾病產生之後，身體會漸漸失去光澤，紅白潤澤的皮膚變得黯淡無色，雖然還沒死亡，有的人眼睛就看不到、手腳不能動、耳朵聽不到、或是舌頭不能分辨滋味，醫生也只能搖頭嘆息，束手無策，病人面臨絕望。

　　這時，頭手腳都很難移動，勉強動一下卻痛得不得了，而且呼吸慢慢失去控制，無法像往常那般輕鬆，只剩下喘息的感覺。四周圍繞著父母、親人、子女，哭喊著「不要死，留下來照顧我們」！

雖然如此強烈地期望、哭喊，但對臨終者而言，無計可施，只有死亡一途。這時，呼吸的氣息慢慢減短、減弱，最後剩下殘餘的一絲呼吸，如同馬尾一般細，然後被死神的利斧砍斷，取走了壽命。

就算生前是大美人，死亡時再也不是，頭皮乾扁之後，頭髮一抓就會掉下來；有的人死亡時，眼睛張開著、嘴巴也張開著，看上去非常恐怖，絲毫都不美麗。活著時睜眼、開嘴可能還好看，死亡後變成屍體，睜著眼、嘴巴合不攏，只能用恐怖來形容，一點也不美麗。

死後順著自己以前所造的業進入中陰，立刻墮入黑暗之中，四周一片昏黑，不知何去何從！

死亡一般分成兩種情況：壽終正寢和遇到障礙而死。假設不是壽盡而是命障，那麼修法就有很大的幫助，譬如修藥師佛、修長壽佛；不僅如此，密咒乘還有很多延壽的法事儀軌，修這些法可以使壽命延長。但若是壽終正寢，壽命到了最後一站，那就不管是神仙下凡或吃什麼起死回生的藥丹，都無法再改變，終究會死。

釋迦牟尼佛住世時，印度有一個媽媽，獨生子死了，她非常難過，內心陷入瘋狂，抱著小孩的屍體，四處漫遊。有一天遇到釋迦牟尼佛，她口中唸著：

「小孩不會死的，我這麼愛他，他也這麼愛我，他不可能死亡的，我們是絕對不能夠分開的！」

這樣講了之後，釋迦牟尼佛安靜地看著她，就笑了，說：

「這只是一件小事，不必擔心。小孩放在這裡，你到一個從來沒有死過人的家庭，去拿一些泥沙過來，就能讓你的孩子起死回

生。」

媽媽心裡想：

「拿泥沙真是太容易了，根本不用花錢！」

所以她就進城去了，日日夜夜地找，問城裡每戶人家：

「你們家有沒有死過人？借我一些泥沙吧！」

不管問任何一個家庭，都有人死亡，所有的家庭沒有一戶沒死過人。

這個母親走遍全城問過每一個家庭後，心裡想：

「原來我的兒子不可能死亡這樣的事是不會發生的。每個人必定都會死亡，我只是死了一個兒子，很多家庭已經死了很多親人了，兩個、三個，可見不死之事是不存在的。」

於是她回到佛陀跟前，對佛陀講：

「凡出生必定會有死亡，不死是不可能的。兒子死了就死了，不必讓他起死回生了。現在我想了解的是，我自己何時會死？我死時什麼對我有用處？面對死亡而不會恐懼害怕，要依靠的是什麼？」

佛陀於是傳授教法給她，她最後也得到解脫。

3
業力因果

第三章開始要講三士道的內容，三士就是上士、中士和下士，分成三個段落來講解。下士道共通的道路是業力因果的取捨，於第三章講述；中士道共通的道路是四聖諦的觀修方式，於第四章講述；上士道不共的內容於第五章到第九章講述，其中第五章和第六章屬前行基礎。

　　首先，下士道共通的道路是守護業力因果的取捨，本章主要包括下士道內容本身和以方便勝慧攝持實修的方式。以下分為兩大項來說明：總說業果理論、別說善惡之業果。

總說業果的理論

業果不會虛耗

　　死亡之後，我們就要到下輩子去，但是如何到下輩子去呢？不由自主，不能自己控制，就好像魚兒上鉤一樣，嘴巴咬住魚鉤的魚，不能自由自主地往東西南北游動，只能跟著鉤子走；又好像牛馬一樣，套上繩索後再也不能自由自主，只能跟著韁繩的牽引。我們死亡時也是這樣，不能自己決定，而是由業力的繩索來決定，我們被自己所做的善惡業控制著繩子牽引而去，絲毫無法自主。

　　如果活著時造作不善業比較多，惡業的繩子就會把這人牽引到惡道；活著時造善業比較多，善業之繩就會把這人牽引到善道之中。死亡之前經常行善者，力量非常強烈，很容易就把這人牽引到三善道的人道、天道，甚而離開輪迴得到解脫。若死亡之前經常造

作罪業，痛苦的果報必然會出現。

　　一般來講，萬法都有兩面，即世俗諦和勝義諦。從勝義諦來看，萬法都是空性，我們的身體沒有自性存在，業力也沒有自性存在。不過從世俗諦的角度來看，我們的身體是存在的，因此也有善惡業和感得快樂痛苦的果報，這是一定會出現、一定存在的，不會消失。

　　用一個比喻來說明，農夫非常清楚，什麼種子會長出什麼東西，如果要甜的，就種甜的種子；需要酸的，就種酸的種子；需要水果，就要種水果的種子；需要花，就要種花的種子等等。所以要長出什麼，完全是順著種子，才能種花得花、種果得果。

　　就像這樣，下輩子如何，就看我們這輩子如何播種。將來如果想要得到快樂，快樂的因（種子）是善業，現在就要趕快累積很多善業；如果下輩子希望遇到很多痛苦，痛苦的因（種子）就是不善業，這輩子累積很多不善業，當然下輩子不管哪一方面，身體、財富、受用、聲望、地位、親朋好友、家庭等，都會非常不如意，非常困難。

　　如果串習善業力量非常強大，下輩子不管哪一方面都會非常順利。譬如現在世俗之人，外貌高矮胖瘦不同，強弱健病也不同，有的富可敵國、有的窮困潦倒，有的孤獨一身、有的子孫滿堂，各種情況差別非常大。這些差別到底是誰造成的呢？並沒有一個製造者存在，而是自己上輩子的業所造成的，善業或不善業感得自己這輩子的果報。

　　外道則主張這世界的一切都是由創造主所製造出來，例如大自

在天神、遍入天、大梵天，不同的外道主張不同的創造主，由創造主製造出這一切的痛苦與快樂。

　　仔細想一想，若是創造主創造的，為什麼不把它創造得一模一樣呢？創造得不一樣，以致有地獄、有畜牲、人類、天神等，上下不斷地打架紛爭，如果創造生命是讓他們不斷地打架，那還不如不要創造比較好。

　　內道佛教的說法是：這完全都是自己的業力形成善惡果，而不是創造主所創造。自己的善業感得善報，惡業感得痛苦的果報，皆由自己業力所成。

　　很多人有一個疑問，就是為何有些人這輩子造作許多壞事，說謊離間、偷盜等，卻仍擁有財富、身分地位和名望？從業力因果來看，他現在有很好的身分地位和財富，是因為上一世所累積的善業，在這一世成熟所感得之果報；而這一世所做壞事的力量還沒有成熟，並非沒有果報，只是還沒有出現。也就是說，這一世所做壞事的力量還沒有發揮出來，正在進行的是上輩子善業的力量。

　　舉例而言，大鵬鳥在天空展翅翱翔時，地上看不到牠的影子。這麼大的大鵬鳥，為什麼會沒有影子呢？因為天空太高了，牠沒有降落到地面上，所以影子不會出現。當牠降落到地面休息時，影子立刻就出現了。一樣的道理，現在作姦犯科卻有財有名，是以前所累積的福報力量已經出現，所以感得快樂果報；而此世所累積的不善業，力量還沒有成熟，就好像飛在天空的大鵬鳥還沒有降落到地面一樣，等到因緣匯聚、時機成熟時，業力的力量發揮出來，果報就會成熟了，而這個果報就是痛苦的。

業果的威力

　　當善業或不善業的力量成熟時，力量強大無比，不能再改變。當夏天降下滂沱大雨，雨水全部流到河流裡，河流又全部匯流到大海，不斷的流進海裡，但爲什麼大海的水永遠不會滿溢出來？這是從來沒有發生過的事。佛教小乘教法有一個解釋：大海外面其實有一圈火輪把它圍住，千萬年以來，雖然河流之水不斷流入大海，但火輪猛烈地將海水蒸乾，因此海水無論如何都不會滿溢出來。這是小乘經典所提到的一個比喻。這不是提到善惡業，只是一個比喻。

　　能夠得到佛果所需依靠的船，就是人的身體，但是運用人的身體去做不善業而浪費掉的事例實在太多了，非常可惜。人的身體如果去做不善業，所感得的力量非常強大。釋迦牟尼佛住世時，弟子神通第一的目犍連也敵不過自己的業力，被外道毆打而入滅。以他的神通來講，即使是千軍萬馬、熊熊烈火或大石滾落，絲毫不能損傷他，但因爲上輩子業力成熟之故，他被幾個外道毆打就死亡了。還有龍樹菩薩，因爲寶賢王的兒子跟他要頭，他就入滅。龍樹菩薩神通變化，威力強大，地水火風四大種完全不能夠傷害他，但也敵不過自己過去的業力。

　　這些比喻所表示的意義，佛陀講得非常多，最主要在《百業經》和《廣大遊戲經》裡。

　　所以，有些眾生長期忍受許多痛苦，例如三惡道的眾生；有些眾生造作十善業，受到快樂的果報。就此而言，是否三惡道的眾生，根本沒有造作善業，因而完全沒有善業之報呢？也不是的。墮

入惡道的眾生通常是沒有努力實踐自己造作善業的諾言，違反了自己的誓言，因此沒有造作善業，之後就歷經許多痛苦。

有些眾生，譬如出家受沙彌、比丘戒律，之後因爲貪戀之心，毀壞了戒律；有些眾生因爲造作殺生的業很多、很沉重，因此感得壽命短促或投生地獄，受到地獄之苦；有些眾生瞋恨心強烈，因此在戰爭中受傷而死；有些眾生歷經難行苦行，實修閉關，但是最後又和世俗人一樣，遊走四方做生意，這也是會發生的；有些眾生爲了學佛，累積很多財富受用；有些眾生造作罪業，也累積很多財富受用，卻沒有羞恥心，不能知慚知愧，爲了名聲、財富、地位，造作許多罪業，這種也很多，可以說各種情況都有。

業果不會移轉給他人

在原因的階段，不管是善或不善，自己所造作的因，將來的果報不管是快樂或痛苦，都成熟於自己，自作自受，不能夠移轉給別人。譬如，爲了自己的上師，尊貴的應供處，自己造作了罪業，將來成熟的痛苦果報也是在自己，不會分給別人；爲了照顧自己的父母、兄弟、子女，可能造作了罪業，但仍是成熟在自己身上，能不能說：「我是爲了要照顧父母、兄弟，所以我的罪業的痛苦，將來也會分給他們一些。」這是不可能的，將來都是自己獨自承受。

又例如，國王爲了保護國家的百姓，造作許多罪業，也是成熟在自己身上，不能分給別人。一個國家的領導者爲了保護自己的國家，有時候會造作非常嚴重的罪業，這些嚴重的罪業不是成熟在百

姓身上，而是成熟在自己身上。像有些國家的總統爲了自己的國家而發動戰爭，造成非常多的人死亡；有些國家領導人甚至讓國家永遠處在戰爭之中，這種情況，領導人本身罪業非常嚴重，將來果報完全要成熟在自己身上，沒有辦法說：「我是爲了百姓」，而將罪業分給每個人一點，那是不可能的。

世間八風及十三件事情

世間八風包括喜歡的四項和不喜歡的四項。喜歡的項目是：獲得財富、受用；健康而內心快樂；名氣響亮；受人稱讚。不喜歡的項目是：沒有得到錢財受用物品等；因阻礙而不快樂；沒有名氣，沒沒無聞；遭人貶損。

輪迴眾生都陷入這世間八風之中，四項喜歡的，處心積慮求取，花費精神力氣不斷追求；四項不喜歡的，就千方百計盡量避免。所以，世間八風每一項都讓我們歷經千辛萬苦，因而一個又一個輪迴，不斷持續。

其次是十三件事情，前五項是依於五件事情，使內心產生傲慢。

第一、有些人是皇族種姓或權貴或世代從醫等種姓高貴者，因爲自己種姓的緣故，產生傲慢心。

第二、有些人外貌長得比別人漂亮或比別人雄壯魁武，因而產生傲慢心。

第三、有人是因爲權勢，例如將軍能指揮千軍萬馬，因而產生

傲慢心。

第四、因為學問好而產生傲慢心。

第五、雖然沒有前面幾種，但因年紀輕，意氣風發、年輕氣盛而產生傲慢心。

第六、應做善行卻散漫不精進、懶惰。

第七、矯揉造作，沒學問裝作有學問、沒實修徵兆裝出有許多實修徵兆，以此詐騙。

第八、忌妒心強，往往容易憤怒。

第九、對財富受用貪戀強烈。

第十、吝嗇心，不知供養三寶或布施，死後財富卻一絲一毫也帶不走。且因吝嗇心習氣之故，會影響神識而投生變成蟲、蛇、蠍子等，纏繞在財富、物品旁邊。

第十一、經常逛街看電影，到處閒逛過日子，這是心思渙散。

第十二和十三是狡詐誑騙，有過失裝作沒有過失，沒有功德能力卻裝出有功德能力。

如果自己為了得到身分、地位、錢財、物品，因此陷入這十三件事情或世間八風，就算是得到了，所造作的也都是不善業。世間八風和十三件事情好像是一個倒楣鬼住在我們身體裡，不斷推動我們去造作不善業，透過不善業就算得到身分、地位和財富，也會累積很多傷害，將來某一天或下輩子，這些傷害全會出現，自己就會受到非常強大的痛苦。

問與答

問：前世累積福報在此世成熟，為何只是福報，而在行為
　　上仍會作姦犯科？果報未成熟前，有何方法或能力將
　　惡業消滅？

答：第一個問題，他的行為是由「因和緣」決定的，所以
　　千變萬化，不是只有一種情況。以前累積的「因」是
　　善業，所以會成熟出這輩子許多快樂的果報，但是，
　　往往這輩子所遇到的許多「外緣」影響，讓他內心發
　　生改變，譬如父母的影響而放棄善業，造作不善業；
　　或者是男女朋友的影響，使他產生造作不善業的想
　　法。相反地，有的人上輩子造作不善業，這輩子果報
　　成熟而遭受痛苦，但在受痛苦時，碰到一些外緣，也
　　許父母或朋友，使他內心產生要行善業的想法，這都
　　是受外緣影響。所以，心是很容易改變的，稍微有一
　　點點外緣的推動，心就會改變。

　　　　有一個比喻，當酸果種子種下後，長出來的當然
　　是酸的，但有一種做法會使它長成甜的，就是先把種
　　子泡在牛奶裡很久，再種在泥土裡，長出來的果實
　　就是甜的。種子雖同，但因為外緣不同，因而結果不
　　同。現在的科學也是這樣，譬如說培育花朵，可以打

營養素，使花期延長，讓花朵變大變多；若沒有營養素，原來的花可能小又不美。種子都是一樣的，但是外在環境不同，所遇到的助緣不同，影響結果也不同。

最有名的例子就是指鬘大師，他長得非常漂亮、聰明、智慧無比，極為殊勝而與眾不同，一定是以前廣行善業、遍植福報之故。後來遇到一位外道的老師，對他的忌妒心非常強烈，心想力量強不過他，又不能害死他，就教導他一個邪惡的道路。外道老師說：

「你若能殺死一千人，我就教你即生成就的無上大法！」

所以指鬘大師就殺了這麼多的人。他以前一定造作過很多善業，為何今世會殺這麼多人呢？這就是外緣改變了他的個性。

第二個問題，在業力果報未成熟之前，把它破壞掉的方法非常多。我們學習各種佛法，能消滅罪業的方法非常多。從顯教來看，經由強烈的對治四力來懺罪，不能夠清淨的罪障根本不存在！小乘主張有些罪業是無論怎麼懺悔都沒有辦法消除的，不過大乘主張不管什麼罪業，只要你用強烈的對治法、懺罪法去修持，一定可以完全消滅。

問：請問堪布本人對世間八風的看法如何？

答：主要是，不管身分地位如何，都不要貪戀、執著，這
　　是最重要的。如果能修空性的話，當然也就不會沾染
　　到世間八風。

業果增長

業果的力量非常強大，會不斷地增長。種下的種子很小，可是
以後所長成的果實可以變得很大，像這樣的例子是有的。如同這個
小種子結大果實的例子，我們善因得到的安樂果報，和惡因得到的
痛苦果報，因爲業果增長之故，以後所得到的果報也會更大、更嚴
重。

過去一位轉輪聖王，佛出來化緣時，他手上拿了一把豆子，便
撒出去供養佛，結果其中七顆豆子掉到佛的鉢裡，以這七顆掉到佛
鉢裡的功德，他後來就當了七次轉輪聖王。

另外一個例子是，舍利子過去生曾經供養過一位獨覺阿羅漢縫
袈裟所需的針和線，只因爲他供養了針線，所以他後來變成智慧第
一。

這兩個例子告訴我們，即使所種的因很小，將來所得到的果報
也非常大。

釋迦牟尼佛也說，不要因爲善業很小，就懷疑善業沒什麼用，

不理它。就像水滴雖然很小，但如果讓水滴持續不斷地滴漏，再大的容器也會被水滴裝滿。也不要因為惡業很小，對我沒有什麼傷害，就不去怕它。不能夠這樣想，因為小小的火也可以把滿山的草全部燒光。

所以，就算善業很小，也要去修持；就算惡業很小，也要去斷除。

過去有一種阿修達樹，現在可能看不到了，它的種子就像芥子一樣小，可是長大以後樹變得非常高大，樹枝可以長到一兩公尺。像這樣外在的東西，這麼小的種子，最後，果都可以長到那麼大，對我們內在來講，善惡的業果，最後的果報，又比這個外在的增長更加地厲害。

善惡業輕重之差別

以外道而言，認為苦與樂是由製造者所給你的，例如基督教有個「主」，外道有個「天神」，像自在天這種。但實際上，善惡業並沒有一個製造者，也不是自行形成的，而是依照我們自己所造的惡業和善業而形成苦與樂。

就好像一塊白布，用黃的染料去染就變成黃色；用紅的染料去染就變成紅色；用綠的染料去染就變成綠色；用黑的染料去染就變成黑色。是善業還是不善業，也像這染布一樣，完全看你的心。如果你是用貪瞋癡三毒來做，這件事就變成不好的事，變成不善業；如果你是用慈悲心來做，這件事就變成善業，是好的事。所以，是

善是惡，完全依靠我們的心，而不是自性所成。

　　一般不管我們做的是善業還是不善業，做任何事都會有三個步驟：加行、正行和結行。加行的意思就是還沒有做之前，心裡先有一個想法，先有個計劃，想我要去做這件事情；正行就是真的去做這件事；結行就是做完以後，心裡很高興，我已經達到目的了。如果你做的是善業，沒有加行、結行的話，這個善業的力量、利益會變得很小；如果你做的是不善業，沒有加行、結行的話，這個惡業也只是很小的惡業。

　　譬如供養，我們對三寶生起了信心，接著想我要去供養，這是加行；然後做了供養的動作，這是正行；做完後覺得我已經供養，已經得到一個很大的功德，生起了歡喜心，這是結行。這樣做供養的話，就是加行、正行、結行全部具備了，得到的功德就很大。

　　有些人是看別人在供養，自己也就跟著做。到廟裡看到別人燒香，就買一把香，晃一晃，燒一下，裝裝樣子，心裡其實沒有想什麼，然後供完了，心裡也什麼都沒想，這樣利益就很小。

　　就惡業而言，譬如有人去海邊，心裡先想：「我想要吃魚，我想要捕魚」，然後去買釣具和捕魚的工具，買了之後去抓魚，魚抓到了心裡非常高興，殺魚來吃時心裡也很開心，這就是加行、正行、結行全部具足，這種惡業很大。有的人則是看別人在抓魚，心裡沒有特別的企圖，只是跟著去做，也去抓魚，這種惡業就比較小。

　　過去有位施主想要供養一個比丘，就問比丘是不是阿羅漢？

　　比丘說：「我不是阿羅漢。」

施主心想，這個比丘是因爲沒有我慢，由於謙虛的緣故，所以這樣講。施主心裡認爲他就是一位阿羅漢，始終這樣相信，然後供養他。結果，這位比丘實際上眞的不是阿羅漢，但因爲施主心裡認爲他是阿羅漢而供養，對他生起這樣的信心，所以得到的果報就是供養阿羅漢的果報。

佛也說過，就密咒乘來講，我們應該把上師當成佛來向他祈請，這樣你就能得到佛的成就；如果你把上師當成菩薩來對他祈請，將來得到的就是菩薩的成就；如果只把上師當成凡夫來看，你的成就就只是凡夫而已。

就像把藥的種子種下去，將來得到的果也是藥；如果種子本身就是毒，種下去後，將來得到的果也是毒。就像這一樣，主要還是依靠我們自己的心，如果心裡充滿的是貪瞋癡三毒，不管做什麼事也都屬於不善業；如果心裡沒有貪瞋癡，不管做什麼事，都會變成善業。

所以，善惡業完全依賴我們自己的心，而不是身體所表現出來的姿態和做法。

有個例子，就是一個擦擦（小佛塔）令三個人成就佛果的故事。

有一個人走在路上，看到路中央有一個擦擦，他想，這是供養的對象，如今放在路中央，大家走來走去，用腳跨過來踩過去，很不好，於是他把擦擦放到路旁。

然後來了第二個人，看到擦擦擺在路旁，因爲擦擦是土做的，萬一下雨就會溶掉毀壞，正好旁邊有隻舊鞋，他就把舊鞋蓋在擦擦

上面，避免擦擦被雨淋濕。

後面又來了第三個人，看到擦擦上面蓋了一隻破鞋，覺得擦擦跟佛塔一樣，應該受到供養，怎麼可以放上髒鞋子，於是就把鞋子丟掉。

雖然他們三人做的動作都不一樣，但因為都是依著善心來做，結果依了這個善業的功德，最後三人都成就了佛果。

另外一個故事是，工布地方有個人叫工布班，生性比較愚笨，他從工布坐車到拉薩，在大昭寺見到釋迦牟尼佛像。那釋迦牟尼佛像名字叫覺沃，他便把覺沃佛像當作真人看，因為他腦袋不太靈光，不曉得那是佛像。

工布班看看這個人，面帶笑容，完全不動，覺得自己還滿喜歡這個人的，認為這個人不太一樣。後來有隻狗把佛像前面的供品叼走了，他抬頭看看這個人，想知道他會不會生氣，卻發現他還是動也不動，依然面帶笑容，讓他更覺得這個人和平常人不一樣，越看越喜歡他了。

後來，一陣風吹動油燈，油燈要熄不熄的樣子，他看看佛像覺沃，還是面帶笑容，他非常驚訝，覺得這真的是個大好人，確實和別人不同。

佛像前面供著油燈，工布班以為是因為拉薩天氣冷，怕酥油結凍，所以故意點了火，讓油不要結凍，以保持液狀。而旁邊擺放的供品食物，他想覺沃佛一定是把食物拿來沾油吃，那我也要學他，於是就把供品沾了油吃掉。

他再看看佛像，不管狗來把食物叼走，或是風吹動油燈，或是

自己把他的食物吃了，他都一樣面帶笑容，絲毫不動搖。工布班非常高興，跟佛像說：

「我要去繞寺廟，請你幫我保管一下鞋子。」

說完就脫下自己的鞋子，放在佛像的大腿上，然後去繞佛、繞寺廟。

他走後，香燈師來了，看到佛像的腿上有雙髒鞋子，很生氣：

「是誰這麼大膽？把髒東西放在佛身上？」

正要拿去丟掉時，佛像開口了：

「這是工布班託付我保管的，你不要丟。」

於是香燈師又把鞋子放回去。

後來工布班回來了，看到鞋子還在，心裡很高興，就說：

「你這個人這麼好，我們一定要交個朋友。明年你到我家來，我會準備好釀酒、殺豬來招待你。明年你一定要來喔！」

他回去後，隔了一年，時間差不多快要到時，就跟家人說：

「今天會有一位不一樣的客人來，他是我的朋友，你們如果看到了要跟我說。」

有個家人到水邊提水時，看到水裡有覺沃佛像，覺得這尊像與眾不同，應該是工布班的客人，連忙跑回去告訴工布班。工布班一聽馬上跑到水邊看，果然是覺沃佛像。水很深，但他看到自己的朋友掉進水裡，完全沒有猶豫，立刻跳下去把他拉上來，然後要把朋友帶回家。走在路上時，覺沃佛像開口了，說：

「我不到俗人的家裡。」身體立刻融入旁邊的一塊大岩石。

現在工布還看得到以前出現佛像的水和大岩石，水被改名叫

「水覺沃」，覺沃就是釋迦牟尼佛的名字，大岩石叫「石覺沃」。

實際上，工布班所做的事，像是把鞋子放在佛身上、吃供品，都屬於惡業，可是因為他內心非常善良，因為心善這個動機，使他所做的惡業變成不是惡業。

我們在造作善惡業時，如果具足五種條件，這個善惡業的果報力量就會變得很大。這五種之中有三種是屬於內心的部分，有兩種是屬於外境的部分。

屬於內心的部分，第一個就是心裡經常去想，比如，善的方面，心裡常想：我要唸這個咒、我要唸那個咒。

第二個就是執著貪愛，就是你想要做這個善行，心裡無時無刻都不離開它，時常都在想，對你所要做的善行，起一個執著、起一個貪愛。

第三個是沒有對治，就是我去做這個善業以後，心裡不會產生後悔，沒有後悔的心；如果生起後悔的心，善業的力量就會變小了。

屬於外境的部分，即外在的條件，第一個是功德的基礎，就是三寶，意即你做善業的對象屬於三寶（自己的根本上師也包含在三寶的範圍裡）。

第二種外境是對自己有利益的對象，像父母、老師、親友這種對自己有幫助的對象；或是悲心的對象，像對久病之人的幫助；或者是遠道而來的客人，對他們的幫助，這個功德也很大。過去跟現在不同，以前出遠門動輒要走兩三個月，食物都要自己帶在身上，因為路上沒有地方買吃的，也沒有地方住，所以遠行的客人非常辛

苦；但現在不一樣了，即使遠到美國，也不再那麼辛苦，因為搭飛機很快，飛機上也有吃的，所以現在來講，遠道的客人這種對境好像不太算數了。另外一種對象是貧窮匱乏的乞丐，幫助他們，善的功德也是很大。

反過來，如果你的動機是不善的，又具足了這五個條件，就是心裡時常想要做一些壞事；想了以後無時無刻念念不忘，心裡不離開這些念頭，對想做的壞事執著貪愛；第三個是做了這些壞事後，完全不起後悔心，不改變，具足這三個條件。然後所傷害的對象，外在的對象有兩種，第一種屬於僧寶，如果你想傷害的對象是僧寶、上師，這就很嚴重；第二種是其他四種對象，就是父母、老師、親友；久病的人；遠道的客人（剛說現代不算數了）；貧窮匱乏的乞丐，如果傷害他們的話，惡果將非常強大。

業所由生的基礎

能夠產生業，基礎何在？

無論是善業、惡業，都有一個依靠處，就是「阿賴耶識」。也就是說，善惡業都是從阿賴耶所產生出來的。這個阿賴耶本身不是善也不是惡，是屬於無記。阿賴耶就好像一面鏡子，長得漂亮的人來照，會看到漂亮的影像；長得普通的人來照，會看到普通的影像；長得不好看的人來照，看到的就是不好看的一張臉。所以，善業、惡業全部都是由阿賴耶生起。

阿賴耶還會生起意識，以及眼識、耳識、鼻識、舌識、身識，

無明就遍佈在這六識之中，無明會形成三種煩惱，依著貪、瞋、癡力量的大小，然後在輪迴裡分出了高低。也就是說，如果貪心很重，就投生在餓鬼道；如果瞋心力量大，就投生在地獄道；如果愚癡力量強，就投生在畜牲道；其它的有漏煩惱，也都會投生在六道裡。

別說善惡之業果

分為不善業和善業，不善業又分成兩段：依於菩提三寶而生之業與其它之業。

依於菩提三寶而生之業，在不善業裡也有差別，惡業非常強大的和惡業比較普通的，依於無等之三寶而生的業就是惡業最大的，屬於惡業最大的那一種惡業。

比如，對於燃燒的大火，除了用水之外，沒有辦法滅火，沒有對治的方法，要滅大火只能用水。同理，如果你捨棄三寶，就是說我不要皈依三寶，三寶是假的，三寶是很壞的，你如果這樣捨棄三寶，你就沒有其它辦法可以把捨棄三寶的惡業給消滅掉。因為如果你要去除惡業，就是以信心向三寶祈請、懺悔，但你現在已經捨棄了三寶，還有什麼辦法可以消除惡業呢？已經別無它法可以除掉這個惡業了。

除了這個以外，五無間罪的惡業也很大，就是殺父、殺母、殺阿羅漢等。

然後「總說心王心所之業」，眼、耳、鼻、舌、身、意識，這

是心王；凡是心王，都有一些陪伴的眷屬，都是內心各種各類的作用，這是心所。依賴心王與心所造出來的業，多得沒辦法說完。但總結來看，主要可以分成由身所造的三種業，由口所造的四種業，由心所造的三種業，合爲十不善業。

身的三個不善業

不善業的因，我們先講身的三個不善業，也就是殺生、不予取、邪淫。

第一個殺生，需要具足五種條件，如果五個條件都具足，惡業就是最大的。第一個條件是對象必須是一個眾生；第二個條件是你想殺的這個眾生，沒有弄錯，就是這一個眾生；第三個條件是你有想要殺他的這種想法；第四個是你用方法去做了殺生這件事；第五個條件是最後對方死掉了。這五個條件全部具足的話，惡業就非常重大。

同樣地，不予取如果具足四個條件，惡業也比較強大。第一個條件，對境是他人所擁有的財物，亦即必須是別人所擁有的東西；第二個條件，自己知道這個東西是有主人的；第三個條件是心裡想要去偷；第四個條件是你實際去偷，而且得手了，心想我已經拿到了。

以殺生來講，有可能是以瞋心殺生，譬如因爲跟你的仇敵鬥爭而殺他，這是以瞋心來殺；一種是以貪心來殺，譬如爲了吃動物的肉而殺掉牠，或是因爲牠的角和毛皮很值錢，爲了得到毛皮和角而

殺牠,這是屬於貪心的殺;另外一種是根本不知道善惡,這在台灣很多,不知道善惡就隨便去殺,是屬於愚癡的殺生,這種惡業比較小一點。

邪淫的部分也分三個分支,三個條件。第一個,對象是他人的妻子,即使對象是妓女,跟她談好時間,付她錢,這種對象也算;第二個是實際有性行為;第三個是做完後,心裡起貪心。

還有一般性的,有三種情況也屬於邪淫:一種是非處,就是在不適合的地方,像三寶所依的佛堂、寺廟裡,在這種地方行非梵行,即屬於邪淫,即使是跟自己的妻子也算邪淫;第二種是非時,就是在白天做,這個算邪淫;第三種就是雖然是自己的太太,可是懷孕或月經時期,都算邪淫。

另外一種,對象屬於近親,這種也算邪淫。但是在不同國家地區,對親戚的定義似乎也不盡然相同。

佛所制的戒律裡,有分自性罪和遮戒罪,邪淫屬於遮戒罪。遮戒罪是要看當地的國土民情,比如中國有些地方有近親通婚,在西藏、尼泊爾和不丹,也有跟舅舅的女兒結婚是最好的看法。所以在這些地方,和近親通婚就不算邪淫。

在西藏康區,有時是五個兄弟娶一個太太,這在印度就算邪淫。

康區也有一種情況,太太死後,先生娶了一個小老婆,小老婆年紀很小,和兒子的年紀差不多,於是爸爸就把小老婆給兒子,變成爸爸和兒子共有一個太太。這種情況對很多地區而言,都算邪淫。

所以，佛在講戒律這部分時，是要看地方民情風俗的，在有些地方算邪淫，但在別的地方並不算邪淫；在有些地方不算邪淫，但在其它地方又算邪淫，因此要以當地民情風俗爲主。

口的四個不善業

在口的不善業裡，分爲妄語、兩舌、綺語、惡口。

第一個妄語，如果四個條件具足，算是妄語裡比較大的罪業。第一個條件是你要說妄語的這個對象沒有弄錯，就是這個人，你是要跟這個人講妄語；第二個，你有想要騙他的想法；第三個是實際地說了謊話；第四個是你這個謊話講了以後，對方的想法被改變了。如果這四個條件都具足，就是妄語裡嚴重的過失。

最大的妄語是沒有看到說看到，沒有神通說有神通，沒有看到佛、本尊卻說自己看到了，這是最大的妄語。像這種大妄語，在西藏、中國、台灣發生滿多的。曾聽過有人說自己跟蓮師一起吃早餐，和釋迦牟尼佛一起喝咖啡，但是蓮師和釋迦牟尼佛對早餐和咖啡並沒有耽著，而且不需要吃早餐、喝咖啡，這純粹是個人的妄語。

有的人連講妄語都不太會講。曾經有個上師跟一個人說：「你的父親往生後就投生到北俱盧洲，出生爲北俱盧洲的比丘。」這是連謊話都不會講，都講錯了，因爲佛經中已經記載，四大洲之中的北俱盧洲沒有比丘。

在西藏，曾經有個人到鄉下告訴大家，蓮花生大士跟他表示今

年銅色吉祥山那裡很冷，大士需要羊毛。鄉下人一聽都信以為真，這個人也要供養羊毛，那個人也要供養羊毛，很多人都要供養羊毛。這個人拿到羊毛後，便趕快逃走。這是連謊話也不會講，蓮花生大士已經成就佛果位，地水火風根本無法傷害他，怎麼還會怕冷呢？不僅講的人不會講，連聽的人也都沒信心。

第二個兩舌，分為三個條件：第一個，對象這兩個人本來和睦相處，或者關係普通；第二個條件是你實際去講，破壞他們之間的和睦，譬如你跟這個人講另一個人說了他什麼，又跟另一個人講這個人說了他什麼，互相傳不好的話；第三個就是讓他們兩人鬧翻了，變得不和睦。

第三個綺語，有三個條件：第一，以煩惱心為動機；第二，你所講的是不如法的；第三，你講完以後讓對方生起貪瞋心。

第四個惡口，有三個條件：第一，有特定的對象，我想要對這個人說惡語；第二，你真的去講一些難聽的話，比如你看起來很老、你非常差，或者罵對方是一個沒有功德的人等；第三就是講完以後，讓對方生氣，心裡很不高興，產生痛苦。

心的三個不善業

再來是內心的三個不善業：貪心、害心和邪見。

第一個是貪心，有三個條件：第一個是對境，就是你所緣取的對境是別人的財物；第二個是你心裡對這個財物生起了貪心；第三個是你心裡想要擁有他人的財物。

其次是害心，有兩個條件：第一個，對象是一個有情眾生；第二個條件是自己的心裡對他生起一個想要害他的心。

通常我們內心會依著九件事情而生氣，然後產生想要去害別人的害心，這九件事情叫「嫌棄九事」。

嫌棄九事的第一件就是想到這個人過去曾經傷害我；第二件是現在正傷害我；第三件是他以後還會傷害我；第四件是這個人以前傷害過我的親友；第五件是他現在正在傷害我的親友；第六件是他將來還會傷害我的親友；第七件是這個人以前幫助過我的敵人；第八件是他現在正在幫助我的敵人；第九件是他將來可能還會幫助我的敵人。依著這九件事情，心裡會很不高興，就起了一個想傷害他人的動機。

第三個是邪見，分為兩個分支：第一個是關於對象，對於正道認為不是正道，對於不是正道的邪見卻反而認為是正道。第二個是關於世界，認為是常或者是斷，有的人認為是斷，我死了就好像燈火滅了，燈火滅了後不會到哪裡去，變成沒有。人的身體是由五大所組成，死了以後，身體的地大會融入到外界的地裡，身體的水大會融入到外界的水裡，身體裡的氣息會融入到外面的風，最後，我們的心也會融到外界的虛空，一切就都沒有了。既然一切都沒有了，那我們在這一生能夠享樂就要盡量享樂，這是最好的。殊不知此乃邪見。

有個故事，以前天界和阿修羅常常在打仗，因為天界本身是寂靜的，不喜歡爭鬥，所以都是阿修羅贏，天界輸。因此天界有個天人就寫了書，講沒有善業也沒有惡業，如果我們這一世打仗打贏，

就是我們佔了便宜。因為這樣，後來天界就打贏了。

　　另外一個故事是有個外道，女兒長得很漂亮，這個外道的師父因為喜歡他女兒，想跟她作不淨行，但女兒不肯，說這是邪淫，於是這個上師就寫了一本書，講沒有善業也沒有惡業，沒有地獄也沒有天堂，什麼都沒有，以前講善惡都是在說謊，這輩子只要過得快樂一點就佔了便宜。這本書本來是這個上師為了想跟那個女子作不淨行而寫，但後來書慢慢傳開來，變得很有名。這也屬邪見。

異熟果

　　前面所講的是十種不善業，也就是應當要斷除的十個項目，每一項都會感得四種果報：第一種是異熟果，第二種是等流果，第三種是增上果，第四種是士用果，所有的不善業都有這四種果報。

　　如果主要是由瞋心所生起，這個不善業會投生到地獄道；如果是以貪心所生起的惡業，會投生到餓鬼道；以愚癡為主所產生的惡業，會投生到畜牲道。這就是異熟果。

等流果

　　分為行為等流果和受報等流果兩類。

　　所謂行為等流果，是指有些人很自然地就喜歡殺生；有些人很自然地就喜歡幫助眾生，像看到眾生手斷了、腳斷了，自然就會生起悲心。這是因為過去世喜歡殺生的人，這輩子自然就會喜歡殺

生；過去世喜歡幫助眾生的人，這輩子也會喜歡幫助眾生。這些都屬於行為等流果。

受報等流果則是做了十不善業，本來異熟果報是投生到三惡趣，在三惡趣的異熟果報已經盡了後，如果是投生到人身，以殺生不善業來講，這個人會疾病很多，比較短命，小時候就死亡了，有些可能在母胎裡就死亡，有些可能出生幾天或幾個禮拜就死亡。這就是殺生的受報等流果。

不予取的異熟果報是投生到三惡趣裡，從三惡趣上來後，所得到的受報等流果就是這個人這輩子不管怎麼辛苦，都得不到財富；就算得到一點，也會被別人偷走，或者像房子失火被燒掉，只要有一點東西就會失去。

有一些人雖然自己有財富，卻喜歡偷盜，這種是屬於行為等流果，也就是不予取的行為等流果是喜歡去偷盜；另有一些人天生就是喜歡上供下施，這就是他過去不偷盜的行為等流果。

邪淫的行為等流果就是喜歡淫慾，就是有的人喜歡做妓女，這是屬於邪淫的行為等流果。過去不邪淫的，自然就會守清淨的戒律，這是屬於行為等流果。至於受報等流果，如果是先生，就是自己的太太長得不漂亮；如果是太太，就是先生長得不好看。如果是先生，太太會紅杏出牆；如果是太太，先生會讓別人受用，這是屬於受報等流果。

妄語的行為等流果是喜歡說謊；受報等流果就是別人會來欺騙、謗毀他，然後自己講的話，別人也不會相信。

兩舌的行為等流果是自己很喜歡挑撥離間；受報等流果是就算

房子裡只有三、四個人，這三、四個人也會經常吵架。

惡口的行為等流果是常常講出不好聽的話；受報等流果是經常都聽到不好聽的話，就算自己想要講好話，最後也會變成別人吵架的原因。

綺語的行為等流果是就算別人不問你，自己也會講一大堆廢話，信口開河；受報等流果是自己講的話，別人不會看重，也不會相信。

經典裡說：心是空的，不管你放了多少財富進去，都不會裝滿。同樣地，自己有再多財富都不會知足，有了腳踏車還想要機車，有了機車還想要汽車，有了汽車還想要更貴更好的車。如果是行為等流果，就是已經有很多財富了，卻還是繼續要。

有個故事，過去有一個乞丐到處乞討，最後要到一袋青稞，擔心被老鼠偷吃，就把青稞吊在屋樑上。他晚上睡不著，便開始想：

「我把這袋青稞拿去種，種了以後會有很多收成，收割後，再把這麼多的青稞拿去種，然後就有更多的收穫，然後又繼續種，這樣以後我就會變得非常富有。接下來我應該找一個美女結婚，結婚後生個兒子，要幫他取什麼名字呢？」他看到窗外的月亮，心想：「名字就取月稱好了！」就這樣一直想。

這時，一隻老鼠來咬綁著屋樑上那一大袋青稞的繩子，繩子被咬斷後，整袋青稞掉下來，把乞丐砸死了。

所以光在心裡想是沒用的，想再多也無濟於事，人都已經死掉了。

另外，一對夫妻有個兒子，有一天，夫妻倆喝酒喝得很高興，

就想著：

「以後我們要去做生意賺大錢，用賺來的錢再繼續做生意，賺更多的錢，用更多的錢再做生意賺更多更多的錢，然後我們要買一頭公馬，再買一頭母馬，有了公馬和母馬，就會生小馬，生了小馬後，兒子就會吵著要騎小馬，但這怎麼行呢？馬那麼小，兒子會把小馬的腳壓斷的。」

想到這裡，就一巴掌打了兒子一耳光。然而實際上根本沒有馬，卻因擔心馬腳斷掉而打兒子耳光，這就是貪心所引起的。

像這種實際上什麼都沒有，東想西想，胡亂擔心，都是一種貪心愚癡。

害心的行為等流果是自然地就會想去傷害別人；受報等流果就是自然會有很多的人、鬼想要來傷害自己。

邪見的行為等流果是不喜歡正見；受報等流果就是任何時候內心都不會有正見，奸詐狡滑，只想去騙人害人。

增上果

以殺生為例，如果這輩子造作殺生的業，在異熟果報方面，就是取得自己投生的下輩子的身體。他的增上果報是成熟在外面的處所、外在的環境，由於殺生果報的緣故，會投生到容易造成自己生命遭到危險、損害的地方，或是看起來非常恐怖、讓人心驚膽戰的地方，而且水果、花等植物不能生長，農作物不易收成，並且會受到野獸的傷害，例如森林這類的環境。

　　不予取的增上果報，所投生的地方，雖然水果、農作物可以生長，但容易受到破壞，例如稻、麥等農作物雖然成熟，可是穀粒小，又常發生天災下雪，將莊稼物打壞。這種情況在西藏也是最令人擔憂的，一旦農作物被破壞，沒有收成，就會發生災荒，飢民四野。

　　邪淫的增上果報，投生的外在環境處所是很髒亂的地方，遍佈大小便，臭氣沖天，不能呼吸，譬如印度很多地方都是這樣，不管走到哪裡都可看到大小便，道路狹窄髒亂，四處都是垃圾，無落足之處。此乃因為造作惡業，因此不由自主地投生到這種環境裡。

　　妄語的增上果報，自己的財富經常留不住，左手進右手出；想要在一個地方久住，卻不由自主而需遷移到別處，因此居無定所而且家無恆產。特別是以前常講妄語欺騙別人者，現在也會經常覺得別人在欺騙自己，時常擔心害怕。

　　兩舌的增上果報是投生在高山深谷之處，譬如尼泊爾有些地方，前面看去一座座山，峰峰相連，山谷裡河流相連，除了山和河之外，沒有平原。

　　惡口會投生到荒涼之處，譬如有些地方廣大一片，盡是沙漠或荊棘；或只有乾枯的樹木，沒有葉子、花或果實；或者有果實卻沒有味道；或者喝的水盡是鹽巴，譬如投生在大海附近，沒有更好的水；還有盡是爛泥巴之地。總之，所投生的環境總令內心不快樂，從出生到死亡，想著為什麼會身處這麼惡劣的環境，就在這種想法及惡劣的環境中過一生。

　　綺語的增上果報是辛苦耕耘卻得不到收成。春天耕種，秋天收

成，但始終得不到好的收成，這是綺語的增上果報，沒有意義、沒有成效。

貪心的增上果報是外表好看，裡面卻沒有什麼果實，例如種玉米，看起來很大顆，裡面卻是空的，果實很小。會投生在不好的居住環境，時機也總是不好。

傷害之心的增上果報是投生在領袖經常造作惡業的地方，譬如國王喜歡到處發動戰爭，在戰爭中，百姓生活會很辛苦；或者投生在有很多強盜、土匪及毒蛇猛獸出沒之處，導致自己的身體性命受到傷害；所收穫的農作物都不甜，而是辣、酸、苦等味道。

邪見的增上果報是不管什麼時候都得不到金銀珠寶等財富，連看都看不到。所居住的環境，醫藥、水果少之又少，花朵不美麗。特別是出門時，不管到什麼地方，做什麼事情，始終得不到貴人相助，連個保護、幫忙的人都沒有。

士用果

在將來會感受到痛苦的果報，這是指這輩子造作十不善業，死亡後感得痛苦果報。但除了成熟的果報外，所累積的惡業本身，在死亡之前有一個力量會不斷地增長、增廣、增加。

這樣，惡業不斷地膨脹，自己所感得的痛苦也會更加強烈。所以，要有這種認識，在不知道善巧方便的狀況下，會受到非常強烈的痛苦，因此要進行懺罪，能夠懺清淨的就懺清淨，不能懺清淨的就加持這個罪業，把它壓住，讓它不會膨脹。

　　上等者經常實修《百字明咒懺罪法》，將罪業懺除清淨。若不能做到，每天睡覺前唸誦《百字明咒》二十一遍或《六字大明咒》一百遍，也能令罪業不膨脹。雖然罪業一定會成熟出痛苦的果報，但是它不會膨脹，力量就比較薄弱。

　　已經累積了許多罪業又不懺罪，就會投生在黑暗中的黑暗。一般我們說黑暗是沒有太陽、月亮、電燈的環境，而投生在黑暗中的黑暗，就是三惡趣，根本不知道要做利益自己的事，不要說如何利益自己，就連做這種事的能力也沒有。以世俗的比喻來講，就像被關進監獄一樣。

　　如果我們在自己家裡，可以吃吃點心、喝喝茶、看看電視或報紙，可是在監獄中全然無法自主，還要遭受很多痛苦。

　　這些痛苦是從何而來的呢？想一想，自己這輩子造作很多罪業，下輩子投生到三惡趣裡，這輩子造作的罪業成熟出痛苦的果報，將來便會在身體上感受到痛苦之果。

　　特別是三惡趣的痛苦，無邊無際、無法解釋、無從想像、不能忍受！這種痛苦的果報要遇到非常多，這些痛苦從何而來呢？是自己上輩子所造作的不善業成熟出來的。

行善業的方式

　　前面提到的是各種各類的痛苦，為了要免除這些痛苦，就要好好想辦法。現在我們是凡夫，處於不清淨的階段，要免除這些痛苦就要行善業。可以分成下士的善行、中士的善行，以及上士的善

行。

　　就下士的善行來講，是指這輩子所行之善會導致下輩子投生在天界，感得快樂，這樣的業，稱為下士的善業。

　　所謂的十善業，是指十不善業的反面；十種不善業的果報，反過來就是十種善業的果報。行十善業非常重要，應當認清並實際去做。

　　努力行十善業——福德業，順著福報的業，力量較薄弱的，下輩子會投生在人道；力量強大的，會投生在天界。前面所講的十不善業也一樣，按照力量的強弱，分別投生在地獄道、鬼道和畜牲道中。

　　十種善業稱為白法，十種不善業稱為黑法，黑法和黑色的果報要丟掉，白法和白色的果報要努力追求。如此想而去做到的話，就是下士的道路。

　　中士的善行也以十善業為主體，但其中還要加上了悟「人無我」的智慧，如此來行十種善業，就稱為中士的善行。

　　這裡面還要包括實修色界和無色界的安止，當然也要行布施、持戒等等。按照這些做法，逐漸地進入資糧道、加行道、見道、修道、無學道。所以雖然是以十種善行為主，但必須要了悟人無我的智慧，在這樣的智慧之下來行十種善行，這樣的善行，稱為中士的善行。如果能這樣做到的話，將會離開三界輪迴的處所，得到寂靜涅槃的果位。

　　上士所行的也是十種善業，但這十種善業除了要證悟「人無我」和「法無我」的意義，還要配合方便大悲之心，在這些條件配

合下所行的善行，就屬於上士的善行。

譬如古代有一種鍊金水，只需滴幾滴在銅鐵上，銅鐵就會變成黃金。同樣的道理，證悟兩種無我的勝慧，加上大悲心，在這些條件齊備之下所做的善行，即使只是一個小小的善行，都會變成廣大的善行，就好像鐵塊變成金塊一樣。

下士的善行是屬於輪迴的法，中士的善行是屬於涅槃的法，上士的善行既不屬於輪迴的法、也不屬於涅槃的法，而是超越了有寂兩邊。

總而言之，上士的善行超越了輪涅兩邊，為什麼呢？就是因為能夠以勝慧加上大悲心，如此包含之下，將前面所講的十善行變成上士的善行。不僅將十善行變成上士的善行，而且成為成就佛果之因，所以上士的善行既不屬於世間善行，也不屬於涅槃善行，是超越了有寂兩邊。

在資糧道和加行道階段，是在有所緣取的狀況下來積聚福德資糧；在見道位和修道位階段，是在禪定的狀況下來積聚無所緣取的智慧資糧；同時在後得位的階段，還要再繼續地積聚資糧。

以這個方式把所知障斷除，加上在禪定階段所積聚的資糧能把煩惱障斷除，因此兩種障礙都去除了。

有所緣取的福德資糧將來能成就佛的色身，無所緣取的智慧資糧將來能成就佛的法身，所以究竟的二身也得到了。

就果位來講，當然有得到佛果，根據果也有其因，所以有因和果。但若從實相上討論，因果是不存在的，可是為了淨化所調伏眾和弟子們，就必須暫時講述緣起因果。

4
輪迴痛苦

就增上生而言，我們現在就在其中，得到人身或天人的身體，這都是增上生的果報。

不過，這是指在暫時上投生在好的地方，不必受到三惡趣的痛苦，但殊勝的解脫還沒有得到，因此就有必要學習四聖諦的實修。

四聖諦

佛陀在印度菩提迦耶成就佛果後，就有開示教法的想法，於是來到瓦拉那西，主要的弟子是五比丘，還有天神、龍神，無量無邊。

首先開示四聖諦的教法，一共講了三次，然後五比丘、天神、龍神等無量無邊眷屬都得到了羅漢的果位。

為什麼講說三次呢？第一次先從本質上解釋，第二次從原因上解釋，第三次從果的方面解釋。佛陀開示時，首先對弟子們說：

「諸位比丘，此是苦，此是集，此是滅，此是道。」這是第一次。

第二次再講：

「諸位比丘，苦應知，集應斷，滅應得，道應依。」

之後馬上又講一次，是第三次：

「諸位比丘，了知苦後，再無其它應了知者；斷除集後，再無其它應斷除者；證得滅後，再無其它應證得者；於心相續中依止道後，再無其它應依止者。」

苦已知就結束了，還有沒有進一步的苦要知道？沒有了，已經

完全知道了；集已斷，斷掉就沒有了；滅已得後，還要不要得到更好的果位？沒有了；道已依，已經依止於道路，一定可以得到果位，得到果位後，這個道路還要再依靠嗎？不用了。

佛陀如此講了三次，詞句非常短，這時，具足殊勝緣份的弟子們，無量無邊，立刻得到羅漢的果位。

昔日佛陀講四聖諦三次，句子都非常短，弟子聽了就得到羅漢果位，到了我們這時代，四聖諦、三轉四諦法輪，不要說唸三遍，就算唸一千遍也沒有什麼效果，爲什麼呢？這些句子都是當時佛陀所講，我們現在和當時在場大眾所聽到的一模一樣，如今卻唸一千遍也沒有效果，並不是法歷經千年已經沒有力量，而是今人內心煩惱已經非常粗重的緣故。

佛陀開示時，首先說明四聖諦，一開始就講「此是苦」，「此」指的是什麼呢？指輪迴的情器世界，全部都是苦。

接著說「此是集」，這個集是指業集諦和煩惱集諦，換句話說，集諦分成業力和煩惱兩種。業力有善業和不善業兩種，如果做十不善業會投生在三惡趣，做十善業會投生在善趣。煩惱集諦指我們內心的貪戀、瞋恨、愚癡、忌妒、傲慢五毒煩惱爲主，另有隨煩惱二十種。

「此是滅」，滅是指把前面所提到的苦諦和集諦兩部分全部消滅掉，如果把這些都消滅，到達一個寂靜的境界，沒有煩惱和痛苦，寧靜止息，稱爲滅諦。

「此是道」，道是道路，前面提到把苦和集諦消滅後，會到達一個寧靜的境界，但是怎麼把它們滅掉呢？滅掉痛苦和集諦兩者的

方法，就是空性，就是悲心，這是屬於道路。

　　此爲佛陀第一次講四聖諦，是從本質來說明。

四諦十六形相

　　四聖諦的內容還包括十六種形相 ❶，因爲苦諦有四種形態，集諦也有四種形態，滅諦和道諦亦各有四種形態，所以稱爲「四諦十六形相」。

　　苦諦的四種形相是：無常、苦、空、無我。

　　無常是就痛苦而言，所存在的地方，輪迴的有情生命和器物世界經常千變萬化，不堅固、不穩定，所以是無常的；就算暫時上有快樂，不過很快就會變化，又遇到了痛苦，所以仍然是苦；分析一下所遇到的痛苦，並不是固定不變的，因爲它是空的；雖然空，不過在空裡有我，我在受苦，所執著的這個我，如果加以分析，所執著的我是否具體存在呢？沒有！所以是無我，這是苦諦的部分。

　　集諦的四種形相是：集、因、極生、緣。

　　首先是集，集諦是指因爲業力、煩惱之故而產生很多痛苦，很多痛苦聚集在一起，不是少數的痛苦，所以是集。因是什麼意思呢？業力煩惱是產生痛苦的根本，由此產生各種各類的痛苦，所以它是產生之因。極生，集諦的業力和煩惱所產生的痛苦不是只有少數，而是會極端的產生無量無邊，非常地多。業力煩惱也會推動，

---

❶舊譯行相，但藏文原義爲「樣子，形態」，故新譯爲形相。

作為一種助緣，推動我們內心去感受到各種痛苦，而推動這些痛苦成熟出現的力量，仍然是業力和煩惱，是集諦，所以集諦本身也是緣。

滅諦的四個形相是：滅、寂靜、豐盛和定出。❷

首先是滅，滅諦能夠消滅內心的苦諦和集諦；內心的迷惑煩惱消滅後，能得到止息寂靜；經由滅諦消滅苦諦和集諦後，內心會得到很多豐盛的功德；最後一個定出，譬如我們投生在天界，當然是自己行了很多善行，有很多功德，才會投生到天界，不過等業力衰損，功德就會消失不見，接著就要繼續投生在惡趣輪迴中，但是滅諦的豐盛功德不會消失不見，不會再改變，而會永遠出現，所以稱為定出。

道諦的四個形相是：道路、了解、禪觀、定給。❸

第一個道路，如我們所了解的，世俗的道路就是人走的路；飛機在天空飛，有條飛機走的道路，就是天空的道路；地上也有地上的道路，有豪華汽車走的路、有小車子走的路。不管怎樣，路就是要走的。道諦的第一個形相就是道路，大乘種姓有大乘種姓走的道路，小乘種姓有小乘種姓走的道路，不同的種姓有不同的道路，所以它是一種道路。第二個了解，就道路而言，具有可以了解煩惱、作為煩惱的直接對治、把煩惱消滅掉這種能力。第三個禪觀，意思就是實現，把業力煩惱去除掉，必然能達成內心不顛倒、不錯亂的

---

❷舊譯滅、靜、妙、離，係依梵文漢譯，又加以簡化，不易了解，今依藏文原義直譯。
❸舊譯道、如、行、出，係依梵文漢譯，又加以簡化，不易了解，今依藏文原義直譯。

本來面貌，必然能實現成就，顯現出來。第四個定給，必然給予，指經由這個道路一定會有果位，譬如小乘道路一定會得到果位，不會說沒有意義；如果走大乘道路，也一定會給予大乘究竟的果位。

四聖諦的順序是什麼呢？按照慈氏怙主曾經提到過，舉一個病人的例子來看，就會更加清楚。

如果一個人生病了，首先要認識到底是得了什麼病？了解這個病後，進一步要了解疾病的原因是什麼？為何導致生此病？了解生病的原因後，就知道沒有病的快樂是什麼，所以產生一個渴求之心，想要得到無病的快樂，那要靠什麼呢？可能要吃一個月、兩個月或三個月的藥，才能得到無病之樂。

和這個比喻一樣，首先，知道這是一個病人，得的是什麼病？這個情況就是苦諦，所以苦諦是應當要知道的，故為四聖諦之首。

知病之後就要探查生病的原因、尋找病因，像這樣，了解苦諦後就去尋找苦諦從什麼地方來，原因何在，所以講集諦，集諦是痛苦的來源之處。

知病又知病因，然後就要知道疾病去除後會有什麼樣的快樂，要讓他產生熱切追求的想法，所以馬上就講滅諦——去除了苦諦和集諦，這個人知道無病之樂是什麼後，就吃了藥。

同樣的道理，產生強烈追求之心，要得到這種滅諦，對滅諦有認識而且迫切去追求，因此生生世世要禪觀這個道路，要做各種實修，這是道路，就好像吃藥一樣。

這是四聖諦的方式，講的是實修的方法。就實修來講，要先認識苦諦，之後要了解集諦，之後要知道滅諦，然後知道道諦，所以

按照這個順序來做開示。

　　不過，如果從因和果來討論四聖諦的內容，在輪迴有因和果兩個項目，涅槃也有因和果兩個項目。就輪迴因和果的項目來看，要知道輪迴的因是集諦，果是苦諦，苦諦要在集諦後面；涅槃的因和果也是如此，因是道諦，果是滅諦，道諦應當在前面，滅諦應當在後面。所以順序是集、苦、道、滅。

　　這是就因和果的方式來討論，如果就實修的方式來討論，苦諦要在前面，集諦在後面，滅諦要在前面，道諦要在後面。所以順序是苦、集、滅、道。

　　前面是簡略的解釋，接下來是廣說，要一項一項詳細解釋四聖諦。

苦諦

　　首先是苦諦，什麼是苦諦？應當要了解：在六道處所裡，不管高低，低指三惡道、高指三善道，全都在苦苦、壞苦、行苦三種範圍中，三種苦遍及所有一切。就六道的處所來講，實際上快樂根本就不存在，而且在六道中，會累積很多痛苦的原因，遇到很多魔鬼邪祟的傷害干擾，所以用世俗的話來講，六道形同監獄。

　　如果一個人被關進監獄，也分成很多情況，有的人大概關三兩年，有的人可能被判無期徒刑，要在監獄裡度過一生，不能和自己的父母、子女、兄弟姊妹、男女朋友在一起快樂地生活，每天心裡都受到非常強烈的痛苦和煎熬。整個輪迴其實都是如此！

在輪迴之中的生命，大多數都希望得到快樂，不過因為愚癡之故，不知道快樂的原因為何，不知道如何去做；大多數都希望遠離痛苦，但因為愚癡之故，自然地造作了很多痛苦的原因。所以，這種情況就好像坐在四周都是刀劍的地方，自己坐在中間，那不是非常危險嗎？只要稍微伸一伸手腳，很容易就會被割傷。輪迴的處所就是這個樣子。

在輪迴裡，往往會造作很多的業，這些業以後都會成熟出各種各類的痛苦。譬如貪戀美好的對境，就像飛蛾撲火一樣。飛蛾振動翅膀，靠近油燈時，油燈的火花看起來非常漂亮，讓飛蛾不由自主地投身其中，翅膀被燒掉了，死在油燈裡，這是對於色法貪戀之故。

對聲音太過貪戀的話，就好像鹿被獵人殺了一樣。鹿的聽覺很靈敏，敵人一靠近就馬上逃跑，所以獵人會吹笛子演奏美妙的音樂，鹿聽到音樂不知不覺失了神，沒有注意到獵人靠近，就被打死了。

如果貪戀香味的話，就像蜜蜂一樣。蜜蜂經常流連花蜜，貪食香甜，結果黏在蜜上，飛不走就死掉了。

如果貪戀美好的滋味，就像魚兒上鉤一樣，漁夫把小蟲黏在魚鉤上，丟到水裡，魚聞到氣味，貪戀不已，就把小蟲吞下去，同時也把魚鉤吞下去，當漁夫一拉，魚就被鉤起來殺死了。

如果貪戀觸覺的話，就好像大象沉沒在爛泥巴裡一樣。大象身軀龐大，到了炎熱的夏天，喜歡在爛泥巴水裡滾動，清涼一下，但是有些泥巴很深，滾進去沉沒了，爬不起來，就死在裡面。

我們現在也是這種情況，往往貪戀輪迴中的色聲香味觸，因此

依於色聲香味觸緣起推動的力量，不斷地投生在三界輪迴之中，永遠沒有止息！

　　投生在三界輪迴裡，三有輪迴的痛苦無邊無際，沒有窮盡。以一個比喻來講，就好像坐在熊熊烈火中間，不是馬上就要燒到自己嗎？又譬如坐在虎豹豺狼中間，兇猛又尖牙利齒的猛獸在四周徘徊，自己豈不是馬上就要被吃掉了嗎？就像這樣。

　　投生在有些地方時，地方首領互相迫害、發動戰爭，諸如此類輪迴的痛苦，在上輩子、上上輩子已經感受到很多很多，這輩子還要再受到很多這類的痛苦，將來還是如此，這些痛苦不會止息。所以，三有輪迴之中，不管什麼時候，痛苦不斷地持續，恆常都要受到痛苦的逼迫。

　　有時候總想著：這是我的父母、兄弟、朋友，但是自己的親友是否就一定會幫助自己呢？有時候父母會傷害子女，子女也會傷害父母，兄弟之間彼此殺害，男女朋友之間互相傷害，所以無法很確定誰是仇敵、誰是親友。敵友在三有輪迴中是不固定的，經常會變化，有時候父兄傷害我，而仇人卻來幫助我，這種情況也經常發生。

　　就我們現在的身體而言是人類，但在輪迴中也可能曾經投生為小蟲的身體，可以說在輪迴中所投生過的身體無量無邊，各種各類。在輪迴裡投生，有時候會遇到頭被砍斷、手被砍斷、腳被砍斷的痛苦等，各種各類的痛苦都曾經歷過。如果把自己從無始劫以來到現在被砍掉的頭手腳全部堆在一起，會有多高呢？此世界最高的山是中間須彌山，把自己被砍掉的頭手腳堆起來，恐怕比須彌山還要高！

當我們投生在地獄時，牛頭馬面把燒化的鐵水倒進我們嘴裡要我們喝掉；當我們投生在鬼道時，所吃的都是膿血大小便。不管投生在六道中的何處，都會遇到很多困難，且不由自主地痛哭流涕，流下很多淚水。如果把這些所喝的鐵水、所吃的膿血大小便和淚水加起來，會有多少呢？恐怕比這個世界的五湖四海加起來還要多上好幾百倍，無量無邊！

　　像這種痛苦，前輩子我們已嚐受過非常多，可說是無窮無盡。這輩子我們也受到很多痛苦，不過這輩子有一個特色，便是我們能夠了解自己受到這麼多痛苦，所以就要想一想，下輩子絕對不要再受到這種痛苦。這輩子得到暇滿人身寶，有一個責任，就是現在就要想辦法讓未來不要再受到痛苦。

　　之前講的十六形相的內容，如果大家是剛開始學習的佛教徒，會有一點困難，不太容易了解意義，但沒有關係，「勤學無難事」，慢慢學習，逐漸就會了解。

　　現在重點是講說苦諦，如果向外國人，特別是歐洲人，向他們解釋三惡道的痛苦，他們會覺得這個法不好，為什麼？因為聽了之後不太快樂，內心會難過，所以說這個法不好。若是講解三善道的快樂、西方極樂世界淨土的快樂功德，他們就很高興，就說這個法非常好，為什麼？因為聽了之後內心快樂，產生渴求之心。大家可能也會有這種情況，解釋三惡道時，內心會難過，但是如果在內心難過的狀況下去實修佛法，成效會更加地快。

　　譬如一個人抽菸，肺已經快要壞掉了，去看醫生，醫生告訴病人他的情況，令病人寢食難安，馬上下定決心戒菸，服用讓肺部能

夠復原的藥，按照醫生指示去做，這樣病情就會慢慢好轉。可是如果現在他的肺病不是很嚴重，就算醫生告訴他，他也不擔心，反正還沒惡化，就繼續抽菸，之後病況變得嚴重，他可能就死了。

　　所以向大家說明輪迴的情況時，也許大家覺得不快樂，很痛苦，這時就要想一想：把痛苦滅掉的方法是什麼？就要努力去追求。如果聽過輪迴的痛苦之後不覺得難過，就表示還要再多認識輪迴的痛苦；因為不認識輪迴的痛苦，又怎麼可能會去追求把痛苦滅掉的方法呢？如果不會去追求方法來滅掉輪迴的痛苦，就表示根本不會實修佛法；若不實修佛法，會有什麼後果呢？

　　寂天菩薩講過：「將來從人道投生到畜牲道，從畜牲道投生到鬼道，之後投生到地獄道，一輩子比一輩子更加退步。」

　　所以，雖然聽聞之後心裡難過，還是要努力繼續聽聞。想想看：只是聽聞都會難過，若身歷其境投生在三惡道，該怎麼辦？所受到的痛苦無法想像。所以，現在得到暇滿人身寶，這時的重責大任就是下輩子不再受到痛苦，大家要好好想一想！

問與答

問：後得位所積聚的資糧，是要斷掉煩惱障嗎？

答：不是，後得位所積聚的資糧，是要斷掉法我執，法我執是屬於所知障。補特迦羅的人我執是屬於煩惱障的

部分。不過這裡講的是主要，在後得階段所積聚的資
糧主要是要斷除所知障，但意思是說它根本不斷除煩
惱障嗎？不是的，主要是要對付所知障，當然也能對
治煩惱障。同樣地，在禪定的階段所積聚的資糧，主
要是要斷掉煩惱障，但並不是說它根本沒有去斷除所
知障，斷除所知障的部分是附帶的，主要的對象是消
滅煩惱障。

問：法我執是在等置階段斷掉的嗎？

答：應當這樣講，可以是，但主要不是那個階段，因為法
　　我執是所知障，主要是在後得位的階段把它斷除掉。
　　當然不是說在禪定的階段不能夠把法我執斷除，我們
　　是說主要，主要是在後得位的階段。

問：禪定止觀的力量分析物質的法並不存在，這不是破除
　　法我執嗎？為什麼是在後得位？後得位有什麼力量能
　　破除法我執？

答：彌勒菩薩在《寶性論》中曾經提到，譬如慳吝等妄
　　念，是屬於煩惱障；但是執著三邊（三輪）是實體，
　　這種執著是屬於所知障。進入禪定時，念頭沒有了，
　　妄念沒有了，那就是把煩惱障斷掉了。但是在後得位

的階段裡，還有許許多多的執著，如果在後得位時積聚累積資糧，把執著斷掉，這時便是斷除所知障。

問：《金剛經》說：「菩薩應無所住而生其心。」有堪布將「應無所住」解釋爲不要執著，可否解釋在禪定當中呢？

答：一般而言，安止禪定時，內心沒有妄念，所以也是無所住，這沒有錯。不過，《金剛經》裡講的卻不是安止的意思。一般發菩提心可以分成世俗諦菩提心和勝義諦菩提心，世俗諦菩提心是願菩提心和行菩提心，這都是內心的想法，都是內心的妄念，現在要把願菩提心和行菩提心的想法全部去除，完全沒有任何的念頭和想法來產生菩提心，這樣的菩提心是勝義諦菩提心。

問：「應無所住而生其心」是否就是空性的意思？

答：這是眞實證悟空性的意思，因爲勝義諦菩提心是眞實證悟空性。

問：何謂三輪？

答：三輪，幾乎任何一法都可以分成三邊來解釋。譬如布施，有布施的對境、布施的物品和行布施者自己；譬

如持戒，持守戒律的是自己、所要持守（被持守）的
是戒律、還有持戒的這個行為。就像這種情況一樣，
六度每一項都可以分成三個方面。

問：如果睡覺時要修三輪體空，第一個是我，第二個是睡
　　覺，第三個是什麼？
答：睡覺的地方是一輪，睡的動作是一輪，主體我也是一
　　輪。

問：有人修到下輩子不墮三惡道，這輩子是最後一世，所
　　以惡業會在這輩子成熟，這種人在惡業成熟時會不會
　　有痛苦？
答：痛苦還是會有，但是當此人受到痛苦時，他的內心
　　並不會不高興、不快樂。西藏的實修行者遇到快樂的
　　事，都會說：「這是三寶的加持！」即使遇到痛苦和
　　逆境，也會說：「這是三寶的加持！」換成一個外國
　　人，如果運氣非常好、健康快樂，就說：「啊！這是
　　三寶的加持！」如果窮困潦倒、逆緣出現，就不會說
　　這是三寶的加持。
　　　就像這種情況一樣，一個行者實修到下輩子不用
　　投生在三惡道，完全斷除輪迴，所以很多以前的果報

在這輩子成熟出現了，他還是會有痛苦（如果他沒有得到見道位，都會感受到很強烈的痛苦），不過就算痛苦出現，他也不會不高興、不快樂，相反的，他還是會很高興、很快樂。爲什麼呢？因爲他會想，現在的苦全部成熟出現，去除掉後，就表示以後不用投生到三惡道了。三惡道的痛苦想必更加強烈，如果以後不必受到強烈的痛苦，當然非常高興。

問：凡夫心遇到逆境難免會退轉，請堪布開示方法，讓我們不會退轉。

答：這分成三方面來說明。首先，第八地稱爲不退轉，並不是不退入輪迴裡的意思，從初地開始就不會退入輪迴了。到了第八地，投生在輪迴的大大小小的因全部已經去除掉了，這是第八地的情況。

　　第二，我們現在是凡夫的階段，在實修道路上遇到逆境時，如何才能不灰心、不退轉呢？那一定要常常閱讀前輩聖者的傳記，例如密勒日巴的傳記、馬爾巴的傳記、唐三藏法師的傳記等，經常讀一讀，在菩提道上就比較不會退轉。

　　第三，要好好了解佛法。一般來講，不管遇到任何痛苦和逆境，絕不會沒有原因而產生，也不會非原

因而產生，一定是順著果報，以前一定有相似的存在，前世自己已經造作許多罪業，如果這些罪業不在現在受到這個苦，而在地獄道裡受的話，時間需非常久，苦的力量也會非常強烈；如果這個苦轉到鬼道受的話，時間也要很長，千千萬萬年，痛苦亦極為強烈；同樣這個苦，如果在我們投生人類時成熟了，我們可以一邊受苦，一邊還能夠運用除苦的方法，我們可以吃藥、可以喝水、可以休息。其次，在人身時所遇到的苦，時間也會比較短，所以仔細分析，痛苦在人類的身上成熟是最好的時機，可說沒有比這個更加好的時機了！

三惡道之苦

　　六道的痛苦可以分成三惡道的痛苦和三善道的痛苦。在三惡道的痛苦中，主要說明地獄道的痛苦，地獄道中有八熱地獄、八寒地獄、近邊地獄和孤獨地獄，共十八個地獄。

　　八個炎熱的地獄是等活地獄、黑繩地獄、眾合地獄、號叫地獄、大號叫地獄、熱地獄、大熱地獄和無間地獄。

　　地獄的痛苦能不能思維呢？沒有辦法，因為痛苦無量無邊，沒有極限，因此無法思維。

　　第一個等活地獄：墮入其中的眾生會互相殺死對方，在被殺死後，因為業力之故，空中會傳出一個聲音，就是罪人復活了，所以死掉的這個眾生又會活過來，無一例外。活過來之後，不管看到誰，都像看到仇敵似的，手中不管拿到什麼東西都是武器，又開始砍殺對方，同時也被對方殺死，就這樣互相砍砍殺殺，死了又生，生了又死。

　　第二個黑繩地獄：身體被牛頭馬面綁起來，用黑繩畫成三、四塊後，以鋸子鋸開，之後身體會再度復合，然後再被鋸開、再復合，如此反反覆覆。

　　第三個眾合地獄：投生在高大的石頭山中間，看到的山壁都是自己活著時所殺死的動物骨頭，自己身在其中，被岩石高山夾住、擠扁，受到無盡的痛苦。

　　第四個號叫地獄：鎔銅和鎔鐵從口中灌進去後，充滿整個肚子，腸胃全都是火紅的銅鐵，痛苦得昏倒在地。

　　第五個大號叫地獄：投生在沒有門的房間裡，裡面全是熊熊烈火，身體受到焚燒之苦。

　　第六個炎熱地獄：火紅的鐵棍刺穿身體，形成許許多多的洞。

　　第七個大熱地獄：燒紅的三叉鐵戟從腳穿入，身體從腳到頭被燒成三個洞，頭頂冒出熊熊烈火，身體竄出火苗。

　　最後是無間地獄：投生在燒紅的鐵之中，身體和火混在一起，無法分別哪個是身體、哪個是火，受到猛烈的痛苦。

　　以上是八熱地獄的情況。

　　其次是近邊地獄，近邊地獄就環繞在八熱地獄的外面四方，所

以有四種近邊地獄。八熱地獄的眾生受到猛烈痛苦後，業力會減少一點點，以為自己已經離開地獄，投生在一個比較美好的地方了。實際上，他們還是在地獄，也就是近邊地獄。

第一個火煨坑地獄：上面看起來像泥沙一樣，不會炎熱，可是腳踩到其中就會掉下去，底下全是熊熊烈火，燃燒著身體。

第二個屍泥河地獄：屍體腐爛，變成爛泥巴堆積在一起，像一條河流、沼澤地，身陷其中，被許多有鐵嘴鐵爪的小蟲啃食。

第三個劍林地獄：遠看以為離開了八熱地獄，來到清涼的森林，走進去才發現樹葉都是刀劍長矛，將身體刺穿無數個洞，痛苦無比。

第四個無極河：投生到一望無際的河中，裡面充滿許多有著鐵嘴鐵爪的小蟲，刺穿身體，沒有岸邊，不知該如何上岸，也不曉得要到什麼地方去。

另外，在近邊地獄時，心裡會想起父母、兄弟、子女、愛人，一想起時，就會恍然聽到心愛之人在呼喚自己，想趕快追趕過去，卻發現四周的樹木好像刀劍，把自己的身體砍成好幾段。之後，好不容易到達時，看到一個女子，全身都是鐵，把自己抓起來吃掉。還會看到在天空盤旋的老鷹，都是鐵嘴鐵爪，俯衝下來啄食自己的眼睛，用鐵爪把自己的肚子撕裂開來，腸胃都被吃掉。

接著是八寒地獄。一般來講，寒地獄的處所冰天雪地，非常寒冷，冷風刺骨，即使活著，身體也不能動彈，因為冷風會把身體凍得像冰塊一樣，陣陣寒風襲來，不斷鑽進骨頭裡。整個寒地獄都是這麼寒冷，但是把冷的痛苦依輕重分成不同類型，所以取八個名

稱，合稱八寒地獄。

首先，寒冷比較輕微的是全身冰凍，凍出水泡，叫具皰地獄；寒冷更加嚴重，水泡會裂開，叫做裂皰地獄；第三個更加寒冷，只有打噴嚏的聲音，叫做啊啾地獄；再過去還要更加寒冷，連打噴嚏的聲音都沒有，只剩下喘息的聲音而已，叫做嗟呼地獄；第五個連喘息的力氣都沒有了，牙齒緊繃在一起，好像已經凍成屍骨了，叫做緊牙地獄；第六個，身體已經冰凍了，好像要裂成六片，這是裂如青蓮地獄；再過去好像要裂成八片，冷得更加嚴重，這是裂如紅蓮地獄；第八個是裂如大蓮花地獄，變成冰塊，肉結冰之後，整個身體裂成十六片。在這些裂成六片、八片、十六片的情況裡都會長出小蟲，鐵嘴鐵爪鑽進傷口裡，慢慢啃齧肉血，產生強烈的痛苦。

還有孤獨地獄（或稱日壽地獄），孤獨地獄處所不定，痛苦亦不定。譬如木匠砍樹，把樹木砍成一段一段，有的眾生投生在孤獨地獄就好像是這棵樹，受到身體被砍成好幾段的痛苦；有些狀況是很用力大聲的開關門，砰的一聲把門關起來，有的眾生投生為這個門，會覺得身體被大力的推動拉扯，受到這樣的痛苦；有的眾生投生在門上面，門上有牆壁層層疊著，會覺得泰山壓頂，壓住自己，受到喘不過氣的痛苦；有的投生為房裡的柱子，感覺自己就是柱子，背負著屋子的橫樑和屋頂，都是非常沉重的擔子；有的投生在灶中，生火煮飯時，感覺自己就是灶，身體被熊熊烈火燃燒，非常痛苦；有的投生為繩子，當拉扯繩子綁東西時，身體也受到拉扯，彷彿要斷掉似的痛苦。所以，投生在孤獨地獄是處所不一定，痛苦也不一定，不同的業力感得不同情況的痛苦，各種各類都有。

這些是因爲以前所造的業不同,所以現在自己的身體感得各種不同情況的業果痛苦,當這些痛苦出現時,是沒有窮盡的,譬如河水已經氾濫很嚴重了,要如何阻擋呢?無法阻擋。同理,造作嚴重的罪業,當業果成熟,已經變成痛苦出現,就無法阻擋了,痛苦是一定會遇到的。所以,想到這裡,我們應當怎麼做呢?最初就不要造作罪業。惡業絕對不能做,如果惡業已經造作了,將來感得的痛苦果報成熟出現時,便像河水氾濫,全然無法阻擋。

　　我們現在處在人類身體的狀況,也會遇到許多痛苦,許多罪業將來成熟後還要形成更加猛烈的痛苦。所以,要好好思維,在最初時就要小心謹愼,有羞恥之心,時時提醒自己不要造作惡業。

三善道之苦

　　接著要講述三善道的痛苦,可分爲天界的痛苦、阿修羅道的痛苦和人道的痛苦。

天界之苦

　　就無色界的痛苦而言,依於無色界的等持而投生在無色界,依於不同的等持就分成四種類型(四個地方):空無邊處、識無邊處、無所有處、非想非非想處。不管生在哪一個地方,當有漏善業果報結束之後,仍然要投生三惡道,在三惡道中受到無邊的痛苦。

　　其次,就色界的痛苦而言,依於初禪、二禪、三禪、四禪,而投生在初禪天、二禪天、三禪天、四禪天,仍然是一樣的,等到禪

定的有漏善業福報窮盡消失之後，再度要墮入三惡道，在三惡道受到無邊的痛苦。

欲界天的痛苦，譬如大梵天、天帝釋或南贍部洲的轉輪聖王，這些天神的權勢、威力、福報都廣大無邊。無量無邊的眾生崇拜這些天神，好像是佛一樣，向祂們獻上皈依和許多供養，但是這種情況不會經常存在。舉例而言，就好像是天空的太陽，雲淡風輕時，太陽非常亮麗耀眼；烏雲蔽天時，太陽就一點光芒也沒有。這些天神，當祂們的有漏善業福報還在時，權勢威力廣大無比，好像是佛一樣；等到祂們的有漏善業沒有了時，就變得什麼都不是，而墮到惡道中去了。

一般而言，天界的處所到處都是花園，美麗漂亮，整個地方賞心悅目，不像我們這裡高低不平，有高山、有懸崖，沒有這種情況。

例如大自在天神，天人龍神不斷地臣服於祂，在其腳底下頂禮膜拜，如此這麼大的權勢威力，也有墮入地獄的一天。當祂墮入地獄時，被牛頭馬面用燒紅的鐵棍刺穿身體，造成百千個洞，痛苦猛烈無比，這種時候也會到來的。

天神或天女都長得十分美麗，互相愛慕愛戀，非常快樂地生活。不過這種情況並不會恆常持久，等到有一天無常到來時，這些天神、天女也會死亡，投生到地獄中。

天界的房子一般都由奇珍異寶所造成，美麗奢華，但當天人死亡時，就要離開這個地方，投生在烈火所成的地獄，那裡的房子是燒紅的鐵，整個大地都是燒紅的鐵，這樣的時刻也一定會到來。

特別是天界眾生，當其有漏善業即將消失時，死亡的五種徵兆

就會出現：身出汗、發臭、花朵裝飾凋謝、衣服沾污、不安其座，五衰相現就表示這個天神要死亡了，祂的朋友父母遠遠看到就知道了，因爲祂身出臭味、流汗等，讓人不敢靠近，祂因此痛哭流涕，難過得不得了，如此要持續七天。天神的七天在人間是非常長的時間，七天中痛苦強烈。若從人類的角度來看，雖然人類的痛苦一直都有，但都是比較小的痛苦，不會遇到像天界這麼猛烈、這麼大的痛苦。

在我們這個世界，太陽和月亮爲大家所知曉，所以有一些外道認爲太陽和月亮是天神和天女，是有生命的有情眾生。就算太陽和月亮是天神和天女，總有一天祂們的光亮也會消失不見，生命也會結束。本來祂們都在光明之中，但等到死亡時，便會在黑暗之中，永遠看不到光明。這樣的事情也會到來。

阿修羅道之苦

阿修羅道的痛苦是阿修羅恆常嫉妒天界天神的財富受用。由於天神、天女長得非常美麗，居住的地方賞心悅目，所享用的財富福報廣大無比，阿修羅對於這些產生了強烈的嫉妒心，導致內心恆常在痛苦之中，而且又更進一步要跟天神作戰，往往受到天神銳利刀劍的砍殺，頭手腳被砍斷，承受被宰殺的痛苦。

人道之苦

人道的痛苦分爲三根本痛苦和八支分痛苦，三根本痛苦是苦苦、壞苦與行苦。

　　首先講「苦苦」。人類的財富受用就像水泡一樣，河流中的水泡遠望很漂亮，靠近一看，水泡一個出現又消失、一個出現又消失。人類的財富受用也是如此，並不會恆常存在，出現不久就會消失。不僅如此，特別是人類會遇到許多不如意的事，導致內心痛苦，而且痛苦又緊接著其它的痛苦，有時候父親死亡，沒多久母親也死亡；有時候屋子失火，子女逃生不及也被燒死了，屋漏偏逢連夜雨，不幸之事接二連三發生，這種情況即是苦苦。

　　第二個根本痛苦是「壞苦」。由於自己的福報財富等享用，快樂會產生、會存在，不過快樂財富的出現往往伴隨產生貪戀執著，將來就會形成痛苦。譬如美食當前，大吃一餐很快樂，但是可能有人在食物中下毒，吃完後毒性發作，身體就會受到痛苦，產生疾病；男女朋友互相愛戀，約會時非常快樂，等到分手時痛苦無比；得到財富受用時非常快樂，將來失去時又非常痛苦，這種情況都是壞苦。

　　第三個根本痛苦是「行苦」。用一個比喻來說明比較容易了解：從前有個國王，走在御花園中，腳扭到了，痛得沒辦法走，於是叫人把大象牽來，坐在大象背上，到御花園觀賞奇花異草，賞心悅目，非常快樂。就在這時，大象看到一頭母象，貪心一起，狂性大發，往前追逐母象，顛簸之中，國王嚇得臉色蒼白，好不容易抓到樹枝，脫離了這個災難，免於跌下摔死。

　　國王一跛一跛地回到皇宮後，非常憤怒，把馴獸師叫來，大聲斥責：

　　「為什麼沒把大象教好？差點害死我，這是你的失責。」

「我只負責大象的身體，沒辦法控制牠的心啊！」馴獸師辯解道。

國王聽了覺得奇怪：

「你是如何控制牠的身體，而沒有辦法控制牠的心呢？」

「您看就知道了。」

馴獸師把大象帶過來，用燒紅的鐵棍靠近大象時，大象非常驚恐害怕，因此馴獸師能夠指揮大象往東或往西。馴獸師說：

「用這種方法可以調伏牠的身體，但是沒有能力調伏牠的內心。」

「那麼誰才能夠調伏內心呢？」

「世界上只有釋迦牟尼佛能夠調伏眾生的內心，他能夠把眾生內心的貪瞋癡三毒調伏，得到究竟的寂靜安樂。唯有釋迦牟尼佛才能做到！」

這時，國王內心也發生轉變，他了解到：就算是暫時把身體調伏了，也不能得到究竟的安樂，如果內心沒有調伏，所遇到的快樂其實都是痛苦。因此，國王就去拜見佛陀，向佛陀學習佛法。

前面所講的苦苦、壞苦和行苦，恆常籠罩我們，我們已經沉沒在三苦之中了，然後就會遇到八支分痛苦，包括出生的痛苦；衰老的痛苦；疾病的痛苦；死亡的痛苦；自己最討厭的敵人會經常碰到，是冤家路窄的痛苦，即怨憎會苦；自己所喜歡的父母、兄弟、子女、男女朋友經常要分開，是愛別離苦；自己很喜歡的東西、財富，怎麼追求都追求不到，是求不得苦；自己不希望、不喜歡發生的事，卻經常遇到，突遇不欲。❹

---

❹舊譯五蘊熾盛苦，今依藏文原義直譯。

　　三根本苦和八支分痛苦，在人生過程中一定會持續不斷地遇到。

　　首先，出生的痛苦。一切眾生就算能夠出生為人，這樣少之又少的機率，也一定要經過母親的子宮。當生命投生在母親的子宮時，子宮裡臭味非常嚴重，不乾淨，狹窄黑暗，不見天日，所以神識投生進母親的子宮時，如同進入監獄、進入沒有門的鐵屋子一樣。由於無明之故，神識投生於父精母血之中，依附在母親的子宮裡。當神識進入父精母血後，慢慢發育，第一週是膜疱位，精血稍略凝結；第二週是凝酪位，精血表層凝固，如有包膜，內部更為凝結，小小的，然後稍微擴大一點點；第三週是血肉位，這個階段大到好像一個餅乾，扁扁的，內部慢慢形成血肉；第四週是堅肉位，逐漸長成像魚的形狀，然後像蛙的形狀；第五週是肢節位，出現了五個突起，慢慢長大，頭與手足漸漸成形。

　　這些發育的過程，每個星期名稱不同，經過二十六星期後，父精母血就發育成人形，逐漸出現人類的手、腳、頭、耳朵、鼻子、毛髮等，直到三十七週，身體的發育形成了，內心開始有感覺出現，母親吃冷的東西，小娃娃就覺得寒冷；吃熱的東西，小娃娃就覺得炎熱；如果母親爬樓梯喘息不止，小娃娃就覺得很沉重、壓力很大；如果母親往下走，小娃娃便好像從天空掉下懸崖一般痛苦。

　　從母親陰道生出時，就好像走過一個鐵屋子，門非常狹小，身體被完全擠扁地通過；生出之際，母子雙方可以說瀕臨死亡；出生後，身體有掉下來的痛苦及被人抓住的痛苦。這些痛苦，我們現在都完全忘記了，想不起來。

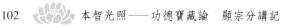

　　第二種是衰老的痛苦。再怎麼年輕，也會逐漸老化。首先，無法像以前一樣意氣風發，銳氣全都沒了，好像日暮窮途的樣子；關節不靈活，要站起來或坐下去都很辛苦，走路也需要拿枴杖；視力開始模糊，耳朵聽不清楚，鼻子、舌頭也不靈光；臉上出現皺紋，頭上出現白髮，牙齒慢慢動搖脫落……，遇到很多痛苦。

　　正如冰塊無論多麼美麗，當太陽出來時，就會逐漸融化，最後只剩一堆水。任何美麗都會消失，現在世上最美的女人，等到她八十歲時，難道還能說她美麗嗎？不能夠的！同時一定會遇到很多痛苦。

　　男女都一樣，四十歲時，頭髮花白了，可以染成黑髮裝年輕；到了五、六十歲，就算染髮、做假牙，別人還會稱讚他（她）年輕漂亮嗎？不太可能。接著很快就到了七十歲，就算再染髮、裝假牙，不管怎樣，也都不再年輕，老就是已經老了；慢慢地，最後這個我們最重視、花了我們最多時間和金錢的身體，完全老舊不堪使用。不僅我們的生命如此，所有人類的生命都是這個樣子！

　　第三種是疾病的痛苦。當身體地水火風四大種都非常平衡時，不會有疾病；如果四大種不協調，就會產生疾病，那時便痛苦得令人恐懼害怕，甚至會產生這種想法：「還是快點死掉算了！自殺好了！」

　　特別是國外和台灣都有一種疾病，就是植物人。若是年輕時變成植物人，沒死、呼吸仍然存在，卻動彈不得，想要恢復正常也不可能，這樣過了三十年，爸爸死了，媽媽也死了，就剩自己還沒死，一定會感受到非常強烈的痛苦。植物人雖然有呼吸、有感覺，

但是死不了也不能復原，這樣拖了長久時間，痛苦非常猛烈。

在西藏如果發生疾病，慢慢加重，一兩個禮拜就會死了，不會說一種病經過好久時間，受盡長年累月的折磨，這種情況是沒有的。

第四種是死亡的痛苦。我們認為最重要、最有價值的就是生命，不過到最後，生命往往會因為疾病或意外的緣故而結束；就算沒有生病，也沒有任何意外，但是等到自己上輩子所累積的業力窮盡了，壽命窮盡了，仍然會死亡。無論如何一定會死亡的！當死亡時，也許自己有好幾棟房子，還有車子、金銀珠寶等，但卻絲毫沒有用處，絲毫也不能帶走；就算是自己的父母、兄弟都非常有權勢地位，對自己還是沒有任何幫助，最後這個神識，一針一線也無法帶走，要獨自到一個四顧茫然，舉目無親，完全陌生的地方。

第五種痛苦是怨憎會苦。怨恨、憎怒的人經常都會見面，簡單來講，就是仇人碰面的意思，自己最討厭的人，偏偏就會遇到。有時是經常跟自己過不去、總是傷害自己的人，我視他為最討厭、最不喜歡的仇敵，卻往往不請自來，不管到什麼地方去，總是很容易碰到這個人，這種痛苦會出現。

第六個是愛別離苦，指和喜愛的人經常別離、分開。和自己所喜歡的父母、兄弟、子女、男女朋友生活在一起非常快樂，我們總是希望能和喜歡的人永遠在一起，快快樂樂過日子。但往往事與願違，心愛的人很容易死亡，或者有時候反目成仇，就算沒有反目成仇，也經常各奔東西，分居兩地，因此有人往往陷入瘋狂，不能夠忍受，甚至自殺。

第七個是求不得苦。自己渴求的身分、地位、財富等得不到，心願不能實現，往往事與願違，總是擔憂這件事那件事會不會成功，時時活在擔心憂慮之中，這是求不得之苦。

　　第八個突遇不欲。所遇到的都是不喜歡的，經常擔心害怕的一些障礙、干擾、倒楣，希望能夠避掉，卻往往都會遇到，這是第八種痛苦。

　　前面所講的這些痛苦，在人的身上都很容易發生，大多數的人都會遇到這八種痛苦。所以，今天我們要好好地思維這八種痛苦。

　　為什麼呢？因為就算眼前沒遇到，將來還是會遇到，等將來真正遇到這些痛苦時，回頭想一想：

　　「以前堪布都已經說明過了，這種痛苦不是只有我一個人會遇到，眾生全部都會遇到，每一個人都會遇到，這是我自己前輩子所做的罪業成熟的果報。」

　　這樣，就比較容易去接納、承受所有遇到的痛苦。

　　有些人不容易了解痛苦，很少去思維痛苦，當突然面對痛苦時，措手不及，不能忍受，無法接受事實，很容易陷入瘋狂，甚至自殺。如果現在先好好地了解這些痛苦，清楚它的各種情況，以後這些痛苦出現時，便不會手足無措。

　　所以，最重要的是要心胸開闊，能夠容納這些痛苦的出現，知道這是自己上輩子的罪業，有這種認識非常重要。一般來講，人類之中，有些人根本就不認識痛苦；有些人認識了痛苦，卻不了解痛苦的原因何在；有些人認識痛苦，也知道痛苦的原因，但是不能夠斷除痛苦的原因；有些人能夠了解痛苦的原因，也能夠斷除痛苦的

原因。所以，人有各種各類，非常的多。

集諦

　　我們這個身體形成之後，就會有許多感受，痛苦的感覺就會出現，同時會有許多想法，這是行的部分，就是執著形象的這種想法，各種各類也會產生。之後，種子會種在心識之中，將來就會感得「色受想行識」五蘊，還有感得外在的器物世界。

　　仔細分析有情的生命以及器物世界，這一切的原因是什麼呢？原因是集諦，這點一定要了解。就集諦而言，有所漏失的善業及不善業，還有貪戀、瞋恨、愚癡等根本煩惱以及近煩惱，業力加上煩惱就會形成惡業，這就是集諦。

　　所以，一切痛苦的種子，其根源之處一定要了解，一切痛苦的原因就是業力和煩惱，認識了業力和煩惱是痛苦之因後，為了避免痛苦，就要把業力和煩惱斷除掉。

道諦

　　如果要滅掉集諦的業力和煩惱，要如何做呢？佛世尊開示了中士道的教法、四聖諦的內容，按照這些方式作實修，逐漸就會進入資糧道、加行道、見道、修道，在這些道路裡，會把集諦的業力和煩惱逐漸斷除掉，因此，能把它斷除掉的能力，就是道路、方法，這個部分就是道諦。

滅諦

最後是滅諦。如果按照前面我們所作的實修，實修就是方法，也就是道路，這樣逐漸進步之後，到最後面徹底究竟的時候，就是指果位已經呈現出來了，這稱爲滅諦。

果位是什麼呢？就中士道來講，果位就是羅漢，包括聲聞的羅漢和獨覺的羅漢；就上士道而言，果位是佛果，這些果位都是能夠得到的。已經呈現出來的果位，就是滅諦。

十二緣起

十二緣起是我們投生在三界輪迴裡的規則，根據十二緣起的規則，眾生投生在三界輪迴之中。

投生在輪迴的第一個發動力量是「無明」。無明就是不明白，不明白什麼呢？不明白苦諦是什麼、不明白集諦是什麼、不明白道諦是什麼、不明白滅諦是什麼，對於四聖諦的內容完全不了解，不知道要行善業，也不知道要斷除惡業，這些都不明白、不了解，所以稱之爲無明。

無明是形成輪迴的力量，由於無明，慢慢就會形成輪迴。有了無明之後，就會推動造作業力，因此第二個是「行」，也就是造作業力，造作許多善與不善的業。

造作許多業之後，就要投生在輪迴裡。投生時，首先要有一個神識，藉由神識來投生，所以形成了投生在三界的心識，這是第三

個「心識」。

　　神識投生到母親子宮裡後，就會根據我們前面所講過的膜疱位、凝酪位、血肉位等，懷胎各週有不同的階段，不斷地發育變化，這是第四個階段，叫作「名色」。

　　之後，慢慢地就會形成五根：眼、耳、鼻、舌、身，加上意，這就是第五個階段「六處」。六處形成後就會捕捉對境，眼睛會看到物質體、耳朵能聽到聲音、鼻能聞、舌能嚐，這是第六個階段，稱為「觸」，就是指五根接觸到對境。

　　五根接觸到對境，接著就會產生第七個，就是「受」，即感受。五根接觸對境，當然就會讓自己產生痛苦、快樂或平等捨的感受等等。

　　產生感受之後，不可避免的就會產生貪愛之心，對於喜愛者產生欲得，不喜愛者產生排斥，這就是第八個階段「愛染」。

　　第九個是「取得」。如果已經接觸到對境，產生快樂的感受，而且產生取捨心，接著就是取得它，就要有實際的行動，就要辛苦勞累的去取得。

　　第十個是「有」，有是形成輪迴，就是準備投胎了。第十一個是「生」，就是出生。第十二個是「老死」，老和死要算一個項目，為什麼呢？因為主要是指死亡，有的人衰老而死亡，但有的沒經過衰老，很年輕就死亡了，所以把老和死算一個項目。

　　以上是十二緣起，依於這十二個規則不同的型態而投生在輪迴裡，輪來輪去，始終都要遇到無量無邊的痛苦！

　　從無明開始一直到老死，是形成輪迴的一個過程，所以叫作形

成輪迴的十二緣起。既然了解這個過程，也就能夠把輪迴消滅掉。如果要消滅輪迴，仍然可以透過這十二個原則，方式就是首先把生消滅掉，如果沒有出生，當然就沒有老死；如果沒有老死、沒有出生，原來那個有就不存在；如果沒有有，就沒有取得；沒有取得的話，就沒有愛；沒有愛的話，就沒有受；沒有感受的話，就沒有接觸；沒有接觸的話，就沒有六處；沒有六處的話，就沒有名色；沒有名色的話，就沒有神識；沒有神識，就沒有行；沒有行，就沒有無明。這是返轉的方式，也就是退回去消滅掉的方式。

　　輪迴形成時，要了解輪迴是按照什麼法則形成的，這個法則是十二緣起順生的方式；要滅除輪迴，就要將十二緣起以顛倒的方式、返轉的方式來滅掉。

　　十二緣起的教法，是釋迦牟尼佛所說教法當中，萬法精華凝聚之處。因此，了解形成輪迴的十二緣起順生的部分後，我們要想辦法滅掉，就要努力去學習、實修，滅掉十二緣起的這個部分。

　　根據十二緣起能形成輪迴，也能擊敗輪迴。不僅如此，在十二緣起之中，有時我們會投生善道，有時會投生惡道，這是因為累積有漏善業多，就投生善道；累積有漏惡業多，就投生惡道。這是因果法則，真實不虛。能夠超脫因果法則之外，就是寂靜涅槃，這就超脫輪迴因果的約束，不生不滅的空性；能夠安住在萬法無生之中，這是究竟的果位。所以，佛法的精華是無生的空性，這個部分應當好好的觀修，就能夠得到究竟的果位。

5

殊勝士夫最初入門處——四大輪

之前講下士道和中士道的道路，從本章開始，要講上士道的道路，也就是大乘道路。

　　四大輪的內容是什麼呢？

　　如果是一個佛法的實修者，首先，經常居住的地方應當是寂靜的蘭若；已經住在寂靜的蘭若後，還要依止純正上師來學習佛法，這樣，內心就能夠得到上師的功德；接著是善的期望、好的期望，依賴四種善願，隨時隨地對正法的實修有熱切追求的想法，這是第三個項目；平常應當努力作供養，作布施，並持守戒律，經常積聚福德資糧，這是第四個項目。這部分是龍樹菩薩所提到的。

　　如果我們內心已經擁有這四個項目，就有希望脫離三界輪迴，得到止息涅槃的果位。

第一輪　安住於相隨順之處

　　四大輪的第一個項目是處所。就一個佛法的實修者而言，應當居住在跟自己的實修相隨順之處，也就是寂靜的蘭若。

　　如果住在很多人聚集、很吵雜的地方，有父母、兄弟、男女朋友許多人聚集在一起，自己內心的貪戀就會越來越多，瞋恨和愚癡也會越來越多。依於這種地方和外在的助緣之故，自己內心的煩惱逐漸繁殖，這種情況正如食物中放毒藥一樣，剛開始吃的時候非常甜美，但是吃完以後就開始感受到猛烈的痛苦。如果跟父母、親友、子女一起生活，最初內心非常快樂，但是後來內心一定會逐漸產生很多貪戀、瞋恨、愚癡，導致很多的痛苦。

如果捨棄了這一切，自己一個人獨居，在寂靜的蘭若之中掩關實修，這時對於財富受用不會產生貪戀之心，就像山谷中流動的風、天空中來往的鳥一樣。

為什麼呢？在山谷中流動的風，會不會認為「這是我住的地方，這是我的」？不會的，風不會停留，而是四處流動；鳥也是四處飛翔，同樣不會飛到一個地方就認為「這是我的住處」，不會有這樣的概念心。

相同的道理，一個行者應當居無定所，這樣就不會對地方產生貪戀執著。又好像是山裡的鹿一樣，到沒有人煙的地方獨自居住，在這種情況下，自己的身口心三門都不會衰損。

同時因為人跡罕至，在無人荒野中不用顧及別人的情面。顧及別人情面的意思是說：做了這件事，他會很高興或是不高興。不用擔心這些。

同樣的，自己獨自住在山居蘭若中，也不會產生嫉妒之心，所以內心的貪戀、瞋恨、愚癡就會逐漸減少。

舉例來說，例如貓，就算貓的內心有瞋恨想要吃掉老鼠，但牠的行為必須非常安靜，若是牠的動作太過誇張，老鼠就會跑掉，牠就吃不到了。雖然我們的朋友親人，他們的行為很溫和寧靜，不過他們的內心並未趨向實修、未趨向善業，將來我們的內心也會導致丟失善和快樂。

因此，不應當停留在一個固定的地方，而應流浪四方，這樣大家都會很喜歡的。例如太陽和月亮環繞四大洲，假設太陽和月亮只停留在一處，不去別的地方，一定會導致大家抱怨，為什麼呢？因

為在太陽停留之處的人會覺得太熱，太陽沒去之處的人又會覺得太冷，兩個地方的人都不會喜歡太陽。

所以停留在一個地方很久的話，大家都不會喜歡，因為大家不喜歡之故，自己也容易生氣，特別是世俗的人大都喜新厭舊，因此不應停留在一個固定的地方太久。

而且若停留在一個固定的地方並和世俗之人來往，就經常要有很多這樣的思維：要留意對方所說的話，若是忠告，就要注意聽；若講的是不好的話，就不必管它。如果不固定停留在一處而來來往往的話，面對其它人所說的話，就像空谷回音一樣，不必做任何思維。空谷回音的意思是在山谷裡講的話，傳過去之後又傳回來，不需要做任何提防或採取任何行動，不必做如此的思維。

跟世俗之人及親朋好友在一起，由於他們的行為和想法各不相同且不固定，久而久之也會導致自己內心持戒、安忍、精進、靜慮的禪修等各方面不會進步，也不會穩定，反而會逐漸衰損。這都是因為地方的因素以及親友等外在的影響，導致自己的行為時好時壞，反覆不定，無法堅固。

接著是自己的生活資具。釋迦牟尼佛雖然是王子，但最後捨棄王位，以向他人化緣的方式生活，因此，「化緣」是佛所制定的一種行為。如果我們以這種方式生活，是隨順佛世尊的行為，而且能令功德主的福報增長增廣，自己所持守的戒律也不會衰損。

就一個實修者而言，化緣就好像如意寶珠一樣，靠著這個方式可以得到生活所需，就像靠著如意寶珠可以得到自己所需的財物一樣。因此，一個行者就實修而言，生活方面隨順佛法的方式只有化

緣，沒有其它取得生活資具的方法。

　　如果依於世俗之人的方式取得生活資具，通常用五種顛倒的方式，叫做「五邪命」。

　　為了得到財物供養，裝模作樣欺騙別人，沒有功德裝作有功德，沒有能力裝作有能力，沒有戒律裝作有戒律的樣子，讓他人佩服而供養錢財物品，這是第一種，稱為「詐現威儀」。或者是自己先給對方一點利益，讓對方感恩，一定會回報我們更多，這是第二種，稱為「贈微博厚」。第三種是以柔和的語言使對方歡喜，讚美對方使對方高興，而贈予自己許多錢財物品，稱為「諂媚奉承」。第四種是別有用意，故意稱讚別人的供養有多好，或者說自己得到的某個供品有多好，或者說功德主以前所做的某個善行、某個供養有多好，暗示對方，使對方會意，再作出供養，稱為「旁敲側擊」。第五種是以強權的方式直接取得，例如以自己的身分地位、弟子眾多的氣勢等，令對方屈服，不敢有異議而直接取得，稱為「巧取訛詐」。

　　這些方式都是佛陀和諸大聖者所禁止且不允許的，認為這是不善業，不應當以此五邪命的方式來得到生活資具。

　　如果到一個無人的空曠荒野生活，以化緣取得生活資具，以山上的動物作為朋友，所有財物都不是以不善業取得，這樣對於佛法就很容易精進實修；因為對佛法非常精進之故，自己內心就會產生安止和勝觀。

　　以上是四大輪的第一大輪——安住於相隨順的地方。

第二輪　依止純正上師

四大輪的第二大輪是依止純正上師。如果增上戒學、增上定學、增上慧學，此三增上學的功德要在自己的內心產生，無論如何一定要依止純正上師。

例如印度南方有白檀香樹林，如果有一棵普通樹木的木頭掉到白檀香樹林中，受到白檀香樹林香氣的浸潤薰染，久而久之，有一天也會發出馥郁的香氣。一個普通凡夫如果長久依止純正的上師善知識，那麼上師內心的功德，將來有一天也會在普通凡夫的內心產生，而且善功德一定會不斷的增長增廣；如果依止邪惡者，經常和邪惡者來往，自己內心不好的缺點也會越來越多。

有關依止純正上師，可分成三點詳細說明：了解兩種條件、依止的方式，以及依止後有什麼功德利益。

了解兩種條件

這是指可以依止的上師應具備什麼條件？要依止上師的弟子應具備什麼條件？

上師應具備的條件

分成三段說明，第一個是可以依止的上師具足的條件；第二個是應當要離開、不可以依止的上師的情況；第三個是經常憶念上師

的功德。

可以依止的上師

分成兩項來說明：總體乘門的上師是什麼情況？開示口訣的上師是什麼情況？

第一項，總體乘門的上師需要具備什麼樣的條件？現在是五濁惡世時代，一個純正的行者很難遇到具足所有功德的上師，因此，自己所依止的上師，首先應該要齊備的是外在的分別解脫戒、內在的菩薩律儀，以及密咒乘的律儀，這些律儀應該要齊備而且純淨。同時這位上師應當博通經論，內心充滿悲心，學習過三藏典藏、密咒乘的教法等，還有密咒乘的灌頂等儀軌也都應精通。上師內心的煩惱應當很薄弱，內心證悟的功德應當很多。同時這位上師也要具足四攝法，亦即自己的錢財物品經常作布施；經常講說教法；能夠循循善誘指導弟子進入實修；自己也要持續實修，不能只有弟子實修，自己卻不實修，這就是四攝法。

具足這些條件的上師，應當要好好的攝受教導有緣分的弟子，此即是可以依止的上師，是共通乘門的上師。

第二項是開示口訣的上師，這位上師應當在密咒乘門中，特別得到大圓滿的灌頂，得到後，誓言都沒有衰損；這位上師身、語、意三門的行為非常寂靜，並且對於密咒乘的三種續部基道果的內容——基的續部、道的續部、果的續部，都應當了解；這位上師曾閉關實修念誦咒語，例如三根本閉關實修、念誦咒語，同時應當有許多徵兆出現；這位上師內心脫離了許多煩惱，也擁有無量的悲

心，能夠利益廣大的眾生；這位上師能徹底捨棄世俗的事，無論何時，其所做的行為都是在弘揚佛法；這位上師對三界輪迴經常有出離之心，同時還能引導、鼓勵弟子，使弟子對三界輪迴也產生出離心；這位上師能善巧地對弟子講說佛法，開示教法時能賜給弟子加持的力量。

如果依止這種上師的話，這輩子就能夠迅速得到成就。

不可依止的上師

應當要迅速離開、不可以依止的上師，是什麼情況呢？有下列四種情況：

第一種是像木頭做成的臼子的上師；第二種是井底之蛙的上師；第三種是像瘋子一樣的上師；第四種是以盲導盲的上師。遇到這四種上師都應該趕快離開。

為什麼要趕快離開呢？

古代磨麵粉應當用石臼來磨，如果是木頭做的臼子，怎麼能磨麵粉呢？像這樣的上師無法調伏弟子內心，就像用木頭做的臼子不能磨麵粉的道理一樣。

舉例而言，古代印度，婆羅門種姓是非常高貴的種姓，因此婆羅門心裡常想：「我是最好的，大家都應當尊敬我！」會有這樣的想法，是因為種姓的緣故，沒有其它任何理由。因為自己生下來就是婆羅門，所以認為自己最好、最重要，大家都應當要尊敬我。

現代也是如此，西藏有許多祖古、堪布、喇嘛，有些情況也是這樣，執著這個名聲後就產生了傲慢之心，心裡想著「我是堪布、

我是祖古」，對於顯密真正實修的部分沒有熱切去追求，只想到自己有一個大名氣。這種上師對弟子絕不會有什麼利益。

或是心裡只掛念自己的寺廟、眷屬弟子要發展，不能減少，一旦減少就開始憂慮。這種上師，所想的不在實修上，反而都是世俗之事，自然不能利益弟子，調伏弟子的內心。

就像用木頭做的臼子不能磨出麵粉一樣，這樣的上師也無法調伏弟子的內心。

第二種如同井底之蛙的上師，對於這樣的上師也要趕快離開，不可依止。

這種上師就跟凡夫一樣，絲毫沒有比世俗凡夫更殊勝的特色，經常裝模作樣，以欺騙的方式令弟子及其他世俗的愚笨之人產生信心；經常要弟子供養自己財物受用，指揮弟子就像使喚僕人一樣，還經常告訴弟子：「你們既然依止我為上師，就應當奉養錢財物品，並且像僕人一樣替我做各種事。」充滿傲慢之心，這樣的上師就像井底之蛙一般。

井底之蛙是個寓言故事，以前有一隻海蛙到了一個井裡，碰到一隻井蛙，井蛙一輩子生活在井裡，就問海蛙：

「你是從哪裡來的？」

「我是從很遠的海來的，那裡非常大。」

「海裡都是水嗎？海到底有多大？有沒有我這個井的一半大？」

「不只一半大，還要大很多！」

「有那麼大嗎？是跟我這個井一樣大嗎？」井蛙懷疑地又問。

「不只，還要大很多！」

井蛙搖搖頭說：

「不可能，不可能有比我這個井還要大的世界，絕對沒有這種地方！」

見井蛙根本不相信，海蛙就說：

「如果你不相信，跟我一起到海裡去就知道了。」

井蛙就跟著海蛙來到海邊，當井蛙看到大海時，由於牠一輩子從沒看過那麼大一片無邊無際的海，太過驚訝，心臟裂開而死。

有許多上師一輩子沒有到過很遠的地方，也沒有好好地閉關做過實修，只讀過一些典籍、修了一些法，就產生傲慢之心，認為除了自己之外沒有其他更高明的人，只有自己有神通、有功德，完全不知道天外有天、人外有人，就像井底之蛙一樣。遇到這種上師要趕快離開，這是不能依止的上師。

第三種是如同瘋子的上師，應當要趕快遠離，不可依止。

這種上師自己對顯密典籍的聽聞與思維只有一點點，自己的戒律衰損，同時實修也很低，但外表的行為卻裝作很清高的樣子，這是要讓世俗人產生一種想法，認為這個人是一個很偉大的仁波切、祖古或堪布，因此故意戴高帽，穿著奇裝異服，引發世人有如此的聯想。這種上師內心的慈心斷掉了，悲心也斷掉了，就像瘋子一樣。如果我們走在路上遇到瘋子拉住我們的手，要告訴我們正確的路在什麼地方，誰會相信他呢？因為他是瘋子！同樣的道理，如果依止像瘋子似的上師，自己內心的罪業只會越來越加強，除此之外沒有絲毫利益。

　　第四種是以盲導盲的上師，這種上師本身沒有比弟子更殊勝的能力，也沒有比弟子更殊勝的優點，內心也沒有菩提心，只喜歡說好聽的話，追求名氣，此即是以盲導盲的上師。這樣的上師，自己的見地、觀修、行持都已衰損，只會使弟子的見地、觀修、行持也衰損，所以是不應依止的上師。

　　以上四種情況是應當要趕快離開、不能依止的上師。

　　根據前面所講的原因，無論如何，對上師一定要先好好的觀察與分析，如果沒有好好的觀察與分析，就會糟蹋了自己的信心，對不起自己的信心。

　　有些人起初沒有對上師好好的觀察與分析，之後就說密咒乘的上師根本就不好，或者說顯教的上師不好。實際上，凡是上師不一定都是好的，顯教的上師有好的、也有不好的，密咒乘的上師也一樣，有好的、也有不好的。這種情況在佛陀時代已是如此，有好的上師，也有害群之馬，到了現代仍然是這樣。因此，最重要的是自己的觀察與分析。

　　如果不這樣做，會遇到什麼危險呢？比如走在路上看到樹下的陰影，覺得樹影非常清涼，靠近一看才發現有條蛇躲在樹旁，一不小心很可能就被蛇咬死了，這是不小心防範而致死的危險。同樣的道理，若不小心防範邪惡的上師，沒有好好的分析觀察就去依止，也會導致自己的危險。

經常憶念上師的功德

　　接著，要以十二個比喻說明上師殊勝的特色，和以二十種想法

經常憶念上師的功德。

前面所提到圓滿具足一切功德的上師,如果是這種上師,一定是佛心意的示現,為了要利益弟子及所調伏眾,佛陀內心的本然智慧化成上師形象去利益他人,這種上師是一切成就的泉源、根本之處。

從不了義而言,上師跟我們一樣需要衣服、食物,也需要錢財,這種看法裡的上師是不了義的上師;就了義這個層面來看,上師是佛陀的本然智慧所示現形成,所以不需要衣服、食物,也不需要錢財物品,這種上師跟世俗的一切背道而馳,是了義的上師。

這種上師,內心思維的純粹都是如何利益眾生,就這個特色而言,當然要比世俗之人更加殊勝。如果自己在聞、思、修各部分有疑問,請教這種上師,上師立刻能夠把這些疑問去除掉;如果自己在見地上顛倒錯亂了,這種上師也能夠開示正確的道路和純正的見地;這種上師自己弘揚佛法利益眾生,因此本身也非常努力精進。對於這樣殊勝的上師,可用十二種比喻來說明。

第一個比喻是像船一樣,自己在大河中來來往往都要靠船,同樣的道理,脫離三界輪迴到達對岸淨土,也唯有依靠上師,所以上師就像世俗人用來渡河的船一樣。

第二個比喻是像水手一樣,自己到陌生的地方要渡河,當然要靠水手划船;而我們從三界輪迴要到達對岸,然而對岸的狀況我們完全不清楚,當然要靠上師,所以上師就像水手一樣。

第三個比喻是像甘露藥一樣,一個病人生了嚴重的病,如果吃了甘露藥,他的病就會好了。世俗之人的內心有許多煩惱和痛苦,

依止上師，內心的煩惱和痛苦便能消滅，所以就消滅我們內心的痛苦和煩惱而言，上師就猶如甘露藥一樣。

第四個比喻是像日月一樣，世俗中的黑暗之處，在太陽、月亮出來後就能夠去除黑暗；如果依止上師，也能夠把我們內心的無明黑暗去除掉，因此就去除黑暗而言，上師就好像太陽、月亮一樣。

第五個比喻是像大地一樣，上師在利益眾生方面非常清淨，對於利益眾生時的辛苦和困難，完全能夠忍耐，就像大地一樣。比如我們在大地上蓋小房子、蓋大房子、種田、倒垃圾，大地都能容忍而不會反對。上師在精進利益眾生時，無論遇到再多的辛苦與困難，都能夠忍耐，就像大地一樣。

第六個比喻是像如意寶樹一樣，我們暫時的利益和永久的安樂之源全是由上師而來，因此上師就像是天界的如意寶樹。

第七個比喻是像大寶藏瓶一樣，古代有大寶藏瓶，如果對著大寶藏瓶祈請，心願就會實現。同理，如果依止上師，這輩子會心想事成，下輩子也會心想事成。

第八個比喻是像如意寶珠一樣，古代有如意寶珠，如果對著如意寶珠祈請，心願就會實現。同樣的道理，如果依止上師誠懇祈請，這輩子和下輩子的心願都能夠實現。甚至上師比如意寶珠還要更加殊勝，因為如意寶珠只能讓我們今生得到利益，上師卻能夠利益我們的來生。

第九個比喻是像父母一樣，世俗中的父母一定會照顧子女，含辛茹苦地養育子女長大，上師也是如此，對弟子有廣大的利益，照顧弟子就像父母養育子女一樣。

第十個比喻是如乾淨的水一樣，我們的衣服髒了就要用清水洗淨；同樣的道理，我們的內心有很多煩惱污垢，要去除掉這些煩惱污垢就要依靠上師，所以上師就像乾淨的水一樣。

第十一個比喻是像高山一樣，世俗之中最高的高山，無論四面八方的強風怎麼吹，高山絲毫不會動搖。同樣地，上師在利益眾生方面，不管遇到任何的困難和逆境，內心對於眾生的大悲心絲毫不會改變，就如同高山一樣如如不動。

第十二個比喻是像滂沱大雨一樣，上師對每個弟子的悲心完全相同，不會對這個弟子比較好，對那個弟子比較不好，就像降下滂沱大雨時一定是普降甘霖，不會這邊下多一點，那邊下少一點，上師也是如此。

這種上師等於是佛的化現，連對傷害上師而墮入地獄道的弟子，上師仍然會以大悲心為他迴向發願，最後這個人還是能夠得到利益。因此，這種誠懇、正直、絲毫不會狡詐的上師，是我們要好好依止的上師。

如果依止了這種好上師，暫時上能得到天人的安樂，究竟上能夠成就佛果，不用辛苦困難就可以得到這些，所以要好好的依止這種好上師。

以上是以十二種比喻說明好上師的殊勝特色，要經常思維憶念這十二種比喻，以此來依止上師。

接著是二十種想法，要經常以這二十種想法來依止上師。

第一種是對於自己作病人想，認為自己是一個生了重病的病人；第二是對於正法作良藥想，我要修的這個法是仙丹妙藥；第三

是實修正法就好像已吃藥，我的病就要好了，在學習佛法時要有這種想法；第四是對於上師當良醫想，我所依止的上師是神醫，能夠治好我的病。

第五，把自己當作是誤入歧途的旅客，走錯了路，迷失於荒山中；第六是把上師當作嚮導；第七是實修佛法時，當作自己已經走在正確的道路上；第八是抵達目的地，當作自己依這個法實修，已經證得了果位。上師如同嚮導，自己是迷路的旅客，依照嚮導的指示走在正確的道路，到達了目的地；自己是輪迴的凡夫，依上師的指導走在正確的道路，證得了果位。

第九個想法，自己是一個百姓，非常恐懼小偷強盜；第十個想法，上師像這個地方的國王；第十一個想法，上師的法能夠對我有幫助，就像國王所下的命令能保護我一樣，因此自己不再害怕小偷強盜、不再懼怕敵人，因為上師的法能夠利益我，就好像國王下命令保護我一樣；第十二個想法，因為國王下的命令，讓我的恐懼完全消失，自己已經安全快樂了，不怕這些強盜土匪。同理，自己依於佛法實修，內心的煩惱完全排除了，不再受到煩惱的干擾。

第十三個想法，是實修者把自己當作一個商人；第十四個想法，是把佛法當作生意人買賣時的商品；第十五個想法，所得到的利潤當作是自己努力實修所得。生意人作生意得到的利潤，就好像實修者實修佛法一樣；第十六個想法是把上師當作經營之神，是最好的商人，比如自己作生意，要去請教一個偉大的商人教導一些作生意的訣竅，自己才能賺到錢。上師是一個經營之神，自己只是普通的商人，法是所要經營的商品，所得到的利潤就是自己正確實修

佛法所產生的功德。

　　第十七個想法，把自己當作是一個旅客；第十八個想法，把佛法當作是一艘船；第十九個想法，把上師當作是船夫；第二十個想法是自己努力實修，脫離三界輪迴，得到解脫，當作是到達了彼岸。正如一個旅客要渡河到對岸需要依靠船隻，行者也要依靠佛法一樣；船上要有划船的船夫，就像法要有上師教導一樣；靠著船夫就能到達彼岸，就像靠著上師指導得正法而實修，實修後脫離三界輪迴得到解脫一樣。

　　依止上師時，要經常思維這二十種想法。如果能如此依止上師，就能完全消滅內心煩惱的恐懼，以及對生死的恐懼。

弟子應具備的條件

什麼是不好的弟子

　　首先要認識不好的弟子的情況：裝模作樣、伶牙利齒、口蜜腹劍，講得非常好聽，內心卻不是如此。這種裝模作樣、不是出自內心誠意的人，都不是好的弟子；或是他內心的想法和行為非常壞，充滿邪惡，對於罪業的行為貪戀之心很強烈；或是內心經常改變、反覆不定，今天對這位上師有信心，明天就沒信心了；或是內心經常有顛倒錯亂的想法；或是內心不穩定，經常想法太多，一下想要閱讀論典，閱讀論典時又想要閉關，閉關時又想要去求灌頂，之後又想要去朝聖……，想法很多卻一事無成，諸如此類都不是一個好的弟子。

　　第一種是裝模作樣的弟子。就算對他開示教法，也無法對他有

什麼利益。開示教法要有利益，弟子應當要具足信心、出離心，若沒有信心與出離心，對他講述教法是不會有利益的。這種裝模作樣的弟子，稍微得到一點錢財物品，內心就會高興，因此對佛法絲毫不會重視，所以也不會產生信心和出離心。比如一年有春、夏、秋、冬四季，同樣地，這種弟子也是如此，今天接近這位上師時裝出非常有信心的樣子，明天換一位上師也裝出非常有信心的樣子；今天對於密咒乘法裝出很有信心的模樣，明天又對顯教教法裝出很有信心的模樣，就像一年四季春、夏、秋、冬的變化，內心經常在變，不斷地更換上師和教法，這樣都不是一個好的弟子。

第二種是像森林野人一樣的弟子。最初上師告訴這種弟子：「你要好好的先求取皈依的戒律，要得到灌頂，好好聽聞與思維經論佛法。」

但不論上師如何苦口婆心，都沒有辦法牽引他進入佛門之中。就像西藏野氂牛，沒辦法把繩子套在牠的脖子上，因為野氂牛完全不受馴服，想要把野氂牛牽到屋裡非常困難。這種弟子也是如此，最初沒辦法介紹他認識佛法，中間階段也無法引導他好好的聽聞與思維佛法，因為他滿腦子想的都是錢財，最後他所造作的都是罪業的行為，沒辦法讓他實修佛法。因此，這種弟子走在錯誤的道路，正如住在森林中全身都是毛的野人一樣，有時會傷害人和動物。

第三種是像茅草一樣的弟子。這種弟子到上師跟前求法得到灌頂，內心就想：「等到將來這個法結束後，我就到山裡閉關實修。」

等到教法結束、離開上師時，卻不實修正法，而造作很多罪業。

對於這種弟子，上師特別交代他：「你現在在這裡聽聞教法、

得到灌頂，再沒有什麼用了，趕快去閉關實修。」

因為上師的催促鼓勵而去閉關，但是閉關時自己的身口心三門並不隨順佛法，自己的誓言律儀也在衰損，佛法方面的實修完全消失不見，所以這種弟子的內心不堅固、不穩定，就像茅草一樣。茅草非常輕而細小，風吹向哪裡就彎向哪裡，完全不能堅定獨立。這種弟子也是不管誰說什麼就會去，完全沒有自己獨立的想法和思考，就像茅草一樣。

第四種是具足四種顛倒想法的弟子。這種弟子的習慣和個性非常可惡可恨，就像是殺死鹿的獵人一樣——把上師當成麝香鹿；把佛法當成鹿身上的麝香；把自己當作獵人；把學習佛法當作是殺死鹿而取得麝香。

當一個獵人取得麝香後就把鹿殺死，因為他不再需要鹿了。這種弟子學習佛法得到實修的法之後，就把上師丟掉了，把自己在上師傳授灌頂開示教法時曾經立下的誓言允諾，完全拋棄得一乾二淨，就像獵人得到麝香後，把鹿殺死丟棄，這是非常惡劣的弟子。

獵人要靠近麝香鹿時一定會非常小心謹慎，跪在地上，躲在草叢中，讓鹿不起疑心，最後才用槍把鹿殺了，取得麝香賣掉後得到一筆財富。這種弟子為了學習佛法，對上師非常恭敬，等到佛法已經到手後，就把上師丟掉，完全忘記了，還吹牛說：「我擁有大圓滿的教法，我擁有頓超的指導、堅斷的指導，誰要這些教法，就要帶錢來，這些法都是非常重要的，是即身成佛的法。」

以這種方式把佛法賣掉，是非常惡劣的弟子。

第五種弟子是心思雜亂的弟子。有些弟子實修佛法時，對法的

內容還沒有得到正確的證悟，就到其他的上師那裡去學習佛法，在那裡對於法的關鍵要點、實修的內容有一些了解後又離開了，自己看看書，又去尋找另一位上師，尋求另一種實修的口訣，永遠都在尋尋覓覓，始終不能夠真正作實修。

在《入行論》裡有個比喻，雙腳著地能站最久，如果一隻腳抬起來，只靠一隻腳著地，就無法站很久。如果兩隻腳都抬起來，會怎樣呢？當然會摔倒在地上了。同理，這個法還沒有實修到徹底究竟，就去修另一個法，另一個法的實修還沒達成，又去尋找另一位上師再學另一種法。剛開始心想：我要先修前行法，但前行法修了一陣子還沒修完，就想著應該修正行法，又去學習正行法；正行法修了一陣子，發現基礎非常重要，又回頭修前行法；前行法修一修，聽到一位上師在講大圓滿教法，是最重要的教法，又把前行法丟了改學大圓滿教法，四處逛來逛去就像逛菜市場一樣，結果，前行法沒學到，正行法也沒學到，什麼法都沒學到，永遠逛來逛去，換來換去。

另外，應當要妥善予以觀察的弟子有三種情況：有些弟子非常地切實，對正法、對實修有非常強烈的信心；有些弟子內心追求的只是世俗的事情而已；有些弟子對佛法絲毫沒有信心，但也不會去想世俗的事情，就只是渾渾噩噩過日子。弟子若有這三種情況，應當要好好觀察。

什麼是好的弟子？

接著講述好的弟子應具備的條件。一個純正的弟子，不管什麼

時候信心都不會有變化，內心非常穩定，不管身體遇到什麼勞累、性命遇到什麼危險，信心絲毫不會動搖。這種弟子完全不會有自私自利的想法，爲了上師，即使身體辛苦勞累、性命受到危險，仍然承事侍奉上師。對於上師所講述的內容，不管好壞，完全聽進去，絲毫不想自己的利益。不管什麼時候，所想的純粹都是根本上師。如此具信的弟子，即使沒有接受過律儀或誓言，僅僅靠著這種信心，仍然算是非常好的弟子。

在釋迦牟尼佛時代，許多弟子因爲對佛具有堅固的信心，因此解脫三界輪迴；但也有很多弟子絲毫沒有信心，這種情況，就算是佛，也沒有辦法利益他們，因此，因信心退失而墮入地獄的弟子也有很多。

在西藏，蓮花生大士的情形也是如此，很多弟子對蓮花生大士的信心非常強烈而成就了佛果；而對蓮花生大士產生邪見，絲毫沒有信心，因此而墮入地獄的人也很多。

上師或佛陀會不會認爲自己非常重要，應該要去利益眾生；或者認爲自己根本不重要，不能去利益眾生？沒有這種情況。主要是弟子本身信心的強或弱，才會造成上師或佛陀利益弟子有大小的區別。

大佛尊阿底峽到達西藏，在那裡住了很多年，經常有西藏人前來拜見他，請求他的救度。這時，阿底峽尊者總是合掌向他們請求：「請對我產生信心！」如果沒有信心，即使是佛菩薩親自降臨，對他們也不能夠產生利益。

因此，信心非常重要，如果我們擁有了信心，即使沒有其它能

力，單單靠著信心，仍然可以脫離三界輪迴，得到解脫。最殊勝的弟子就是「唯賴信心得解脫」的情況。

其次，第二種是努力學習，有了一點學問，對於上師依然有恭敬之心。

一般來講，前面第一種沒有什麼功德能力，只有靠著信心而得到解脫，這種弟子只存在於佛陀時代、蓮花生大士時代，在現代這麼惡劣的時代裡，可以說沒有這種弟子。

現代的弟子是什麼情況呢？有一點信心，也有一點聰明智慧，讀了一點佛經典籍，對眾生也有一點慈悲心；內心也求了皈依戒律，或居士、沙彌、比丘戒律，得到律儀；或者請求得到了密咒乘的灌頂，在密咒乘的教法中，誓言沒有衰損，身口心三門能夠寂靜調伏，而且心胸非常開闊。

心胸開闊非常重要，因為一位上師往往有許多弟子，若弟子們心胸不夠開闊，彼此間一定會有很多紛爭，一旦彼此間有紛爭，誓言就不算是純正了。所以心胸應當非常開闊，而且沒有慳吝之心，才能對上供養三寶、對下布施乞丐窮困者，積聚福報。同時，這位弟子對於上師的眷屬和其他弟子等，都認為非常好，能夠以清淨之心來對待，自己能夠知慚知愧，這樣就算是一個純正的弟子。

依止的方式

純正的弟子要如何依止上師呢？分成八項來說明。首先，對上師應當恭敬，用八個比喻來做解釋；第二，承事上師，以三種承

事來依止上師；第三，上師的行為不管好壞，自己完全具足清淨之心，見到上師一切行為都是非常善良的，以這個方式來依止；第四，自己身口心三門行為應當小心謹慎來依止上師；第五，弟子想學習上師的功德，內心也想要得到這種功德，如此來依止；第六是上師的行為不管如何，弟子都要視為典範，模仿學習；第七，前面六項都是合理正確的原因；第八，歸納結論。

第一項　恭敬的八種比喻

首先第一項是八種比喻，對於上師應當要恭敬，以八種比喻來說明。

第一個比喻像一個手腳靈活的人一樣，應當注意、保護上師，任何對上師身體、性命有所妨礙的，都要立刻防範保護，如一個聰明伶俐的人一樣。

第二個比喻像馬一樣，不管上師對自己如何責備辱罵，都不會生氣。就像馬被主人責罵或用鞭子打，牠還是站在那裡，會不會因為被罵幾句就跑掉、不再回來？沒有這種情形，無論如何馬都不會捨棄主人，所以弟子也應當如此。

第三個比喻像船一樣，為了上師吩咐的事來來去去，忙裡忙外，絲毫不感到辛苦。譬如船一樣，載著許多旅客在河裡來往，船會不會覺得好辛苦、好累？不會的。

第四個比喻像橋一樣，上師的行為不管是好是壞，自己都能夠忍耐。譬如一座橋，好人也走、壞人也走，乾淨也好、污穢也好，好壞都在上面，橋不會去分辨：「這是好的，我讓他過去；這

是壞的，我不讓他過去；好的東西留下來，壞的東西不要留在橋上面。」橋不會有這種想法，所以弟子也應當像橋一樣。

第五個比喻像鐵匠的鐵砧板一樣，鐵匠打鐵時，是在一個鐵砧板上面打，有時鐵是冷的，有時鐵是熱的，但不管如何，底下那塊鐵砧板始終都是一樣，冷熱皆能忍受，不會有分別心。弟子對上師的恭敬，應如同鐵匠敲鐵的鐵砧板一樣。

第六個比喻像僕人一樣，上師的吩咐，弟子都能言聽計從。譬如一個富豪人家有很多佣人，男女僕人都需聽從主人命令，弟子也應像僕人一樣。

第七個比喻像掃把一樣，掃把掃盡髒亂的東西，不計辛苦勞累，不避低劣之處，全都勤快地掃除，絲毫沒有傲慢之心。同樣的道理，在上師跟前請求教法時，要像掃把一樣，絲毫沒有傲慢之心，恭敬的接受上師指導，做上師所吩咐的事。

第八個比喻要謙虛謹慎像傷了腳的牛王一樣，走路時非常小心謹慎，以免腳的傷口會疼痛，因此，弟子對上師必須沒有傲慢且非常謙虛。

恭敬承事上師就如同這八種比喻一樣，這是佛陀在《華嚴經》中所提到的。

第二項　以三種承事來依止上師

第一種，如果自己在財物方面比較豐盛，應當用來供養四寶。佛、法、僧是三寶，什麼是第四寶呢？上師寶。對於自己的根本上師，應當以自己的財力盡量供養。

第二種，除了財物之外，自己的身體和語言方面如果有能力，
爲了上師應當努力去做，承事上師而不覺得辛苦，這是第二項。如
果沒有錢財物品可供養上師，身體、語言方面的工作承事會不會浪
費掉呢？絲毫不會浪費，將來感得的果報快樂仍然廣大無邊。

　　第三種，三種喜悅之中，以實修作爲供養最爲殊勝。在自己的
上師跟前請求教法，得到教戒，之後向上師立下誓言，捨棄世俗
事，以一輩子的努力實修作爲對上師的供養，這是使上師歡喜的三
種喜悅之中，最爲殊勝的一件事。

第三項　所行皆視爲善妙

　　對於上師所做的一切行爲，無論如何，都看作是非常好的，以
這種方式來依止上師。

　　上師的行爲有時好像很好、有時好像很壞，但不管上師的行
爲如何，弟子千萬不要想：「喔，上師的行爲不好，他是一位壞上
師。」不應當產生這種邪見。

　　仔細看看，印度的大成就者，各種各類都有，很多都蓬頭垢
面，有些還是人家的僕人。譬如寂天菩薩，走在路上時，經常喝餐
廳的洗米水；帝諾巴住在河邊，經常抓魚，把魚殺了，當場吃掉；
印度許多成就者看起來就像普通人，甚至很多比普通人的行爲還要
惡劣；西藏有位修普巴法的成就者喇淘，一輩子是僕人，在主人家
只能吃殘羹剩飯；中國的濟公和尚，行爲瘋瘋癲癲，喝酒吃肉，和
廟裡的僧人常起紛爭，但他卻是一位成就者，跟佛完全相同。

　　所以，當自己內心還沒有純淨之前，總是會看到上師有好有

壞，一定會有這種想法，這都是因為自己內心迷惑錯亂之故。

因此，無論如何，已經依止上師之後，就不應當再去觀察上師的過失。

譬如印度釋迦牟尼佛時代，善星比丘依止佛陀，做佛陀的侍者非常多年，始終看到佛陀是一個有毛病、很壞的人，因此最後投生在鬼道中。釋迦牟尼佛是完全沒有過失的，而且功德具足，沒有缺點，但為什麼善星比丘會看到佛陀有很多缺點呢？因為他的內心不純淨之故。

所以應該要把這些事蹟好好想一想，內心不純淨的部分要好好做淨化，調整改變，這才是最重要的。

有時上師也會生氣，也會責罵人，作為弟子，應當想著：「喔！因為我的煩惱、缺點很多，上師為了去除我的缺點和煩惱，才會責罵我，才會生氣。」

如果能這樣想，自己的過失和缺點就會慢慢減少。同時也應當向上師懺罪，懺除自己有這些缺點，以致使上師生氣，自己一定會改正這些缺點和毛病。

正確地了解依止上師的方式，之後就不會發生受到魔鬼控制而產生邪見的情況。

第四項　謹慎身口心三門行為

自己身口心三門的行為應當謹慎小心，以這種方式來依止上師。

上師站起來時，弟子就不應該坐著；上師坐下時，弟子應當上

前問候，祝福上師吉祥如意、身體健康；上師走路時，弟子應隨侍幫助，不是走在前面、不是走在後面、不是走在右邊，應當走在左方；上師的座位和坐騎應當維持清淨，不能髒亂，如果髒亂會導致自己的福報衰損；拜見上師時，進去上師的房間，開關門不能太大聲；在上師跟前不能有驕傲之心；不能在上師面前臉紅脖子粗地爭吵；不能講欺騙的話；不能沒用腦袋想，隨便亂說。

或者是在上師跟前做放逸的行為，無緣無故哈哈大笑；或是講一些不相干、無意義的話，這些都不應該。對上師應當要有恭敬之心，在上師跟前不能覺得一切都無所謂，沒有什麼關係，好像自己非常有勇氣的樣子，這是不好的。

總而言之，身口心三門的行為應該非常寂靜調伏來依止上師。

特別是有些人認為自己的上師不好，毀謗上師，對上師生氣。如果是這種人，不應當和他結交成為好朋友。為什麼呢？因為他不喜歡自己的上師，會對上師發脾氣，看到上師的過失，在這種情況下我們和他來往，如果自己的內心非常堅固穩定，能使他慢慢改變，那當然可以來往；如果自己沒有能力改變他，卻經常和他來往，久而久之，自己一定會受他影響，認為他的行為是合理的，以為我也可以對上師發脾氣、也可以對上師不恭敬，好像這是一個正確的行為似的，慢慢地對於自己的上師也會不喜歡、信心退轉、眼見上師過失，這時，誓言一定會衰損。所以，這種朋友不能經常來往。

還有，對於上師的眷屬應當有關愛照顧之心。譬如腰帶繫在身上時，褲子衣服全都綁在一起，就像這種情況，弟子對於上師的眷

屬應當要有關愛照顧之心。對於一切人都要和睦相處，就像鹽巴一樣，放在任何食物裡都能使食物變得好吃。菜餚沒有放鹽巴就沒有味道，不好吃，因此鹽巴是不可或缺的調味料。我們應當和一切人和睦相處。

其次，在任何情況下，遇到任何辛苦，一定要能夠忍耐，負起責任。譬如一個房子的柱子，將屋頂所有重量挑在身上而不覺得辛苦勞累，所以要能夠把一切辛苦挑在身上，任重道遠，能夠忍耐。

總而言之，對於上師和上師的眷屬，還有所有的金剛師兄弟，都要視為非常重要。輕視、不和睦、吵架等行為都不應該做，一定要避免。

第五項　享用功德之味

享用上師功德之味而依止上師，就應當學習上師的功德、得到證悟，以此來依止上師。

上師的內心有很多的功德，弟子當然就是為了學習這些功德而來依止上師，所以得到這些功德時，首先，像湖裡的鵝一樣，天鵝降落在湖面，優雅地來來往往，吃著湖裡的水草浮萍，但會不會因此把池塘弄得污濁混亂呢？不會，絲毫不會干擾、混亂湖水，要像這種情形一樣。

或者像蜜蜂一樣，蜜蜂在花叢間飛舞，取得花蜜，卻絲毫不會破壞花瓣。同理，在上師跟前應當沒有違背上師的心意，沒有干擾上師的內心，不令上師生氣，在這種狀況下學習，得到上師的口訣。

能夠經常在上師跟前求法、聽法，實在是非常稀有奇特之事，因此，上師來時要恭敬地趨前迎接上師，上師走時則要恭敬地起身相送。

佛陀曾經說過，佛陀身上有三十二相、八十隨好等各種奇特的徵兆。這些奇特的徵兆從何而來？宿世以前在學道位時，經常恭敬上師、承事上師、恭送迎接上師等，以此而依止上師，因此得到三十二相與八十隨好。

同時，為上師做各種大大小小的事時，也應當不避艱難困苦。至於事情要怎麼做？腦袋裡要好好想一想：「我這樣做，上師會高興嗎？我這樣做，上師會不會不高興？」好好用腦袋分析思維，應當怎樣做才能使上師喜悅呢？要經常這樣想。

總之，一切情況應當以信心為主，在有信心、恭敬心之下來學習上師的功德；如果沒有恭敬心、沒有信心去學習，就算上師的功德學到了，也知道教法的內容，對自己卻不會產生任何益處。

第六項　以上師為模範來學習

應當以上師為模範來學習，好好地依止上師；應當行布施等六度內容，按照上師的教導來學習。為什麼要做六度的行為呢？因為布施等行為有許多是福德資糧，至於智慧資糧則是三輪體空攝持之下所做的善行。

無論如何，對於自己身口心三門的行為，應當順著上師的教法來做，所做的行為應當令上師喜悅。譬如上師吩咐把這個東西送到那裡、這本書送到那裡、這個東西搬到什麼地方去、房內打掃乾淨

……，自己不應把這些當作繁瑣小事，覺得做這些事很辛苦勞累。其實，做這些事的辛苦勞累絲毫不會浪費，因為這都會累積福德資糧，所以，這是一條純正的道路，而不是錯誤的道路。

第七項　合理正確的原因

前面提到依止上師、承事上師，如語承辦等，都是非常合理而正確的道路，原因何在呢？

當佛陀圓寂時，侍者阿難非常難過，這時，佛陀告訴他：「阿難，你不必難過，在未來五濁惡世的時代，我將要化成上師善知識的形象，仍然繼續利益眾生。」由此可以了解，上師其實就是佛陀的化現。

不僅如此，在密咒乘許許多多的教法裡和續部中，都再三提到：「上師就是三時一切諸佛的本質！」

因此，上師非常重要。當我們在修皈依法、發菩提心、獻七支分積聚資糧時，要觀想皈依境在前方虛空，無量無邊的諸佛菩薩圍繞，這些都跟上師毫無差別。以這個方式來積聚資糧，此即是上師相應法的實修方式。

上師實修法中，有外實修、內實修、密實修、更密的實修方式。前面提到觀想諸佛菩薩在前方虛空，他們的本質就是上師，毫無差別，這種觀修方式是上師法中，外在的實修法。

內在的實修法，是觀想上師在自己頭頂來進行實修。進一步的方式，則是觀想上師在自己的內心，例如晚上要睡覺時，心坎中間一朵花，花瓣上有上師安住，如此來做實修，這是屬於密實修的方

式。更密的實修方式則是上師的身、語、意三門和自己的身、口、心三門毫無差別，已經互相結合在一起。

所以，生起次第的實修、圓滿次第的實修，實際上這一切實修的關鍵要點，全都包括在上師法之中。因此，佛陀在顯教的佛經、密咒乘的密續中，再三提到：上師確確實實就是佛。

當然，世俗中有一些愚笨者，當上師住世時，不求取佛法，不恭敬承事，也不學習口訣，不做禪修，等到上師已經涅槃圓寂後，才廣大宣傳說：「這是我的上師。」

把上師的照片供奉在佛堂上，為上師雕塑像、畫唐卡，自己說要觀修實相，卻不知道所謂的實相就是上師的心意，上師的內心就是諸法的實相。說要觀修，實際上是用自己分別錯亂之心來做觀想，用妄念之心來做觀想。不過，妄念之心所要觀想的對象，卻是超越妄念心所能思維的部分，這又如何可能呢？除了引發自己更多的不滿，絲毫不會有任何益處。

或者對上師沒信心，又不恭敬，卻非常有把握的說：「我死的時候一定能在中陰見到上師，上師一定會來救我！」

如果沒有恭敬心和信心，在中陰時，無論如何都不會見到上師。

第八項　歸納總結

所以，最重要的是在最初階段應當善巧地觀察選擇上師；中間階段應當學習善巧依止的方法，正確的依止上師；最後階段應當善巧地學習上師內心的功德，一定要想辦法使上師內心的功德降臨到

自己內心中，應當要努力來學習，這樣就是非常好的弟子，這種弟子就表示走在純正的道路上，確實會得到佛果。

接著附帶要提的是：注意損友，即不好的朋友，這種情況在台灣經常看到。

譬如丈夫是佛教徒，但是太太反對佛教，千方百計阻礙先生學習佛法；或者太太是佛教徒，但先生不喜歡佛法，萬般阻撓太太學習佛法；或者子女是佛教徒，但父母不是佛教徒，不喜歡佛法，想方設法阻止子女學習佛法……，這些都在正道上造成內心的阻礙，就好像是魔鬼——內心是魔鬼，但化成人的形象，所指示的是顛倒的道路，總是毀謗純正的賢者、正確的道路，對於善良的行為經常生氣、不喜歡。

如果跟這種人在一起，自己的貪戀、瞋恨、愚癡會越來越強烈，自己的信心、悲心、菩提心則會越來越衰損，因為這些屬於魔鬼所化成的損友，他們的想法會導致自己的信心、悲心、菩提心受到破壞，不斷地減少，最後都丟掉了，因此對這種損友要特別小心謹慎。

依止的功德利益

如前面所說，經常依止上師、善知識或益友，自己會有什麼好處呢？在暫時上能夠得到許多安樂，究竟上能夠得到圓滿的功德，這輩子都能夠獲得，而且經常有諸佛菩薩陪伴，暫時上能夠得到天人果位，也逐漸能夠得到決定勝，解脫成佛。此乃由於能廣大積聚

福德資糧及智慧資糧之故，慢慢地就會斷掉煩惱障與所知障，共通的成就可以得到，不共的成就也可以得到。得到這些成就之故，逐漸也就證得初地，進入二地、三地、四地、五地、六地、七地、八地、九地、十地，最後會趨入十一地，成就佛果。

所以，不管在什麼時候，一定要依止良師益友，因為此緣故，會積聚許多資糧。經常觀想上師的心意和自己的內心無二無別，是屬於智慧資糧的部分；經常依止上師，在上師跟前恭敬承事服務，做任何事情，這些是屬於福德資糧。

於短暫的時間供養上師的福德，比多生多劫供養諸佛菩薩的福德，還要更加廣大。比起觀修很多本尊、觀修生起次第而言，即使是短暫一剎那觀想上師，後者的功德利益都要更加廣大，這是佛陀曾經親自開示過的。

第三輪　依賴四種善願

接下來是善的期望、好的期望，應該要依賴的四種善願。

第一種是緣起善願。緣起的對境要善好，要緣起什麼樣的對境呢？純正的正法就好像甘露一樣，而且像是大海的甘露，無量無邊。大海沒有邊際，甘露也沒有邊際，正法就像是沒有邊際的大海甘露。無論顯密，我都要好好學習，一定要學得這些功德。要產生這樣熱切的追求，把目標放在學習佛法上，這是緣起善願，緣起的對象即是佛法。

第二種是上師善願。這是指有了前面的想法後，想要好好學習

顯密教法，但是如果沒有上師講解指導，自己也無法了解，所以一定要依止純正的上師。

第三個是方便善願。這是指依止上師之後，應當恭敬承事上師，如語成辦、獻供養，按照上師所指示的事情，各種勞累的工作都應當去做。這樣看起來是不是自己沒有更殊勝的口訣，好像無計可施、沒有更好的方法呢？不是的，因為這就是最好的方法，所以這是方便善願。

第四個是要具足出離善願。前面所講的這一切，還有一個基礎，就是要有一個好的出離心。用一個比喻來講，如果有了出離心，就能夠脫離三界輪迴。出離心就好像是密咒乘裡的咒語，用密乘的咒語就能夠降鬼抓妖，把鬼怪打敗。鬼怪是指對於世俗三界的貪戀執著之心，出離心能夠把輪迴的貪戀執著打敗，就好像念了咒語能夠降鬼抓妖一樣。所以，出離心是不能夠欠缺的。

這是四種善願，齊備了此四種善願之後，內心產生熱切追求的期望，這個期望就能夠實現。

前面是善之期望的本質，具足這四種善願，自己內心的期望就會實現。接著要講過失，也就是會使自己的期望破滅的缺點。

自己進入了內道佛法之門，得到許多灌頂，皈依了，也學習許多教法，讀了許多佛書，做了許多實修，就產生傲慢之心。學習佛法的結果，讓自己內心貢高我慢；或者努力聞思修的目的，是希望自己得到名氣，追求神通變化，以神通變化得到廣大的名聲地位，這種都是有毒的動機。

另外一種是怯懦，認為自己沒有能力學習內道佛法，因此把它

丟掉。有些人學習顯教教法，學沒多久就打退堂鼓，認為自己能力不足，就不學了；有些人學習密咒乘教法，也打了退堂鼓，認為自己能力不足，就把它丟掉了；或者是求得了皈依的戒律、居士的戒律、沙彌的戒律、比丘的戒律，得到戒律後，卻說「我不能守這些戒律，丟掉算了」；或者是在學法的過程中，不管什麼時候，始終都受到世俗八風的影響。

如果是這種情況，大乘的誓言難免都要衰損。雖然前面提到過，自己有一個善的期望，希望能夠實現，但是如果有這些過失毛病、怯懦的想法等情況出現，自己善好的期望就不會實現，善好的法就會被破壞。

善好的期望要實現，就是自己對於下士道、中士道或上士道，一定要順著道路來走。

譬如自己是學習下士道，下士道的核心思想是：煩惱的根本是貪瞋癡，一定要斷掉！就要有這種想法。

如果是學習中士道，在中士道裡認為煩惱的根本是我執，因此要把我執消滅掉。就要有這種想法。

到了上士道，煩惱的本質本來就不存在，因此以這種方式，作為斷滅掉煩惱的主要方法。

所以，在下士道、中士道、上士道都是要消滅煩惱，不過各自方法不同。在四個階段中，消滅這些煩惱時，都不應當感到辛苦勞累。四個階段是什麼呢？過去時，在實修觀想上，不應當覺得非常辛苦勞累；現在時，現在我做這個實修觀想，非常辛苦勞累，也不要這樣想；未來時，我要修這個法、我要修那個法，非常辛苦勞

累，也不要這樣想；超越三時，中觀裡所提到的，在勝義諦上無取無捨，這是超越了三個時間，所以稱之爲第四時，在這個方面也不要覺得辛苦勞累。

總之，能夠使一切所顯皆出現爲上師和正法，不管是對任何一個對象，不管對誰，一定要有信心、有慈悲心、有菩提心，如果能這樣，一切所顯的景象全都是正法，都是上師；如果能夠做到這樣，即是成佛的原因，就能夠得到佛果。

如果這樣的話，自己善的祈願就很容易實現。

反面而言，應當要認識阻礙的部分。首先，自己花了很多時間廣大的聽聞經論後，一定要再三的複習和串習。如果沒有這樣做，雖然以前花了很多時間廣大聽聞，已經了解善惡取捨，但這些功德會逐漸衰損，所以必須不斷地再串習，反覆地練習，才不會衰損。

第二點是傲慢之心，這也是一個反面阻礙的力量。譬如因自己的美貌而產生傲慢；因學問而產生傲慢；因財富而產生傲慢；因自己的地位很高而產生傲慢……，這些都是傲慢之心。

如果有傲慢之心，原來自己聽聞、思維和實修的功德，這些戒、定、慧三學的功德，都會因爲傲慢之心而被破壞，所以傲慢心是阻礙的力量，應當要去除。

再來是生氣，如果自己容易憤怒，原來累積的許多善業、善根等福報，往往因爲生氣而把善業花掉，所以生氣是阻礙、反面的力量，應當要去除。

還有貪戀之心，主要會破壞所持守的戒律，如果好好持守戒律，靠著這個力量能夠投生在天界，投生在非常好的佛國淨土。但

是貪心是持戒的阻礙力量，會將我們投生在天界和淨土的因破壞，所以應當去除貪心。

接著談相隨順的部分，根據前面所講的許多原因，因此擁有聰明勝慧的威力，這些威力能夠讓業力、煩惱、罪業、蓋障絲毫不能干擾。擁有了這種殊勝勝慧的威力後，就能好好控制自己的身口心三門，指揮三門，朝向善行的方面，把它當作行善業的僕人，此即是今生能夠廣大積聚福報的徵兆。這是在《現觀莊嚴論》中提到的。

第四輪　欲求福德救度

在學習正法時，無論何時遇到艱苦困難，不管是什麼樣子，在得到佛果之前，內心的誓約一定要非常堅定，不斷地持續做正法的實修，要立下一個約定，而且非常堅固，再也不改變。

同時對於甚深的空性，還有廣大的地道的理論，這些法就像大海一樣，難以了悟。不過正如天帝釋的兵器一樣，天帝釋的兵器寶劍不是一般凡夫俗子所能夠舉起，但如果沒有一點懷疑之心，也不去想依自己的能力到底能不能舉得起來，根本不存在懷疑之心地順手一拿，就可以把這個兵器拿起來。

同樣的道理，對於甚深廣大的教法，如果想著自己的能力是否足夠？我能不能夠學習？倘若有這種懷疑之心，則無論如何都不可能證悟甚深廣大的佛法。若能絲毫沒有懷疑，毫無疑問地認定自己一定能夠學習，一定可以證悟甚深廣大的教法，內心堅定的力量很

大，而且心胸開闊努力去學習，那就沒有任何疑問，一定能夠學會。以這種堅定之心去學習，就一定會證悟。

所以，這種強大的心理，不畏懼任何阻礙，心意非常堅定，誓約非常強大，任何阻礙都不能夠破壞，如此努力在善行上，所行的道路就不會錯亂了。心力很堅定地在甚深廣大的道路上，行布施、持戒、安忍、精進、靜慮和勝慧等六度的實修，這是最主要的部分（六度另於第九章詳細說明）。

還有六度的支分，積聚資糧方面的七個支分，供水、供食子、作煙供、作拜祀、作薈供……，這些都是六度波羅蜜的支分。

無論如何，在反面的部分，不善業、懶惰等這些阻礙絲毫不會造成影響，自己身口心三門的行為完全控制在善業上，這樣來做，即是上士道的情形。

6

佛道入門──皈依

為什麼要皈依三寶？首先要認識三種恐懼。有些有情眾生會投生在三惡道，投生在輪迴之中，這是一種恐懼。即使是小乘種姓以及非小乘的其它行者，也會害怕墮入三惡道或是墮入輪迴的痛苦裡，這屬於第一種恐懼。

　　第二種恐懼是擔心會產生自私自利的想法，這是指菩薩種姓，因為菩薩種姓都是學習利益眾生，內心產生的都是天下為公、利益眾生的想法，所以會擔心到底我的內心有沒有產生自私自利的想法呢？會有這種恐懼。

　　第三種恐懼是指密咒種姓，密咒乘的教法提到一切萬法純粹都是清淨的，應當要有這種了悟。因此，很怕沒有了解到一切萬法都是清淨的，萬法以不清淨的樣子顯現，形成一種迷惑執著，很害怕有這種情況。

　　所以，第一種是害怕墮入輪迴、三惡道的恐懼；第二種恐懼是害怕產生自私自利的想法；第三種恐懼是指把萬法當作是普通的樣子，當作就像它顯現出來的樣子，形成一種迷惑執著。

　　這三種恐懼就像狂風巨浪一樣，波濤洶湧。要如何去除這三種恐懼呢？

　　那就需要皈依一個適當的對象，這個對象是指皈依了他之後，絲毫不會造假，也絲毫不會欺騙我們，這就是三寶。對於三寶，不管什麼時候，都要有相信之心，信心要非常堅固穩定。三寶是純正的救度者，享有廣大的名氣。

　　舉例而言，太陽出來時非常炎熱，這時如果撐開一把傘擋住太陽，就能夠除去熱惱，不必受到炎熱的痛苦。三寶就好像是一支大

傘一樣，能夠救度我們脫離痛苦的熱惱，所以應當要皈依三寶。三寶可說是佛教的入門之處，要進入佛教，入門之處就是皈依三寶。

　　接下來，正式說明皈依，皈依的內容分成六項。首先，皈依的原因是信心，因是信心的部分；第二項要辨明清楚皈依的對境；第三項是皈依的類型；第四項是皈依時要具足什麼動機來求取皈依；第五項是皈依之後有何利益；第六項是皈依完畢之後要學習什麼，也就是皈依的學處。

皈依之因是信心

　　首先講原因，原因是信心。如何產生信心呢？信心分成什麼類型？產生信心的原因為何？以下逐項說明。

　　如何產生信心？靠好好思維解脫的道路，以及解脫的功德。解脫即涅槃，分成三種，即：聲聞的解脫、獨覺的解脫、菩薩的解脫。

　　解脫是屬於果的部分，如何得到果呢？因此就有道的部分，道的部分是戒學、定學、慧學，三學屬於道路，如果趨入這個道路，就像階梯一樣，一段一段不斷地升高、不斷地進步，更上一層樓，所以斷德會圓滿，證德也會圓滿，這些斷證的部分即是功德。

　　靠著這些內容，自己內心的功德一定會不斷地增強，絲毫不會虛假。因此，為了功德不斷增長增廣之故，一定要皈依三寶。

　　但是在皈依三寶方面，要先了解什麼呢？首先要了解佛的功德，佛到底有什麼功德？佛寶所講說的法寶又有什麼功德？以這些

法寶做實修的僧寶，其功德又是什麼樣子？這些都應當要了解。

　　如果把三寶的功德好好地了解，內心就很容易產生信心，而信心是一切白色善法的根本。

　　有一種狀況是，上輩子累積了廣大的善行，經常做實修，這種人在這輩子自然而然就會產生信心；若是上輩子沒有廣大實修佛法、沒有廣大學習各種善業，這輩子當然就不可能自然而然地對三寶產生信心，在這種情況下，對於佛寶、法寶、僧寶、上師絲毫沒有信心，要如何讓他產生信心呢？

　　有些人見到佛像時，信心很容易產生；有些人念誦佛經時，信心很容易產生；有些人拜見上師、僧眾、寺廟時，信心也很容易產生。信心產生時是什麼樣子呢？汗毛直豎、淚水直下，內心毫無原因地自然就生出喜悅，這是信心產生的徵兆。

　　像前面所言，如果上輩子廣大行善行和實修，這輩子即使在小孩時，信心就自然產生了，這是第一種情況。若沒有辦法自然產生，表示上輩子沒有廣大實修佛法，這時就讓他拜見佛像、閱讀佛經、拜見上師善知識，使他的信心能夠產生，就是這兩種情況。

　　至於信心的類型有四類：清淨的信心、追求的信心、相信的信心、不退轉的信心。

　　清淨的信心是指見到佛像、佛經、僧眾時，內心感到非常高興快樂。追求的信心是指希望自己也有三寶的功德，有努力去追求、得到三寶功德的想法。相信的信心是指自己皈依三寶後，不管什麼時候，三寶絕對不會欺騙我，我一定相信三寶。不退轉的信心是指皈依三寶後，自己不管遇到疾病、倒楣、逆緣等各種障礙，無論在

任何狀況下，絕對不會捨棄三寶，內心非常堅固穩定。

　　四種信心之中，最重要的是不退轉的信心。在皈依三寶時，要求取皈依的戒律，這時最需要、最重要的就是不退轉的信心。要相信即使是死亡了，不管發生任何障礙，絕對不會捨棄三寶。一定要有這種不退轉的信心，假設沒有這種不退轉的信心，自己的皈依就不能算是純正。

辨明清楚皈依的對境

　　台灣有許多弟子對於求得皈依戒律非常高興喜悅，也非常重視，跟其它國家比起來確實不太相同，非常的特別。

　　就皈依而言，有兩種情況：一是在了解三寶的功德之下求取皈依；另外是在不了解三寶的功德之下求取皈依。這兩種情況中，了解三寶的功德之後求取皈依的戒律，是更加重要的。在不了解三寶功德之下要求取皈依的戒律，作為內道佛弟子，學習佛法是非常好的，但在這種情況下，所得到的皈依戒律不能稱得上堅固，信心也不是非常強烈。雖然求得了皈依的戒律，未來卻有可能會認為自己不需要這個戒律而想把它丟掉，有可能發生這種危險。因此，了解三寶的功德，也就是辨明清楚皈依的對境之後再求取皈依，非常重要。

　　那麼，皈依的對境到底是什麼呢？當然就是要解釋對境的功德，也就是佛寶的功德、法寶的功德和僧寶的功德。

佛寶的功德

一般來講，佛陀釋迦能仁佛寶的功德廣大無邊，無法測量和計算。不過，如果作個歸納，佛寶的功德可分為斷德和證德，斷德包括兩種斷除的功德，第一個是斷除煩惱障所得到的功德，第二個是斷除所知障所得到的功德。

證德，即證悟的功德，包括下列數種：

五眼六通

五眼包括對三千世界裡的色法、粗和細的部分，都能夠清清楚楚看到，這是「肉眼」；誰出生、誰死亡，一切有情眾生的生生死死都能看得清楚，這是「天眼」；能夠證悟無我，這是「慧眼」；能夠了悟八萬四千種法門，這是「法眼」；一切所知的對象，所有的萬法全部都能夠知道，這是「佛眼」。所以具足五眼。

六通是指六種神通：一個東西能變成很多個，很多東西能變成一個，一變多、多變一，這是「神足通」；能夠見到所有眾生的生生死死，這是「天眼通」；三千大千世界裡所發出的聲音，無論大小，完全聽得清清楚楚，這是「天耳通」；能夠了知無量過去世生死情況，這是「宿命通」；眾生內心在想什麼，都能知道得清清楚楚，這是「他心通」；業力和煩惱全部清淨去除了，這是「漏盡通」。

十種自在

第一種「長壽自在」，出世住世隨意長短，完全自由自主；第

二種「內心自在」，完全能夠控制自己的內心，進入等持之中，經過百年、千年，或長或短，心都在等持中，任何時候都能出定和入定；第三種「受用品自在」，在天空虛無之中，什麼都沒有，卻能夠從天空中取得所需要的錢財物品，想要什麼就能夠得到什麼；第四種「事業自在」，所要進行的任何事業都能夠達成；第五種「投生自在」，能自由自主地投生在任何世界、任何佛國淨土、任何想去的地方；第六種「信解自在」，內心相信某佛、菩薩、淨土，確實存在自己面前，前面馬上就出現諸佛菩薩以及祂的淨土；第七種「願望自在」，所發的任何願望馬上就能實現；第八種「神通自在」，小變大，大如須彌，大變小，小如芝麻，皆可自在；第九種「本智自在」，對一切萬法都完全自在，絲毫沒有受到阻礙；第十種「萬法自在」，一切萬法，例如對某些所調伏的弟子，他的根器、勝解之心、喜好、種姓等，需要用什麼語言開示，完全了解其渴求願望，順著他的情況去調伏利益他。

四種總持門

首先，對一個法，經由抉擇知道它是不生，可是如果能夠抉擇一個法不生的話，一定是靠邏輯推理的方式去進行分析；同理，可以運用這個分析的道理，去推理所有的萬法都是不生。因此，僅僅靠著抉擇一個法是不生，就能夠運用到萬法上，了悟萬法不生，都是空性，由此證悟無生法忍，這稱之為「安忍總持」或者是「忍陀羅尼」。第二種「咒語總持」，念咒語能幫對方除去疾病，或是念咒語加於某物品之上，能把它變成其它物品。第三種「詞句總

持」，佛陀所說過的教法詞句，絲毫不會忘記。第四種「意義總持」，能夠完全了悟教法的內容意義，絲毫沒有任何阻礙。

十種威力

1. 了解處所和非處所的威力：處所和非處所就是善惡業的成熟。善有善報是正確的，所以是處所；善有惡報是不正確的，所以是非處所。不善業有苦報，是正確的，所以是處所；不善業有善報，是不正確的，所以是非處所。意思就是，了解造作善業將來感得快樂的果報，造作不善業將來感得痛苦的果報，了解什麼是善業、什麼是不善業。

2. 了解異熟果報的威力：了解無量眾生上輩子是由什麼善業得到快樂的異熟果報，是依於什麼不善業而得到痛苦的異熟果報；現在的善業將來會有什麼異熟果報，現在的不善業將來會有什麼異熟果報，完全了解，清清楚楚。

3. 了解殊勝、非殊勝根器的力量：佛陀住世時，眷屬成千上萬，然而不管眷屬有多少人，佛陀都能完全清楚每個人的根器狀況。就算一群人都是銳利根器，哪些是大乘根器、哪些是密咒乘門根器，都了解得清清楚楚；即使這一群人都是密咒根器，哪些人適合學習瑪哈瑜伽、哪些人適合學習阿努瑜伽或阿底瑜伽，各種各類的根器，佛陀都能夠了解得清清楚楚。

4. 對各種界了解得清清楚楚的威力：界分成兩種，就器物世界來講，是指元素，即金、鐵、銀、銅，任何元素都了解得清清楚楚。就有情生命來講，界是指他的學習能力適合廣大的教法還

是適合學習淺略的教法，每個眾生的界不同，這個部分佛陀都能夠知道得清清楚楚。

5. 了解種種信解之心：有些眾生信解之心強烈，喜歡精進實修的方法；有些眾生喜歡悠閒自在的學習；有些眾生喜歡吃很多食物；有些眾生喜歡吃簡單的食物。對於他們的信解，佛陀完全知道。

6. 了解普遍趣行之道：走什麼道路將來會得到什麼果位，佛陀完全通達。例如走這種道路將來會得到獨覺果位、走那種道路將來會得到佛果等，佛陀了解得清清楚楚。

7. 了解清淨靜慮、解脫、等持、等入等各種禪定的情況：例如四禪的情況和八解脫門，佛陀都了解得清清楚楚。

8. 了解種種投生處所：這個人將來會投生到什麼地方去，佛陀都能夠了解。

9. 了解種種生死：這個有情眾生什麼時候出生、什麼時候死亡，佛陀也都清清楚楚地知道。

10. 能夠了解有漏如何窮盡：有漏窮盡是指煩惱障和所知障兩種蓋障都完全清淨去除，佛陀能夠了解清淨去除這兩種蓋障的方法。

四種無畏

佛陀有無量無邊的天神、龍神作為眷屬，而許多眷屬都有強烈的慢心，當這些慢心強大、學問廣大的眾多眷屬聚集在一起時，如果佛陀提出一個主張：「我的兩種蓋障（煩惱障和所知障）完全斷

除了」，四周的眷屬不管是天神、龍神，誰都無法說：「你有哪個過失沒有斷掉。」絲毫不會看到佛陀還有什麼過失，這是第一種無畏──斷德美滿❶無畏。

如果佛陀提出一個主張：「我已經證悟了一切萬法的實相」，在佛陀四周的眷屬，無量無邊的天神、龍神，不管是誰，聽到佛陀這種主張時，不管祂的神通威力多麼廣大，都不能夠指出說：「啊！佛陀只有了解一些法的實相，並沒有了解萬法的實相。你還有哪個部分沒證悟。」絲毫沒有辦法指出來，這是第二種無畏──證德美滿❷無畏。

在一切眷屬聚集當中，佛說：「這條道路能夠得到解脫，能夠得到一切相智。這是能得到解脫、得到一切相智的道路！」如果佛陀說出這種話，不管是誰，神通和智慧有多麼廣大，都不能夠指出說：「這條道路是不能夠解脫、不能夠成佛的。」無法指出來這個道路的過失在哪裡，這是第三種無畏──述出離道無畏。

如果佛陀提出一個主張：「貪戀、瞋恨、愚癡三毒及五毒等煩惱，會阻礙解脫和一切智，是解脫一切智之道路上的一個阻礙」，如果佛陀提出這樣的主張，眷屬裡不管天神、龍神，威力、神通多麼強大，任誰都不能夠說這些東西不是阻礙，不會阻礙解脫和一切智的佛果，沒有人能這樣說，這是第四種無畏──述障礙法無畏。

---

❶舊譯「圓滿」，但此處乃從「因」來討論，意指「條件齊備」，故譯「美滿」較適宜。

❷說明同譯註❶。

四種無礙解

1. 法無礙解：佛陀開示教法，對於每一個法，在講述詞句時，中間不會斷掉、不會漏掉、前後不會混雜在一起，能夠完整而有條不紊地開示。

2. 義無礙解：佛陀開示教法時，詞句指示某一些意義，這些意義不會混雜在一起，不會前後顛倒或漏掉，能夠完整的呈現其意義。

3. 詞無礙解：佛陀講法時，很多名相都能個別區分得很清楚，不會混雜，也不會含混不清。

4. 辯才無礙解：佛陀講經開示時，一個很簡單的教法，如果要花很長時間解釋，講幾年幾個月仍然講不完；相反地，如果是一個甚深廣大的教法，有時要佛陀三言兩語講出來，也能夠辦到，這是屬於辯才無礙。

十八不共法

　　佛陀所擁有的十八種不共的功德，是屬於不會跟他者所擁有的功德混在一起的不共法，包括行持的部分六種、內心證悟的部分六種、本然智慧的部分三種、事業的部分三種。

　　行持的部分六種：

1. 佛陀身體的行為絲毫不會有過失存在，也沒有任何錯亂。

2. 語言的行為沒有任何錯亂和過失。

3. 內心時刻都在正念之中，正念衰損的情況絲毫不會發生。

4. 佛陀永遠在禪定之中，不在禪定裡的時間根本就沒有。

5. 沒有遠近親疏的差別。我們凡夫會區別這是父母和兄弟朋友，要對他們好一點，對其他的陌生人就不理會，因此有分別之心。佛陀對於一切眾生則沒有遠近親疏的差別，完全一視同仁。

6. 佛陀的一切行持皆是在準確的分析觀察下所做出來，完全不會發生冒失錯亂的行為。

　　內心證悟的部分六種：

1. 佛陀內心不管何時都是想要利益眾生。

2. 調伏眾生的時機出現時，佛陀一定立刻去調伏這個眾生，引他離開三界六道輪迴，不會錯失適當的時機，不會不管他。

3. 佛陀利益眾生時，會不會說眾生實在太多了，我只利益一部分，其他的不要管？或者是我的事情實在太多了，我要暫停休息一下？完全沒有這種情況。佛陀恆常持續地在利益眾生，永遠都住精進之中。

4. 佛陀有了知一切萬法的勝慧。

5. 佛陀的心意永遠都安住在萬法實相當中，無論何時，心都住在萬法實相裡。

6. 佛陀的心意已經去除掉煩惱障和所知障。

　　本然智慧的部分有三種：

1. 過去一切的事情都在佛陀的本智前面呈現出來。

2. 現在所有的事情都在佛陀的本智前面呈現出來。

3. 未來一切的事情也都在佛陀的本智前面清清楚楚地呈現出來。

　　會不會超過佛陀的一切智之外呢？沒有的，沒有任何一個項目會超出佛陀的一切智之外。

　　事業的部分有三種：

1. 佛陀身的事業是本智所遍行。

2. 佛陀語的事業也是被本智所周遍。

3. 佛陀心意的事業也是被本智所周遍。

　　所以，佛陀的本然智慧遍及身、語、意三門的事業，換句話說，佛陀的本然智慧不遍及的事業和行為根本就不存在。

　　前面所講的五眼六通、四總持門、十種自在、十威力、四無畏、四無礙解，以及十八不共法，這些所有的功德完全圓滿具足的部分，是佛的法身；佛的法身針對十地的菩薩，以五種決定的方式來轉動法輪，這是報身；針對所調伏的弟子，清淨和不清淨全部在一起，順著他們的根器、信解的程度、學習的能力範圍，根據種種情況來作開示，講說教法，這是佛的化身。

　　這是法、報、化三身的性質，三身所擁有的功德如前所述，擁有這三身性質的就是佛寶，佛寶就是我們所要皈依三寶中的第一個項目。

法寶的功德

　　法寶包括二諦的理論和教證，即教言和證悟的部分，以這兩個範圍來說明。

　　就二諦理論來講，二諦是法寶，指譬如積聚福德資糧的方式是六度波羅蜜，在道路上是證得人無我以及法無我。

　　要證得人無我和法無我，要靠什麼道路來得到呢？有小乘的道

路、獨覺的道路、大乘的道路，這一切全都是法寶所要解釋的內容。

　　法寶歸納起來分成因和果兩項。法寶所要解釋的內容，果的部分是滅諦，原因的部分是道諦，所以，法寶指的就是道諦和滅諦，道諦是因、滅諦是果，具有道諦和滅諦的性質，就是法寶。

　　教言和證悟兩種類型，平常我們常提到，法寶有教言之法和證悟之法，這是從「能詮釋」和「所詮釋」來說明，證悟之法屬於所詮釋的部分，教言之法是能夠詮釋的部分。

　　就能詮釋的部分而言，佛所說的教法分成十二種類型，稱為「十二分教」。簡單再歸類就是三藏❸，指能調伏三毒煩惱的教法典籍，把煩惱裡的貪戀調伏的方法是律藏；調伏瞋恨的方法是經藏；調伏愚癡的方法是對法藏。三藏典籍都屬於教言之法，能詮釋的部分。

　　還有一種是不必除掉煩惱，有很多方式能夠鎮壓它，力量也很大，這是咒乘的傳軌。總之，這是屬於法寶。不過現在我們提到法寶，經常是指像西藏古代長條的貝葉法本或是佛法書籍，被稱為法寶，其實它們是法寶所依之處。

　　當我們在皈依三寶時有皈依法寶，法寶分為教言和證悟二法，

---

❸對三藏典籍的分類，中國分為經、律、論，其中，經藏、律藏是經典的主題，論藏是後代博士所寫。西藏分得比較詳細，先依作者別分成佛說部（佛開示）和論典部（博士所寫）兩種，兩部之中再用主題分類，各分成經、律、對法三種類型（所謂對法藏，意思就是針對萬法的內容去了解，是指慧學部分）。

因為用眼睛看不到，必須有一個依靠之處，才能夠讓我們產生信心，這就是法本典籍。典籍就是法寶依靠之處，讓我們看到了，能夠產生信心。

其次，證悟之法，譬如說五道裡有資糧道，從四念處開始作實修，逐漸進入四正斷、四神足、五根、五力、七菩提分，按照順序逐漸產生許多功德，這些功德都是屬於證悟之法，是證悟的法寶。

還有依次產生的五道功德，以及聖者的斷德和證德。聖者斷德的部分是煩惱障和所知障，證德的部分是如所有智和盡所有智，這些都屬於證悟之法的內容。

證悟之法是不是由一個無常的因而得到一個無常的果？就是由一個會變化的因，我根據這些方法，得到一個會變化的果呢？不是的，這些都是在一切眾生內心本然智慧中存在的，如來藏裡就存在的。

因此，去除煩惱所得到的功德，並不是說依靠一個屬於無常的因而得到一個無常的果，產生一個從前沒有的新的果，而是在如來藏裡早就已經存在了，這些功德早就有了。

還可以逐漸根據生起次第的學習，慢慢產生圓滿次第的功德，逐漸產生前面所講的四陀羅尼的功德、漏盡的功德，這些逐漸都能夠產生，慢慢經過資糧道、加行道、見道、修道四個有學道，到最後進入無學道。

無學道是什麼樣子呢？按照顯教乘門的說法，到十地菩薩最後那一剎那，進入第十一地（普光地），稱之為佛果，就是無學道。如果按照密咒金剛乘門，就不僅僅是十一地，還提到第十二地等置

地、第十三地持金剛地，認爲十二地是報身，十三地是法身，或稱個人慧土，有各種各類不同的說法。

總之，前面所提到的佛寶的功德、法寶的功德，這一切許許多多我們所要得到的全部功德，都包括在法寶之中。

內道佛教的入門之處在皈依。大家都得到過皈依的戒律，有些人得到過一次，有些人不只一次，而是得到兩次、三次，無論得到幾次皈依戒，一定要了解三寶的性質是什麼？功德是什麼？務必要完全了解，這是相當重要的。

如果完全不了解三寶的功德，就算皈依了二十遍、三十遍，也沒有什麼利益。基於了解三寶的功德而產生不退轉的信心，產生絲毫不會改變的堅固信心，就表示這個人的內心，皈依是非常純正的。

若對於三寶的功德都不清楚，就會對三寶沒有什麼強烈的信心，即使有一點點信心，也很容易動搖、改變。在還沒有產生不變的信心時，說自己是佛教徒，已經得到很多次的皈依戒，實際上，其內心裡皈依的戒律並不是很純正的。

因此，只要是佛教徒，都要得到皈依的戒律，如果要得到皈依戒，皈依要純正，無論如何，一定要了解三寶的功德。

僧寶的功德

就僧寶的功德而言，總體來講，僧眾是證悟諸法實相，具有證悟的功德及解脫煩惱的功德。具足這兩種性質的僧寶可以分爲兩

種：一種是小乘的僧寶，一種是大乘的僧寶。

　　小乘的僧寶有四類八項，四類是預流、一來、不來，以及阿羅漢。預流是指見道位，小乘見道位有十五剎那，安住於十五剎那中任何一項，即稱為「預流」。

　　進入見道位後，在見道位應當要斷的部分，分為見道應斷和修道應斷，預流聖僧斷了見道應斷，修斷方面則只斷了半數欲界修斷，此時依賴第九住心欲界專一心而修上界靜慮，之後投生在色界，為了斷除所剩半數欲界修斷之故，再度投生欲界，此即稱為「一來」。

　　如果已斷欲界修斷，但是還沒有斷上界修斷，此時又再依賴第九住心欲界專一心而修上界靜慮，又再投生上二界，此時不必為斷欲界修斷而投生欲界，只需在上二界努力斷除上界修斷，此即稱為「不來」。

　　在上界斷除了上界修斷，則已斷除三界一切煩惱，故得解脫，脫離了輪迴，住涅槃寂靜，即稱為「阿羅漢」。

　　雖然是這四種類型，可是每一類中又可分為「向」和「住」，也就是預流向與預流住果、一來向與一來住果、不來向與不來住果、阿羅漢向與阿羅漢住果。所以分為八項，這是小乘的僧眾。

　　其次是大乘的僧眾，可分為初地到十地，一共有十地。初地到十地是屬於聖僧，如果是前面資糧道和加行道，那就是凡夫的僧寶；登地以上，從初地到十地是屬於聖僧寶。這些都是菩薩。

　　前面提到小乘僧寶的功德非常大，那大乘僧寶的功德如何呢？大乘僧寶的功德，在初地時有十二種百數的功德，在二地時有十二

種千數的功德，在三地時有十二種萬數的功德，之後十萬數的功德不斷增加，這是大乘僧寶的功德。所以，大乘僧寶的功德是無法說明解釋、是不可思議的。

道路是應當得到解脫的道路，也就是能夠救度我們脫離三界輪迴痛苦的道路，這種道路就是正法的性質。所謂的正法，就是一種道路，能讓我們得到解脫，而且能夠救度我們脫離三界輪迴的痛苦，這種道路才稱之為正法。

這種正法誰能講述呢？除了佛陀之外，世界上一切外道的導師都沒有能力講述這種正確的道路。

僧寶是對於佛陀所說的這些教法進行實修的實修者。比如我們大家聚在一起，對於佛陀教法進行實修的這些人，或者僧寶是指具有戒、定、慧三學的人。

當我們求取皈依戒律時，皈依的對境就是佛寶、法寶、僧寶，有了這個認知，但僅僅知道名稱是沒有用處的，還要好好地了解：皈依的對象是佛寶，佛寶有什麼功德？皈依的對象是法寶，法寶有什麼功德？皈依的對象是僧寶，僧寶有什麼功德？這些都要好好地了解。擁有這些功德的對境是我皈依的對象，我皈依之後又會有什麼樣的命運呢？這些都應當了解，了解之後再來求取皈依。

皈依的類型

皈依如何分類？從因和果來作分類，是第一種方式；從動機方面來作分類，是第二種方式。

從因和果分類

由因跟果來作分類，可分為因的皈依和果的皈依兩種類型。對於佛陀的果位，立下一個誓言，未來我要得到，這種想法是經教乘乘門的見地，這種情況下所作的皈依，是原因的皈依。對於佛陀三寶的果位，立下一個誓言，這輩子我就要得到，這種想法是密咒乘門的見地，是果的皈依。

為什麼這樣呢？這輩子就要得到三寶的功德，一定是密咒乘的特色，除了密咒乘之外，在經教乘門之中無法在這輩子得到果位，必須等到下輩子、下下輩子、未來、再未來，經過長久時間才能夠得到。因此，經教乘門稱為因皈依，所皈依的對境就是前面所解釋過的佛寶、法寶及僧寶三種對境。

密咒乘門果皈依的對境又是什麼呢？是自己的根本上師。那是不是密咒乘門因此就不需皈依三寶了呢？也不是如此，因為根本上師是三寶、三根本的總集，同時也是三身的總集，這一切的總集都是上師。僅僅一位上師，即已包括一切，上師身體的本質是僧寶，上師語言的本質是法寶，上師內心的本質是佛寶，所以，上師已經包括了三寶的性質。

同理，上師的身體在三根本之中是屬於上師的本質，上師的語言在三根本之中是屬於本尊的本質，上師的內心在三根本之中是屬於空行的本質，所以，上師本身也包括三根本。在了解這樣的情況下來皈依上師。同樣的道理，上師的身體是屬於化身的性質，上師的語言是屬於報身的性質，上師的心意是屬於法身的性質，所以，

上師本身也包括了三身的性質。因此，對上師進行皈依，雖然所皈依的對象是上師，但是上師的本質包括了三寶、三根本及三身。

從動機分類

如果從動機分類，可將皈依分為三種類型：第一種是心量狹小的狀況下來皈依三寶；第二種是心量非常廣大殊勝的情況下來皈依三寶；第三種是心量至為殊勝、最為無上的情況下來皈依三寶。按照這三種情況來看，心量狹小的皈依是下士的皈依，心量廣大殊勝的皈依是中士的皈依，心量至為殊勝、最為無上的皈依是上士的皈依。

為什麼這麼說呢？心量狹小的意思，是指眼光只看到目的是脫離三惡道痛苦，將來能夠投生在天人的善趣中，或者是下輩子能夠得到財富受用、外貌能夠長得美麗，因此來皈依三寶，追求的目標是這些，這就是在心量狹小的情況下來求取皈依。

中士的皈依，內心就比較殊勝了。中士看到六道輪迴的處所都很痛苦，對六道輪迴的痛苦產生恐懼，因此來進行皈依。皈依時，暫時上自己得到皈依戒律之後，在死亡前常常思索皈依的戒律，或是自己的果位沒有得到之前（例如，聲聞得到聲聞的羅漢果，獨覺得到獨覺的羅漢果），常常來進行皈依，這是中士的情況。

上士的皈依，是在大乘無上心量的情況下來進行皈依，這種皈依完全捨棄自利，就是自己對於涅槃得到解脫不喜歡，對於輪迴的痛苦也不喜歡，對於得到止息涅槃的安慰也都不需要，那麼到底需

要什麼呢？需要的是自己和一切眾生都能脫離三惡道、脫離三界輪迴的痛苦，得到解脫，得到佛果。也就是說，不單是為了自己要得到佛果而皈依，而是為了眾生都能得到佛果而皈依。

這種心量非常廣大、至為殊勝的皈依，可分為經教乘門的皈依，以及密咒金剛乘門的皈依兩種。就經教乘門的皈依而言，所要斷除的煩惱是獨自存在的，正式存在，自性存在，所要得到的佛果也是真正存在的，比如道路是無常的道路，我能夠得到無常的果，類似這種情況。如果是密咒金剛乘門的皈依，就煩惱而言沒有自性存在，就果位而言也沒有自性存在，就道而言也是無為，在了悟這些實相的情況下進行皈依。

皈依的意義

求取皈依的方式，首先資糧田的部分，其次是正式求取皈依。當眾生走在輪迴的道路時，佛陀對於我們一切眾生，是不是根本沒有看到或沒有慈悲之心，所以沒有來救度我們呢？並非這樣，而是因為我們還沒有成為祂所利益的法器、所利益的對象、所調伏的法器。佛陀對於一切眾生，不管什麼時候，總是觀察著這個眾生何時會成為適當的法器，什麼時候可以對他開示教法，可以從開示的教法中得到什麼利益。佛陀恆常眷顧著一切眾生，但眾生走在輪迴的道路時，還沒有能夠成為佛法利益的對象，還沒有能夠成為佛所要調伏的對象。如果成為佛陀所要調伏之對象的時機到時，佛陀立刻就出現了，立刻就會去調伏他。

例如，今天我們和一個朋友見面，答應要幫助他做某件事情，但可能時間久了就忘記了，這是有可能發生的。但是佛陀絲毫不可能出現這種情況，佛陀不管什麼時候都在利益眾生，只要適當時機一成熟，佛陀一秒鐘都不會浪費，立刻就會為他開示教法，引導他得到解脫，去除他的痛苦，使他得到利益。

　　佛陀不僅身、語、意三門在廣大地利益眾生，就連一根汗毛、一個毛細孔也都在廣大無邊地利益眾生。但是如果這個眾生還沒有成為佛法所能利益的對象，還不是一個適當的法器，那麼佛陀暫時對他也是無能為力。

　　例如我們用火柴點燃酥油燈，如果酥油燈裡不是油而是水，那麼不管怎麼點都不會點燃，因為水本身沒有燃燒的能力。並不是火柴沒有點燃的能力，而是對境本身不是酥油而是水，水本身沒有冒出火花的能力，所以不論火柴怎麼點也點不著。就像這個例子一樣，只要這個眾生的因緣成熟，佛陀調伏他的適當時機已經到了，佛陀立刻就會調伏他，為他開示教法，他就能立即證得果位，這是因為時機已經成熟，所以立刻就能從佛法上得到利益。

　　有些眾生是如此，可是有些眾生辛辛苦苦，從佛法上卻不能夠得到利益，這是因為他的內心還沒有清淨的緣故，還沒有成為適當的法器，所以，佛法對他不能夠產生廣大的利益。這是在學習佛法上會有的差別。

　　舉例而言，西藏有許多老鷹，老鷹在天空飛翔，一般鳥類沒辦法飛得那麼高，只有老鷹才可以飛翔在很高的天空，最後慢慢降落下來，在山崗上休息。為什麼老鷹飛那麼高還要降落下來呢？是不

是牠已經飛到天空頂端，沒地方可去了，所以只好回來？不是的。天空沒有窮盡，既然天空沒有窮盡，為什麼老鷹還要回到山頂上呢？因為牠的力氣用完了，只好回來。

同樣的道理，關於佛寶、法寶、僧寶三寶的功德，我們已盡了最大的力氣詳細地解釋說明，已經講解完畢了，但是不是三寶的功德就只有這個樣子？不是的，因為我們的了解只是如此，我們只能把所了解的、所認知的部分講出來。事實上，佛陀、佛法和僧寶的功德廣泛不可思議，超乎我們能講解的太多太多了，就像前面講的老鷹一樣，飛得那麼高，最後還是降落在山崗上，並不是因為飛到天空邊際了，而是因為老鷹的力氣窮盡了，只好飛下來。

皈依的動機

當我們皈依時，要具足什麼樣的想法、什麼樣的動機呢？

我們大家都在輪迴之中，在輪迴裡就好像是一個輪子在轉動，有時比較高，有時在中間，有時比較低，在一個輪子上始終輪來輪去，這就是輪迴。

現在我們自己、父母、兄弟、子女一起行善業，仰賴這些善業就有可能投生在天界。但是，善業用完之後，有時候不是投生在信仰佛法的家庭，而是投生在造作惡業的家庭，兄弟姊妹、父母都造作許多惡業，在造作惡業的環境下，將來就有可能投生在地獄道、畜牲道、鬼道，不斷地輪來輪去，這便是輪迴的情況。

當我們還在輪迴時，有時候會造作嚴重的罪業，造作了嚴重的

罪業之後，想一想這些罪業，有誰能夠解救我呢？首先想到的當然
是國王。在古代，最大的就是國王，國王裡最大的就是轉輪聖王，
但轉輪聖王根本沒有這種能力來救度我們；或者是世間之中，威力
神通幻化都厲害無比的大自在天，這是外道的天神；或是大梵天，
即使我們皈依祂，向祂求救，祂也沒有能力救度我們。

　　想一想誰都不能夠救度我們，誰都沒有能力救度我們，可是惡
業已經存在了，這輩子我們已經造作很多惡業，上輩子、上上輩子
以前也應當造作了很多惡業，將來這些惡業的果報是墮入三惡道，
在三惡道裡受苦，這是非常有可能的。而且在輪迴之中不斷流轉，
永遠沒有得到快樂安樂的時候。

　　因此，對於三惡道的痛苦感到恐懼，產生這種想法之後，了解
真正的救度者是三寶，完全不會虛假。確實有能力救度我們的只有
三寶，其他世俗外道的天神都沒有能力來救度我們。

　　如果皈依三寶，向三寶請求救度，三寶會不會說這個人是名門
貴族，我要幫助他；這個人是平民百姓，我不幫助他？不會有這種
情況的。三寶幫助眾生完全不分富貴貧賤，不分種姓高低，不會因
為這個人有財富就幫助他，這個人沒有錢就不理會他；或者這個人
是親朋好友就幫助他，這個人是陌生人就不理他，完全不會有這種
情況。皈依三寶時，不管是誰，只要有強烈的信心來皈依，就能夠
完全得到三寶的救度。

　　要在這種了解三寶特色的情況下，產生強烈的信心，想一想自
己廣大的罪業，會導致輪迴到惡道，在輪迴中受到無盡的痛苦，對
這個痛苦產生強烈的恐懼與害怕。皈依三寶後，三寶肯定有救度我

們遠離痛苦的能力。也要想一想，如果我要遠離這個痛苦，那麼其他的眾生一定也對三惡道和輪迴的痛苦感到恐懼和害怕，而就像我相信三寶會救度我一樣，如果三寶也能夠救度這些眾生，該有多好！三寶不僅救度我們，也應當救度一切眾生，還要產生這樣的悲心。

　　前面所講的三個動機一定要具足，第一個動機是，對三惡道的痛苦產生強烈的恐懼與害怕；第二個動機是，能夠救度我們脫離這些痛苦的只有三寶，要對三寶完全信賴；第三個動機是，三寶救度我時，不僅僅是我得到救度，希望一切眾生也都能夠得到救度，對一切眾生要產生悲心。

　　在求取皈依時，要有這三個動機，不要只有自私自利的想法。具足這三個動機就是心胸寬大、上士的想法；應當在認識三寶的功德，思維並具足這三個動機之下來進行皈依。

　　比如到佛堂供香，要在認識三寶的功德下，產生前面所講的三種想法來供香，這樣所供養的利益功德就非常廣大。同樣的道理，供養一杯水、一朵花、一盞燈，都要在完全了解三寶的功德之下，產生前面所講的三種想法，在這三種想法之下來進行供養，那麼無論是供花、供水、供燈，利益都非常廣大。

皈依的利益

　　可以分為經教乘門因皈依的利益，以及密咒金剛乘門果皈依的利益兩方面來說明。

經教乘門因皈依的利益

　　經教乘門因皈依的功德利益是什麼呢？比如天空到底有多寬廣？沒有辦法測量。現代科學家利用飛機飛行的距離來測量，如果飛機持續飛行，一定可以測量出來，但實際上飛機的能力已經到達極限，必須要回來了，所以還是沒有測量到天空到底有多大。就像前面所講老鷹在天空一直飛，最後飛回來，不是因為牠已飛到盡頭了，而是因為牠的能力已盡，只好回來。

　　就像這種情況，現代科學家應用科學方法去測量天空，所測量到的程度只是其力量能夠達到的程度，而不是天空真正的尺度。飛機能夠飛到以前所不能到達的遙遠地方，未來的科學當然可以發明更好的東西，飛得更遠去測量。未來的三十年、五十年、六十年之後，當然會有更新的科技出現，現在的太空船能夠到達月球，將來也許就能到達太陽，這是有可能的。可是就算可以飛到那麼遠，是不是就能測量出天空到底有多寬廣呢？還是不行，還是沒有辦法了解整個宇宙天空到底有多大，因為根本就無法測量。

　　就像這種情況一樣，如果依賴三寶，所累積的善根就像虛空一樣沒有辦法測量；依賴三寶，如果造作惡業，所造作的罪業也像虛空一樣沒有辦法測量。這對凡夫是無法解釋的，皈依的利益也是如此，如果把皈依三寶所累積的善根利益畫成一個物品、一個色法，則整個虛空根本容納不下。

　　今天我們求取皈依的利益，就等於已經追隨了釋迦牟尼佛，成為佛所調伏的弟子，成為內道佛教徒。如果自己內心想要去求取分

別解脫戒，因為有了皈依的戒律作基礎，所以可以得到分別解脫戒；因為有了皈依的戒律作基礎，當然可以得到菩薩戒；因為有了皈依的戒律作基礎，密咒乘的利益自然也能夠得到。也就是說，有了皈依戒這個基礎之後，三種律儀都能夠得到。

有了皈依的戒律後，前面提到我們這輩子、前輩子所累積的罪障，都會逐漸清淨、減少；有了皈依的戒律後，魔鬼邪祟的傷害也會逐漸減少；而且因為罪業、不善業不斷地減少，投生在三惡道的情形也會不斷地減少；加上不管什麼時候都在皈依三寶，所以恆常不離開佛寶、法寶及僧寶，因此就恆常得到三寶的加持。

所以，如果好好地實修皈依，這輩子就會得到很多圓滿的功德，而且在兩種資糧之中，會累積非常廣大的福德資糧，福德資糧越來越廣大，將來便能夠得到法身、報身。

密咒金剛乘門果皈依的利益

接下來是密咒金剛乘門果皈依的功德利益。果皈依的功德利益絲毫不虛假，這是三解脫門，三解脫門是萬法的本質，是空性。原因的部分是無想，沒有它的性相；果的部分是沒有祈願。譬如果皈依，是不是我自己不清淨，因而有一個渴求的心，期望去追求一個清淨的果？不是的。實際上，一切眾生內心的實相是如來藏，如來藏本身就包括三身的性質，在一切眾生的內心實相裡，本來三身已經圓滿，而且自得形成，是無為法，以無為的方式而存在。經由密咒金剛乘門果皈依，可以了悟到這點，如果證悟到這一點，兩種資

糧之中是屬於智慧資糧，智慧資糧可以得到具二清淨的法身果位，具二清淨是指自性的部分是清淨的，離垢的部分也是清淨的，這是果皈依的功德利益。

皈依的學處

前面提到皈依分為兩種類型，所以皈依學處的內容也分兩項來講解，經教乘門因皈依的學處是第一項，密咒金剛乘門果皈依的學處是第二項。

經教乘門因皈依的學處

首先，經教乘門因皈依的學處分為共通的學處和不共通的學處。

舉例來講，如果現在總統直接派你當台北市長，要你捨棄三寶的戒律不要信奉佛教，像這種情況，你也不能為了地位而捨棄三寶，這是第一項。

其次，如果現在給你一億元，要你捨棄三寶的戒律不要信奉佛教，即使是這種情況，就算得到龐大的財富也不能捨棄三寶，這是第二項。

第三項，如果遇到一個土匪，要你捨棄三寶才能活命，否則就殺了你，即使是這種情況，也不能夠為了生命而捨棄三寶。

不管在什麼時候，內心總是想著三寶，經常作供養，供花、供

香、供水或供水果；如果是在外地來來往往，沒有機會到佛堂，也要在每天吃東西、穿衣服時，心裡都想著供養三寶。如果自己已經皈依三寶，卻沒有在佛堂供花、供香、供水果、供水，或者是自己在飲食、穿衣服時也都沒有供養，這是不可以的，應當經常供養三寶，這是第四項。

第五項，不管到什麼地方，任何地方總有三寶存在，應當經常皈依三寶。而且因為皈依三寶時，三寶的性質就總集在上師身上，所以無論如何不能夠欺騙上師，也不能說上師有很多過失、缺點，不應當輕視上師。

以上是共通的學處。

不共通的學處分為應當要做的項目，以及不應當做的項目。

不應當做的項目，也就是「應斷學處」，意思是這件事情是不能夠做的。首先，皈依佛寶後，不應再皈依輪迴裡世俗的天人；第二，皈依法寶後，應當斷除對眾生的傷害；第三，皈依僧寶後，凡是毀謗批評自己上師和內道佛法的人，不能夠把他當作朋友，不能夠跟外道結交為好友。以上三件事情是不應當做的，這是應斷的學處。

應當要做的學處也有三項，首先，皈依佛寶後，雖然現在沒有佛寶存在，可是佛的代表——佛像、照片、圖畫，都應當真實地當作是佛，如此產生信心；第二，皈依法寶後，現在法寶指的是典籍、佛經，這些文字所講述的宗旨是清除罪障脫離輪迴痛苦，在了解這些法寶具足這些意義之後，皈依佛經典籍產生恭敬之心；第三，皈依僧寶後，對於僧寶，即使是僧眾的衣服也應當恭敬。

晚上睡覺有時會做惡夢驚醒過來，感到害怕，這時就要立刻想到三寶能夠保護我；白天吃東西、喝飲料、穿新衣服或穿乾淨的衣服，也要想到三寶，供養三寶；遇到辛苦困難逆境時，更要立刻想到三寶。總之，白天、晚上，不管在什麼時候任何情況，都不應忘記三寶，經常要想到三寶。

密咒金剛乘門果皈依的學處

簡單而言，就是內心的本質是法身，在這一點上做實修。因為我們內心的實相本來就是法身，因此不需要說我要把煩惱丟掉，或是我欠缺了這個功德、那個功德，我要去追求得到，沒有這種情形。也就是說，沒有要離開什麼東西，或是本來沒有什麼東西而要重新去得到那個東西，這些都完全沒有。

所以，針對內心的實相這部分來做實修，這是學處。如果針對內心的實相來做實修，沒有說要去請求一個三寶，請他來救度我，我是求救者，要向三寶求救，沒有這種情形。如果能證悟內心的實相，就已經超越了能救、所救兩邊的執著，這是果皈依的學處。

就果皈依的學處而言，皈依的戒律是無所謂我新得到的戒律、或是這個戒律被我破壞了，沒有這種情形。所謂得到的戒律和戒律毀壞掉，只是名相而已，實際上根本沒有差別。因為內心的實相是法身，在法身中沒有需要新得到的部分，也沒有原來已經存在、後來又消失不見的部分。

如果捨棄了皈依的戒律，情況是什麼？也就是在什麼情況下，

皈依的戒律會毀壞、消失？在我們皈依得到皈依戒律時，皈依的對象是佛寶、法寶、僧寶，所以從經教乘門因皈依這方面來討論，如果對三寶產生邪見，皈依的戒律就會消失而毀壞。因為皈依的對象是三寶，如果認為佛寶沒有用處、沒有利益，皈依法寶沒有利益，皈依僧寶沒有用處，罪業不存在，善業也不存在，沒有淨土，也沒有地獄，殺生不會受到痛苦，行善業也不會得到快樂……，這些都是邪見。只要內心產生邪見，以前得到的皈依戒律就會完全消失、毀壞了。

只有在這種情況下會使皈依的戒律完全毀壞，除此之外，前面提到的學處，得到皈依的戒律後有皈依的學處，皈依的學處有共通的學處和不共通的學處，如果違背這些學處，僅僅只是違背了，並不會使皈依戒律消失不見，但是違背了學處便會累積罪業，這個罪業會引我們墮入三惡道，無法離開三界的輪迴。

因此，已經得到皈依的戒律後，就要好好地、小心地守護皈依的戒律。舉例而言，假如我們的身體被刀子割傷，有一個傷口，和別人聚在一起聊天時，一定會小心謹慎的用手蓋住，怕傷口被別人碰到會痛，所以小心地保護它。同樣的道理，如果我們得到皈依戒律，就要好好地、小心地守護皈依的戒律，不要使它受到衰損，萬一皈依的戒律衰損，會累積許多罪業，這些罪業將來會成熟出很多痛苦，所以務必要謹慎小心地守護皈依的戒律。

皈依的戒律被破壞、捨棄的原因是什麼呢？首先了解我們這輩子做了很多罪業，上輩子也累積了很多罪業，這些罪業就像是一個壞心腸的鬼，常常纏著我們，看到什麼眾生就想要傷害他，腦袋所

想的就是一有機會就要去傷害他。

　　同樣的道理，這些罪業隨時都在等待傷害我們，令我們受到痛苦。即使我們皈依了三寶，念著皈依佛、皈依法、皈依僧等皈依的詞句，外表看來也是皈依三寶，在佛堂供養花、燈、香等，但是因為上輩子、這輩子所累積的罪業之故，內心的信心越來越少，或者是表裡不一，表面念著皈依佛寶、皈依法寶、皈依僧寶，內心對三寶卻絲毫沒有產生信心，這些都是以惡劣之心皈依三寶。

　　三寶是絲毫不虛假、不會欺騙我們的，可是如前所說因為罪業之故，自己對三寶的信心不斷減少，慢慢地相信土地神、地基神能夠救護我，經常供養祂們，認為祂們有廣大的利益能夠幫助我，因此我的生意、運氣都會特別好。不管是地基神、土地神等，名稱上雖稱為護法神，具有神通威力幻化，但是在六道之中，仍歸在鬼道裡，若自己對三寶沒有了相信之心，反而去相信這些世俗的鬼神，這種情況下，對三寶的信心會越來越減損，最後甚至完全消失。

　　我們通常都認為這個世界的大地堅固穩定，不會改變，事實上，將來某一天這個堅固的大地還是會毀壞的。天空會改變，須彌山會改變，太陽和月亮也都會消失，這些都是不能信賴的。

　　唯一能夠信賴的是三寶，為什麼呢？皈依三寶，請求三寶救度，三寶是絕對不會欺騙，而且不會虛假。因此，對三寶的信心要非常堅固，如果對三寶有堅定的信心，這輩子、下輩子的心願都能夠實現。

守護學處的利益

　　無論如何，對於三寶的信心要非常強烈，經常不斷地做祈請。如果在夢中受到魔鬼干擾傷害，夢境中能夠憶念三寶的話，這些鬼怪立刻就會遠離。

　　舉一個我親身的經驗：鬼壓身。鬼壓身的經驗大概很多人都有過，就是睡覺時好像睡著了，又好像沒有睡著，腦袋感覺很清醒，但是手腳都不能動，感覺好像有一個黑色的影子壓在自己身上。這種情形很多人都遇到過，有的叫夢魘，有的叫鬼壓身。

　　我那時是在做五十萬遍的加行，正在修皈依大禮拜時，有一天晚上就發生了這麼一件事，我看到一個黑色的影子像山一樣高，壓著我的身體動也不動，感覺上好像在作夢，這時我立刻觀想皈依境資糧田，爬起來做頂禮，立刻想到三寶。事實上我並沒有爬起來，還是在睡夢中，到了隔天早晨才醒過來，但是我當時馬上想到三寶，觀想皈依境，鬼壓身的情況就自然消失了。

　　所以，經常憶念三寶會有很大的利益，對於三寶的信心要堅固穩定。如果是這樣，即使是作惡夢，魔鬼對自己的傷害也都會消失不見。

　　特別是皈依後，對於皈依的戒律一定要小心謹慎，隨時想到自己是有皈依戒律的人，這件事情可能會違背皈依的學處、那件事情可能會毀壞皈依的戒律……，如此小心謹慎地去防範、守護皈依的戒律，這麼做的話，功德一定會不斷不斷地產生、不斷不斷地增加，甚至到了下個輪迴，都還能夠回憶起這輩子的事。

死亡之後到了中陰時，一般來說沒有任何的救度者，沒有任何人能夠幫助自己。但是對於三寶的信心非常強烈的人，到了中陰時就好像看到三寶一樣很親切，三寶會來救度我、幫助我，因此能夠免除掉中陰的痛苦和困難。

　　總而言之，眾生唯一的靠山、幫助者、救度者，就是三寶，除了三寶之外，再也沒有其他的了。

7

正式進入大乘——四無量心

第七章開始要正式講上士道，也就是大乘的道路。就大乘的道路而言，要講述世俗諦菩提心、勝義諦菩提心兩種菩提心的內容。其中第一項是大乘道路的基礎——經教顯教乘門；第二項是大乘道路隱含的部分——密咒乘金剛乘門的內容；第三項是最接近、最快速的道路，也就是自性大圓滿的教法。❶

就大乘道路的基礎——經教乘門的部分，分為三項：首先，修心的部分是四無量心；立下誓言的部分是求取菩提心的戒律；得到菩提心之後，是願菩提心與行菩提心兩種菩提心的學處。這三項將分別於第七章、第八章、第九章講述。

本章講述修心的部分，以四無量心來修心，分為兩個段落，先就大乘道整體作一個總論，再詳細說明四無量心的內容。

大乘道整體總論

分成三個項目講說：首先是內心的想法，發起菩提心的情況；第二個是正行，是進入大乘的道路，用什麼方法來進入大乘的道路；之後，發心和進入道路兩者結合，在內心產生的情形。

要產生菩提心，首先在內心的想法上要發心。一般而言，小乘內心的想法比較狹窄，因此之故，在教法上實修之後所得到的果也不是那麼純正。小乘的果就像在池塘裡一樣，為什麼呢？池塘裡的

---

❶本書只講第一項，屬顯分。第二項和第三項將於下冊闡述。

水只有一點點，而且都不是非常純淨。小乘的果位，在煩惱方面只是暫時性的，將粗發的煩惱斷滅掉，微細的煩惱並沒有斷除，只是暫時鎮壓住，所以，把煩惱完全斷掉的這種純淨並不存在，因此，小乘的果位並不能像佛果一樣廣大。

　　為什麼是這種情況呢？以小乘的想法來做實修後，聲聞和獨覺，他們內心的想法是追求自己的安樂，由於追求自己寂滅安樂的這種想法，因此只得到暫時的羅漢果位，經過法界中非常長久的時間之後，諸佛菩薩才來敦促他，使他內心空性悲心的種姓出現，然後進入大乘的道路裡，最後才得到大乘的果。大乘的果像大海一樣廣大無邊，而且沒有雜質，非常純淨。

　　一般而言，在小乘裡，他們也會做布施、持戒、安忍、精進的實修，安住在等持之中，也會進行人無我勝慧的觀修。這些六波羅蜜小的部分，小乘也都會做實修。不過，小乘做這些實修時，不能像大乘一樣，大乘擁有悲心，同時又有證悟萬法爲空性的勝慧，小乘因爲欠缺這兩者之故，所做的布施、持戒、安忍、精進、靜慮等五度，連「度」、「波羅蜜」的名稱都談不上，而且聲聞、獨覺所做的持戒、布施、安忍、精進，也不能成爲證得佛果的原因，所以，小乘在波羅蜜這方面的實修只能說像鍊鐵一樣，一塊鐵板無論如何鍊也不會變成黃金，價值比較低。

　　不過，同樣的這些實修，如果能加上大乘裡方便的分支——大悲心，勝慧的分支——證悟萬法爲空性，把這兩者加進去之後，就好像鐵塊遇到了鍊金水一樣，就可以變成黃金了。同理，如果方便分支——大悲心，勝慧分支——證悟萬法是空性，這兩者結合在一

起之後，以這兩項攝受之下，小乘所做的布施、持戒、安忍、精進等，也會轉變成為證得佛果的原因，變得非常珍貴。

因此，方便的分支（大悲心）和勝慧的分支（證悟萬法為空性），這兩個分支項目一定要雙運結合在一起，在內心產生，這是非常重要的。

原因何在？什麼道理呢？對一切眾生有悲心，這是方便的分支；證悟萬法都是空性，這是勝慧的分支，兩者結合在一起就稱為菩提心。這種真正的菩提心，什麼時候在內心產生呢？如果用五道的範圍來講，就是見道位；如果用十地的範圍來談論，就是初地時，就會產生純正、殊勝的菩提心。

當然就我們現在而言，在凡夫道的階段，在資糧道和加行道的段落裡實修時，內心仍然會產生菩提心，但這不是真正的菩提心，只能說是類似的菩提心。無論是類似的菩提心或真正的菩提心，如果要在內心產生菩提心，要靠什麼方法呢？主要靠的是「四無量心」的實修，同時要靠願菩提心的學處、行菩提心的學處，對這些學處努力去實踐。這樣的話，在凡夫道的階段，即使在資糧道和加行道實修時，內心仍會產生類似的菩提心，在見道位、初地時就可以產生真正的菩提心。

要在我們內心產生菩提心，原因是什麼呢？主要的原因是四無量心。四無量心的內容，第一是慈無量心，第二是悲無量心，第三是喜無量心，第四是捨無量心。為什麼用「無量」這個名稱？緣取無量，資糧無量，法無量，本智無量，因為這四個原因。

在大乘的道路裡，修四無量心時所緣取的對象是什麼呢？四無

量心所緣取的對象是無窮無盡的眾生。無量就是沒有數量的意思，所以所緣取的對象是無數的眾生。這是第一個特色，稱爲「緣取無量」。

第二個「資糧無量」，如果好好的修四無量心，有所緣取的福德資糧、無所緣取的智慧資糧，以這兩種資糧爲主的無量無邊的資糧，都能夠在自己內心聚集，所以是資糧無量。

第三個「法無量」，實修四無量心能夠得到佛陀無量無邊的功德的法，佛陀的功德的法是十力、四無畏、十八不共法、三十二相、八十種好等，如果我們實修四無量心，這些無量無邊的法、無量無邊的功德，在我們內心都能夠得到，所以說法無量。

第四個「本智無量」，前面提到佛陀能夠瞭解一切萬法，能夠瞭解無量無邊的所知，如果就能知的部分而言，能瞭解無量無邊的所知，則能知這個部分一定也是無量無邊，所以佛的本智也是無量無邊。如果我們好好地實修四無量心，佛的無量無邊的本智，在我們內心當然也能夠得到。

因爲緣取無量、資糧無量、法無量、本智無量這四個原因之故，實修四無量心可以擁有這四項，所以四無量心稱之爲「無量」。

接著正式說明四無量心的內容，分成五項來說明：緣取的對境、形相；錯誤的道路，實修上會發生什麼錯誤；殊勝的特色；觀修的方式；果報利益。

緣取的對境、形相

慈無量心

　　首先第一個要講的是慈無量心的本質。當我們在觀修慈心時，觀修之前一定要先了解，我現在要進行這個觀修，所要緣取的對境到底是什麼？這點應該要知道。慈心所緣取的對境，例如惡道裡的眾生；其次，即使投生在善道，譬如投生在天道、人道，也有許多不具足安樂，譬如乞丐、貧窮，這是慈心所緣取的對象；或者，還沒有得到究竟安樂、沒有得到佛果的一切眾生，因為他還沒有得到安樂，這也是慈心所要緣取的對象。

　　慈心的形相是如何呢？希望眾生都能得到安樂、都能投生在善趣，這種願眾生都能得到善趣安樂的想法，便是慈心的形相；或者希望眾生都能得到究竟佛果，這種想法也是慈心的形相。

　　舉例而言，如果母親只有一個獨生子，對於這個獨生子，母親心裡想的都是：希望他能快樂，希望他書讀得非常好，考第一名，希望他在班上最優秀，希望他功課都做得最好……。同樣的道理，我們也要經常想：希望一切眾生都能夠快樂，希望一切眾生的學問都非常好，希望一切眾生事情都做得很順利，希望一切眾生都能夠得到果位……，一定要經常產生這種想法，同時將自己的身體、財富、受用，三時所累積的善根，全部凝聚在一起之後來發願，希望眾生能夠得到一切，希望眾生能夠得到快樂。要經常產生這種想法。

當我內心有這種願望、有這種善心，希望眾生能得到快樂，可是有一些眾生還是會繼續來害我，如果他不斷地來害我，我也要修安忍，做到忍耐。就像前面提到，一個母親只有一個獨生子，獨生子生病了，母親把他送到醫院，看了醫生，給他吃藥時，小孩子發脾氣，打媽媽、罵媽媽，這時母親並不會生氣，為什麼呢？因為她會想小孩是多麼可憐，已經生病住院，還要吃很苦的藥，當然會情緒不好。所以母親不會生氣，只會更加有耐心地、慈祥地去照顧這個孩子。

同樣的道理，當我們內心有許多願望，希望一切眾生都能非常幸福快樂美滿，但眾生可能還是會來傷害我們。我們要像上述這個母親一樣，即使受到眾生的傷害，內心仍然要繼續做到安忍。

修慈心有什麼功德利益呢？佛陀在《大解脫經》中談到，在世間界裡，如果有某個人能夠得到利益快樂，經過多生多劫都能持守戒律，跟這個比較起來，另有一個人緣取一切眾生、思維一切眾生而來觀修慈心，即使只是一剎那緣取一切眾生來觀修慈心，這個修慈心的人比持戒律的人，其功德利益還要更加廣大。

又假設在世間界中有一個人，身、語、意三門造作了許多罪業，下輩子必定投生在三惡道裡。這樣的一個人，如果現在能夠思維一切眾生、緣取一切眾生而來觀修慈心，得到廣大的果，也可以把罪衍清淨掉。

特別是觀修慈心的人可以得到八種功德利益：第一，天、人都非常喜歡他；第二，不管什麼時候，天、人都會經常保護他；第三，經常能不受到無謂的傷害；第四，不會遇到刀劍戰爭的傷害；

第五，內心經常在快樂之中；第六，一切總是非常順利；第七，不需經過辛苦勞累就能投生在天界；第八，就算這輩子沒有證得佛果，將來也會投生在梵天界、天界和天神之中。

悲無量心

就悲心的觀修而言，緣取眾生之中受苦的眾生，這是所緣取的對境。

緣取受苦的眾生之後，他的悲心的形相是什麼呢？緣取這些受苦的眾生後，內心產生各種想法，感到相當的不忍，不忍眾生受到各種痛苦，這種不忍之心要非常的強烈，這就是悲心。

就悲心而言，可再細分成三種：緣取眾生所產生的悲心；緣取受苦的眾生所產生的悲心；緣取未得助緣的眾生所產生的悲心。

首先，六道一切眾生都在輪迴中不斷不斷地流轉，這些眾生沒有我而執取有我，因此都在迷惑錯亂之中，經常遭遇到苦苦、壞苦及行苦。緣取六道之中受到這些痛苦所壓迫的一切眾生而產生的悲心，這是第一種。

其次，在六道眾生之中，有些痛苦非常地嚴重，譬如地獄道的眾生，受到的痛苦非常嚴重；鬼道的眾生，受到的痛苦非常嚴重；此外，即使是在畜牲道裡，有些畜牲道的眾生受到的痛苦也非常嚴重；即使在人道裡，有些人類受到的痛苦也非常嚴重。緣取這些受到沉重痛苦的眾生而產生了悲心，這是第二種。

第三種，緣取未得助緣的眾生而產生的悲心，譬如有些人想要

學習佛法，但始終沒有機會學習佛法，遇到這種痛苦；有些人學習佛法，但始終不能遇到純正的上師善知識，有這種痛苦；有些人學習佛法，卻始終沒有一個開示者為他開示純正的道路，也有這種痛苦。緣取沒有得到助緣的這些眾生而產生悲心，這是第三種。

　　總而言之，緣取這些眾生之後，內心要產生悲心。產生悲心的意思就是，當我們在觀修這些眾生時，內心要感到非常強烈的不忍之心，甚至淚水直流，強烈的不忍，這樣來做觀修，這便是悲心。

　　如果這種悲心在內心產生，就等於一個人有了命根，如果一個人有了命根，其它的各種根門都能夠靈活。所以如果悲心存在的話，則一切善法就不會衰損，能夠在我們內心產生。即使沒有得到其它的法，可是在自己內心裡，悲心沒有衰損，力量也非常強大的話，他所走的道路就是沒有錯誤的大乘的道路，而且這就是證得佛果的一個純正的原因，將來也會得到佛果。假設沒有純正的悲心，就算具有神通幻化的能力，也不能算是純正的大乘的道路，將來也不能成為證得佛果的原因。

　　因此，無論如何，自己能夠直接地利益眾生也好，間接地利益眾生也好，這些都代表內心有了悲心。不過如果嘴巴裡經常說對方很可憐，好像有悲心的樣子，可是卻直接地去傷害眾生，或是間接地、暗地裡經常去傷害眾生，這就表示內心並沒有真正的悲心，只是嘴巴上講一講而已。

喜無量心

　　就喜無量心的本質而言，緣取的對境是指眾生裡有很多已經得到了幸福美滿，得到了很多的錢財、物品，得到了許多權勢、地位；或是他的種姓屬於貴族；或是他博學多聞……，這些是喜無量心所緣取的對境。

　　緣取這些對境後，在沒有嫉妒心的狀況下，自己的內心產生高興喜悅。舉例而言，譬如父母親，如果自己的子女學問非常好，成為一位博士；或者發大財，有很多錢；或者相貌非常美麗；或者有廣大的名氣；或者位高權重，很有身分地位，非常的幸福美滿。總之，如果子女得到這些，父母內心當然會特別高興、喜悅。就像這種情形一樣，心裡緣取一切幸福美滿的眾生，緣取這些眾生後，內心產生非常高興喜悅的想法，這是喜無量心。

　　不僅如此，更進一步希望這些眾生在任何方面，將來還要更加幸福美滿，希望他們還能繼續得到更多的幸福美滿，心中要再進一步的發這種願望。

　　實際上應當這樣想，照道理來講，如果我是一位菩薩，我應該要去利益眾生，幫助他們，使他們得到快樂、幸福、美滿，讓他們發大財、有名氣、有學問、有很高的身分地位。現在這些眾生靠自己的努力得到了權勢、地位、財富，得到了幸福、美滿，我根本不用靠自己的勞力去幫助他們。如果我是一位菩薩，原本要辛辛苦苦幫助他們，讓他們得到這些幸福美滿，而現在我根本不必去做，不必辛苦，不必花一點力氣，他們靠著自己的力量已經得到了幸福美

滿，想一想，自己是不是非常高興呢？實在是非常高興。

譬如，父母有許多子女，照道理講，自己既然是父母，就應該花很多錢送小孩子到學校去，為他請家教，好好教導他，讓他將來很有學問，有一份很好的工作，發大財。可是現在父母完全不必這麼勞累，不需花錢，子女靠著自己的聰明才智，已經有很好的學問，工作做得很好，發了財。父母根本不用勞累辛苦，子女已經得到幸福美滿了，那父母是不是非常地高興呢？當然高興得不得了。更進一步，父母應該希望子女永不離開這些幸福美滿，能夠得到更多的幸福美滿。同樣的道理，我們也要如此來發願，希望一切眾生都能這樣。

我們經常看到，這個人買了一棟大房子或漂亮的洋房；戴了一個金光閃閃的名貴手錶；買了一部名貴的轎車……，遇到這種情況，如果是一個沒有學習佛法的人，他心裡馬上想：「這有什麼了不起！將來我也買這種手錶，買這種洋房，我也要這個樣子。」內心除了產生嫉妒心、貪心之外，沒有喜悅之心。

但我們是內道佛弟子，是學習佛法的人，看到這些情況後，我們內心應該和世人不同，有什麼不同呢？就好像眾生都曾經做過我的父母親，看到這些眾生能夠幸福快樂，生活美滿，我們要覺得這樣實在是非常好，內心一定要感到非常高興快樂，這就是喜無量心。

捨無量心

首先，捨無量心所緣取的對境，並不是讓我內心產生喜悅和貪

愛之心的對象，也不是讓我內心產生憤怒和痛苦的對象，都不是這種對境。捨無量心所緣取的對境不應是我親密的這一方，也不應是敵對的那一方。捨無量心所緣取的對境，一切眾生都完全相同，應當這樣來作緣取。

以形相方面來說，並不是對仇敵，我就產生討厭、不喜歡的想法；對親人，我就產生喜愛、貪戀之心；對陌生人，我就漠不關心，既不喜歡也不討厭。捨無量心並不是這種情形。捨無量心應當是像對待親人一樣，是這麼樣地喜愛，這種喜愛應當一模一樣，對待敵人是這種喜愛，對待陌生人也是這種喜愛，純粹只有一種。

有人會這樣想：父母、親人，這些是我的眷屬；對我造成傷害的就是仇敵，仇敵也會傷害我的父母、親人，這些都是仇敵；如果不是親人也不是仇敵，那就是陌生人，對陌生人我就漠不關心。

仔細分析一下，在這三種對境裡，首先對於父母、親人，內心產生了喜愛、關愛之心。為什麼我們內心對這些人會產生喜悅關懷之心呢？內心會這樣回答：「因為他是我的爸爸、媽媽，是我的兄弟，是我的朋友，他們都曾經幫助過我、利益過我，所以我當然喜歡他們。」

如果這樣講，現在對我造成傷害的仇敵或對我漠不關心的陌生人，實際上可能在前輩子、前前輩子都曾經利益過我，都曾經是我的親人。既然前面提到因為這些親人曾經幫助過我，所以我應該喜歡他，那麼這些仇敵在前輩子、前前輩子，或者陌生人在前輩子、前前輩子也都曾幫助過我，照道理我也應該對他產生喜悅才對。

其次，這是我的敵人，我不喜歡他，討厭他，然而仔細分析一

下，為什麼是我的敵人，我就不喜歡他呢？

「喔，因為他曾經罵過我，傷害過我，或者曾經傷害過我的父母、親人，所以對這個仇敵，我就會憤怒、生氣，我就會不喜歡他。」

如果有這種想法，那麼我們仔細分析看看，自己的家人、親人，在前輩子、前前輩子實際上也都可能曾經傷害過我們，也都可能曾經是我的敵人。按照前面的分析，因為他曾經傷害過我、罵過我，我就把他當作敵人，討厭他，不喜歡他；同樣的道理，我也應當把父母、親人當作敵人，討厭他，對他生氣。

再其次，陌生人既不是親友也不是敵人，對我沒有什麼利益，也不曾傷害過我。不過現在雖然是陌生人，但在前輩子、前前輩子、好幾輩子之前，他必定曾是我的親人，也必定曾當過我的仇敵，既然好幾次是我的親人，好幾次是我的敵人，肯定都曾利益過我，也都曾傷害過我，因此對一切眾生應當都是一樣的。

從前面的分析來看，實際上對待一切眾生都應當一視同仁。如果我現在對仇敵有瞋恨之心，照道理講，對親人也應有瞋恨之心，因為他在幾輩子之前也曾經傷害過我；如果我對親人有關愛之心、喜歡之心，照道理講，也應當對仇敵有喜愛之心，因為這仇敵在幾輩子之前也曾利益過我；如果我對陌生人漠不關心，既不喜歡也不討厭，同樣的道理，對於親人和仇敵我也應該既不喜歡也不討厭，因為他們前輩子也曾經是陌生人，跟我沒有什麼關係。

所以，對待一切眾生應當都完全相同，這是捨無量心，要像對待親人一樣的對待一切眾生。

前面所講的四無量心，都有講到緣取的對境。當我們開始實修四無量心時，一定是有緣取對境的，不過如果努力作實修，最後一定會了解所緣取的對境，這些眾生，是無所緣取，是空性；緣取對境的自己，實際上也是無所緣取，也是空性；觀修四無量心的內心本身，也是空性，也是無所緣取，所以一切全都是在空性之下來觀修四無量心。如果好好地、努力地實修，最後就會達到這個狀態。

錯誤的道路

　　當我們修四無量心時，什麼狀況下是錯誤的道路呢？

　　在修慈無量心時，所緣取的對象只有自己的父母、兄弟、朋友，希望他們得到安樂，如果這樣來觀修，產生這種想法，只有針對自己的親朋好友來觀修，希望他們得到安樂的話，並不能算是慈無量心，這是一個錯誤的道路。

　　在修悲無量心時，以西藏的例子來講，西藏的馬或氂牛都要揹負沉重的包袱，一般人對馬或牛當然不會產生悲心，不過有人會這樣想，這是我養的馬、我養的氂牛，如果牠揹負沉重的包袱，會很容易衰老，力量很容易消失，因而內心產生了慳吝之心，雖然自己養了馬、養了氂牛，卻盡量不用，能跟這家借就借，能跟那家借就借，用別人的馬或氂牛來揹負沉重的包袱。像這種只覺得自己的馬或氂牛揹負沉重的包袱很可憐、很容易衰老，這樣是不是悲無量心呢？不是，這不是悲無量心，這是錯誤的道路。

　　在修喜無量心時，希望我自己的國家進步發展，希望百姓生活

幸福快樂，希望父母親人幸福快樂，自己內心感到非常高興，這是不是喜無量心呢？這不是喜無量心，這是錯誤的道路。心裡只想到：如果是我的國家百姓富裕，我就會很高興；如果是我的親朋好友富足幸福，我就會很高興，這種高興能不能算是喜無量心呢？不能算是喜無量心，這是錯誤的道路。

在修捨無量心時，對一切的眾生，我都不會生氣，也不會喜歡，如果把這種情況當作是捨無量心的話，就好像一個人睡著了，陷入愚癡之中，把這種愚癡當作對待一切眾生都完全平等，這是錯誤的道路，並不是捨無量心。

以上講的是修四種無量心時錯誤的道路，這四種錯誤的道路不會成為證得佛果的道路。不過若這樣來作觀修，對暫時上投生在色界、梵天界是有幫助的，可以投生在善趣、天界，雖然它是一個錯誤的道路。

總之，如果是修四無量心，在觀修時，應當遠離執著實體有自性存在，對於所緣取的貪戀執著都應該去除，應該在無所緣取的空性之下來作觀修，這才是真正的四無量心。

殊勝的特色

就四無量心的特色而言，能夠不墮入二邊，是成就佛果的道路。無論如何，四無量心所緣取的對境，不應該是這一部分的眾生或那一部分的眾生，四無量心所緣取的對境應該是一切眾生，同時在緣取一切眾生時，不應該把這一些所緣取的對境當作是有自性存

在，不是空性。緣取一切眾生時，這一切眾生雖然顯現出來，但是沒有自性存在，應該是空性，要在這種情況下觀修四無量心，個別個別的求取四無量心。

如果經由這樣反覆地觀修，且串習的力量非常強大的話，就形成引發菩提心產生的一個原因，會引發世俗諦菩提心和勝義諦菩提心兩種菩提心；內心產生這兩種菩提心之後，將來就會證得佛果。所以，四無量心的實修有許多殊勝的特色，其殊勝特色和功德可以說是無量無邊。

觀修的方式

如何觀修四無量心呢？四無量心的觀修方式有兩種情況：一種是有固定的順序，一種是沒有固定的順序。就固定的順序而言，佛陀在《般若經》裡曾談到，應當先修慈無量心，其次修悲無量心，其次是喜無量心，再其次是捨無量心。在《二品續》這部書中也提到相同的順序。不過印度大博士的說法是應當先修捨無量心，之後修慈無量心，之後修喜無量心，最後修悲無量心。可見觀修的方式有許多不同的主張。

無論如何，開始觀修四無量心時，應當從自己內心的情況來談，取自己內心容易緣取的對境、容易觀修的方式來進行，順著自己內心的情況，才是最好的。

首先，對一切眾生修慈無量心，希望一切眾生都能得到幸福快樂，緣取這些對境之後，希望他能得到快樂，這是慈無量心。不

過，如果經常緣取眾生，希望眾生都能幸福快樂美滿，這樣的觀修會逐漸地產生貪戀之心。

如果有這種情況，就要進一步觀修悲心，緣取一切眾生受到痛苦，內心產生不忍，過了一陣子之後，慢慢地會發現自己沒有能力利益眾生，所以內心會灰心、沮喪，當這種情況發生時，就要改變來修喜無量心。

修喜無量心，逐漸地觀修之後，內心會產生喜悅，希望一切眾生幸福美滿。這樣修一陣子之後，因為內心高興喜悅，換成強烈地渙散，當這種強烈地渙散情況產生之後，就要轉變成修捨無量心。

接下來就要修遠離愛憎親疏的這些等捨，對一切眾生都沒有親眷仇敵的差別，如此觀修，久而久之，對任何眾生都不會產生喜悅之心，也不會產生憎恨之心。

總而言之，四無量心應當要輪流修，首先修慈無量心，逐漸地，內心會產生貪心，當這種情況發生時，就要轉變來修悲無量心；如果修悲無量心時，內心灰心沮喪，沒有辦法利益眾生，就要改變來修喜無量心；修喜無量心時，內心會產生喜悅，漸漸地心思會渙散，就要改變來修捨無量心；修捨無量心時，如果對一切眾生絲毫不會產生悲心、喜悅、憎恨心，這時就要轉變來修慈無量心。所以，什麼時候該修什麼，應該順著內心的情況作調整，依當時自己內心的情況是什麼來作改變，如此來作實修。

果報利益

　　如果把四無量心再三地觀修，就異熟果報而言，暫時方面可以投生在天道，也可以投生在人道；究竟上也可以成就佛果，這是異熟果報。

　　就等流果報而言，有造作等流果報和受報等流果報兩種。造作等流果報是不管投生在什麼地方，因為上輩子實修四無量心的力量之故，下輩子還會實修四無量心，也就是四無量心比較容易在他的內心再三地產生。

　　就受報等流果報而言，很容易離開它的反面。四無量心的反面是什麼呢？慈心的反面是生起憤怒心，很容易離開憤怒之心；悲心的反面是傷害之心，很容易遠離傷害之心；喜悅之心的反面是嫉妒之心，很容易離開嫉妒之心；捨無量心的反面是貪心，很容易遠離貪心。這是受報等流果報的部分，亦即會離開它的反面。

　　以後世果報而言，修四無量心的話，將來所投生的環境、房子、朋友，都會讓自己內心喜悅，經常很快樂。因為修慈心的緣故，所投生的地方看起來都非常美麗；因為修喜無量心的緣故，將來所遇到的一切眾生都會經常隨順自己，不會跟自己唱反調，而是會和睦相處。

　　總而言之，如果好好地修四無量心，逐漸、逐漸地實修，且力量非常強大的話，到最後，自他二利都能夠究竟圓滿，具有這種功德力量，就會成就佛果。

　　就四無量心特殊的果報而言，首先是慈心，如果再三觀修慈無量心，內心的力量會不斷地堅固，內心的力量非常強烈之後，對待任何眾生就好像是自己的獨生子一樣，會產生關愛之心，不會生起憤怒，而且一切眾生也都會很喜歡這個修慈心的人。

　　但是觀修慈心時，不要執著所修的慈心是一個實體。就其本質形相而言，應當了解是顯而無自性，應當是空性，這樣來作觀修，在究竟上會得到大圓鏡智。一般來講，我們經常提到四種智或五種智，四身或五身，這裡所提到的是四身以及四種智，如果好好地修慈無量心，在四種本智裡會得到大圓鏡智，在四身裡會得到圓滿報身。

　　如果好好地修悲無量心，再三反覆地觀修，內心不斷地堅固，內心的力量不斷地加強，當悲心的本質徹底展現出來，這時對眾生所遇到的任何痛苦，內心都會立刻產生「對這個痛苦我也能夠取過來」的想法，而且不管在什麼情況下，對任何眾生都不會有傷害之心。

　　在觀修悲心時，也不應當是緣取眾生而產生貪戀之心。悲心所緣取的對境、形相，這一切應當都是顯現而沒有自性存在，在空性結合悲心一起來作實修的狀況下，最後會得到四種本智裡的妙觀察智，四身裡會得到法身。

　　觀修喜無量心時，內心觀修喜悅，久而久之，喜悅的本質如果在內心顯露、已經現前之後，無論對任何一個眾生，皆可徹底去除對他的嫉妒之心。而且當一切眾生得到財富、受用、幸福、美滿時，自己的內心一定會產生強烈的喜悅，非常快樂。不管什麼時候

都不會受到嫉妒心的痛苦，內心經常在寧靜之中，而且因為內心經常都在喜悅裡，所以不會有各種胡思亂想的妄念，因此，安止靜慮的功德也都會得到。

同樣的道理，在觀修喜無量心時，所緣取的對境、形相，這一切應當都是顯現沒有自性存在，在空性結合喜無量心的狀況之下來作實修，究竟上在四種智裡會得到成所作智，四身裡會得到化身。

就等捨而言，如果我們的內心修捨無量心，再三地觀修，最後，等捨在我們的內心徹底究竟，產生、顯露出來時，自他、仇敵親眷都是完全相同，這種完全平等相同的想法就會在內心產生。因為自他、親眷仇敵都完全平等、完全相同，傲慢之心就不會產生了，為什麼呢？因為傲慢心的產生一定是劃分成自他兩個部分、兩個區域，有了「比起他來，我更加厲害、優秀」的想法，才會產生傲慢心。如果我跟他完全一模一樣，又怎麼會產生傲慢心呢？所以傲慢心自然去除掉了。

本來萬法都是空性，加上沒有煩惱之心的止息，所以，甚深和寂滅的深寂正見也會在內心產生。因此，修等捨時，像昏睡一樣的愚癡是不存在的，應當把仇敵親眷看作毫無差別，把自他看作毫無差別。並不是說沒有悲心的對境存在，沒有讓我產生喜悅的對境存在，而是對待親眷仇敵、對待自他都一模一樣。如果這樣來修等捨，最後四種智慧裡會得到法界體性智，四身裡會得到自性身。

前面談到的這些，好好實修慈無量心、悲無量心、喜無量心、捨無量心，它的功德，在因的方面，無量無邊；在果的方面，也是沒有邊際。就因無邊而言，如果好好觀修四無量心，可以證得

佛果，而證得佛果的因是許許多多、沒有窮盡的，所以因是無窮無盡；就修四無量心而言，可以得到無邊佛果，佛陀的功德是無量無邊的，所以果也是沒有邊際的。

　　所以，就慈悲喜捨這四無量心正確地來作實修，這是一個不虛假、不會欺騙的道路。不會欺騙的道路意思就是：口頭上說這道路能得到佛果，這樣解釋說明了，然後真正地去作實修，修了很長的時間後，得到的果位不是佛果，而是其它的果位，那麼這種道路就是假的道路、詐騙的道路。

　　現在不是這種情形，解釋說明時是說：如果努力實修四無量心可以得到佛果，順著這個解釋說明正確的去實修，將來也確實會得到佛果，所以這是不會欺騙的道路。如果不具足四無量心，那就是屬於低劣的道路，不能算是大乘的宗派義理。如果實修遠離四無量心，不具足四無量心的道路，只會投生在三界輪迴，而不會離開三界輪迴。

　　因此在修四無量心時，要了知萬法都是空性的這種勝慧，再加上悲心來作實修，這就是純正的道路。無論如何都不應該違背這個道路，違背這個道路就是顛倒的道路，不違背的話就是正確的道路。如果是正確的道路，就肯定會得到佛果，因此，這個道路是菩薩所走的純正的道路，應當要去除貪戀、執著等污垢後，好好地修四無量心，好好地來作實修。

　　這是吉美林巴重要的一個開示。

　　我們在一天之中，內心胡思亂想，產生的妄念其實非常多。當然，四無量心也是屬於我們內心的妄想，特別的念頭。如果一天之

中那麼多的妄想裡，有 5 分鐘、10 分鐘能夠好好地想一想四無量心的內容，並至少用 1 分鐘來修四無量心的話，功德利益就非常廣大。若是每天能花 5 分鐘、10 分鐘作慈悲喜捨四無量心的實修，功德利益就更加廣大了。

　　如果從早到晚整天都修四無量心，一般人可能沒這樣的空閒，因為大家都非常忙碌；但若是心裡想，我的事業非常忙碌，完全沒有時間，只把四無量心聽過一遍，根本不作實修，這樣聽聞教法就沒有用處了。所以大家的內心不要忘記四無量心，每天花一點時間，好好地思維每一個項目，好好地觀修，這樣就實在非常好了。

8

發殊勝菩提心

在菩提心方面要說明的是：第一項，菩提心的定義；第二項，經常提到菩提心，其本質是什麼，要辨明清楚；第三項，菩提心分成哪些類型；第四項，就我們現在而言，內心是沒有菩提心的，如果要使菩提心產生，可以用什麼方法？

什麼是菩提心？

如果要得到佛的果位，當然原因非常多，其中最為殊勝的原因是什麼呢？前面第七章曾經提到，依於四無量心作觀修，靠著這種觀修後所得到的就是願菩提心和行菩提心。就所得到的願菩提心和行菩提心而言，舉個例就像古代的大馬車，古代當然沒有飛機，也沒有汽車、巴士、火車，最好的交通工具就是馬車，如果想要到達目的地，靠著大馬車就能很快也很容易地到達；同樣的道理，靠著菩提心，很快就能到達佛陀的果位。

就菩提心而言，在小乘方面，對輪迴的痛苦感到強烈的害怕，因此很熱切地追求自己的止息涅槃。但就擁有菩提心的菩薩而言，認為自己一個人進入止息涅槃的想法是惡劣的想法、不好的見地，應該去除掉，而所想的都是要安置自他一切的眾生得到佛果。

就菩提心的功德利益而言，首先名稱和實際都會改變的利益，這是第一項；善行的果報，力量會非常強大的利益，是第二項；能夠接引一切眾生、利益一切眾生的利益，是第三項。

首先第一項，名稱和利益都會改變的這種利益。就我們輪迴的凡夫而言，輪迴的處所就像監獄，在這個輪迴的處所裡受到煩惱的

束縛，就好像被鐵鍊綁住手腳，不能夠脫離，我們大家就只是這樣的一個普通凡夫眾生。不過即使在這種階段裡，只要由各自的善知識那裡了解菩提心的功德利益，之後，內心產生了菩提心，那麼不管是誰，雖然是輪迴的普通凡夫，但是因為他的內心已經改變、產生菩提心之故，所以一切眾生就會稱他為菩薩，在名稱上會得到這個名，會被人家稱為大善人、好人、菩薩等。

不僅如此，眾生也都會很喜歡產生菩提心的這個人，為什麼呢？因為他的內心非常善良，眾生自然很喜歡他。此外，世間的天、人，也都會對他頂禮、供養，非常的重視、恭敬。所以，不僅名稱上改變了，實際的意義上也改變了，有這個利益。

第二項，菩提心的善行比起其它的善業而言，還要更加殊勝，力量還要更加強大。

我們是世間輪迴的一個凡夫，我們內心當然也有善良的種子，不過通常都籠罩在業力和煩惱之中。這種情況就像在深沉的黑暗中，如果此時天空突然出現閃電，帶來了光明，就能清楚地看見東西，不過閃電的光明在一剎那間就消失不見了。同樣的道理，眾生內心經常產生的都是業力和煩惱，僅僅只是如此，在深沉的業力煩惱中，善良的心偶爾才會出現一點，僅僅只是一剎那一剎那出現，僅僅只是如此，因此力量很薄弱。

再舉個例子，就好像芭蕉一樣，芭蕉的果實只有成熟一次，果實成熟後，樹就乾了，不會再有第二次結果了。在業力煩惱裡，善良的心偶爾出現，這種善良的心所成熟的果實，僅成熟一次，善根就消失不見了。

但是菩提心的善不是這種情況，菩提心的善就好像非常大的農田，在這塊大土地上，每一年都能豐收很多米麥等莊稼，菩提心的善行成熟一次果後，善根不會就此不見了，會繼續地成熟。在沒有得到佛果之前，善根不會窮盡，會不斷地增加，越來越多。

　　第三項，菩提心能夠引導一切眾生。就我們現在而言，一切眾生是什麼情況呢？就好像在一個器皿裡，裡面充滿無量無邊的業力、煩惱、痛苦，這就是三有輪迴。三有輪迴的情況就好像大海，大海廣大無邊，如果掉進大海，當然不會停留在一個地方，而會隨著海浪東飄西蕩，造成很大的困境。

　　同樣的道理，如果掉到輪迴裡，想要離開輪迴就沒那麼容易，而且掉入輪迴後，不管什麼時候都沒有任何安樂可言，因為業力就像是狂風巨浪一樣，不管什麼時候都會給我們製造很多痛苦，所以輪迴的情況就像是大海一樣。

　　不過，雖然輪迴的情況就像這樣，一般凡夫卻不了解、不知道，而且還對輪迴產生貪戀執著之心。譬如，某個人看著自己的房子，心裡想著：那裡舊了需要翻新，需要這個那個來裝璜……，對自己的房子產生貪戀之心。三有裡的凡夫眾生都像這樣，把輪迴當作自己的房子，產生了貪戀執著。對於這種把輪迴當作是自己的房子而產生貪戀之心的眾生，我們心裡想著要引導他，使他脫離輪迴的大海，把他帶到淨土，這種心力非常強大、非常開闊的想法，稱為菩提心。

菩提心的本質

總的說明，所謂的菩提心，並不是利益自己，而是心中純粹只有利益眾生的想法。舉例而言，如果一個人非常飢餓，吃東西便會狼吞虎嚥；如果一個人非常口渴，喝水時就不會慢慢喝，會好像牛飲一樣。所以在利益眾生時，內心有一個強烈的想法，非常純粹、非常渴求地想要利益眾生，想著要把一切眾生安置到佛果，這種非常強烈的想法，就是眾所周知的菩提心。

個別而言，願菩提心的本質和行菩提心的本質，如何了解？通常是指就佛果立下誓言以及就原因立下誓言而分。

首先針對佛果的階段來立下誓言，這是指要安置一切眾生得到佛果，這種想法是願菩提心。願菩提心的學處是什麼呢？觀修自他相等、觀修自他相換、觀修愛他甚己，這三種觀修就是三種學處。不過這個部分是簡略而言，如果是微細的、廣大部分，在前面第七章曾經提到過，慈無量心、悲無量心、喜無量心、捨無量心，這四個項目必須好好觀修，願菩提心的學處全部包括在裡面了。

其次針對原因來立下誓言，就是行菩提心。如果想要得到佛陀果位，原因是什麼呢？六波羅蜜。為了安置眾生、利益眾生要得到佛果，其原因是六波羅蜜，所以我們要正確地實修六波羅蜜。產生這個想法，立下誓言，就是行菩提心。

行菩提心的學處就是六波羅蜜，包括持戒波羅蜜、布施波羅蜜、安忍波羅蜜、精進波羅蜜、靜慮波羅蜜和勝慧波羅蜜，如果好

好實修六度，自己語言和身體的行為就會非常地純淨，無論如何都要依靠這種純淨的行為。

菩提心的分類

以階段分類

　　菩提心可以分成兩種：一種是凡夫的發菩提心，這是指世俗諦菩提心；一種是聖者的發菩提心，登地以上菩薩的發菩提心，屬於勝義諦菩提心。

　　如果根據三學來作分類，菩提心可以分成三種：增上戒學發菩提心、增上定學發菩提心、增上慧學發菩提心。

　　也可以分類為四種：把資糧道及加行道合併在一起，稱為勝解行發菩提心；初地到七地發菩提心，稱為增上意樂發菩提心；第八、第九、第十這三個清淨地是異熟發菩提心；如果是佛果，那就是斷障發菩提心。

　　如果是五種類型的分類方式，係根據五道來作區分：在資糧道是初學發菩提心，剛開始學習；加行道是完整學習發菩提心；見道位是見法，稱為見法發菩提心；學道位是大解脫發菩提心；無學道是不可思議發菩提心。

　　也可以分成六種類型，係根據六度來劃分：布施波羅蜜等持發菩提心、持戒波羅蜜等持發菩提心、安忍波羅蜜等持發菩提心、精進波羅蜜等持發菩提心、靜慮波羅蜜等持發菩提心、勝慧波羅蜜等

持發菩提心。

　　最複雜的分類是十地自在慈氏彌勒怙主在《現觀莊嚴論》所作的分類，根據二十二種比喻的方式把菩提心劃分爲二十二種。

　　第一種像大地一樣的發菩提心；第二種像黃金一樣的發菩提心；第三種像月亮一樣的發菩提心；第四種像熊熊烈火一樣的發菩提心；第五種像寶藏一樣的發菩提心；第六種像寶藏的泉源一樣的發菩提心；第七種像無邊的大海一樣的發菩提心；第八種像金剛一樣的發菩提心；第九種像高山一樣的發菩提心；第十種像珍貴的仙丹妙藥一樣的發菩提心；第十一種像具德的善知識一樣的發菩提心；第十二種像如意寶珠一樣的發菩提心；第十三種像太陽一樣的發菩提心；第十四種像好聽的歌曲一樣的發菩提心；第十五種像國王一樣的發菩提心；第十六種像收藏珍寶的藏寶庫一樣的發菩提心；第十七種像大象一樣的發菩提心；第十八種像一座好的渡河橋一樣的發菩提心；第十九種像泉水一樣的發菩提心；第二十種像琴一樣的發菩提心；第二十一種像大河一樣的發菩提心；第二十二種像雲朵一樣的發菩提心。

　　前面所講菩提心的分類，從簡單的區分爲兩種到複雜的二十二種，有各種各類的分類方式，但不管如何分類，爲了安置一切眾生因此要成就佛果，這種想法是願菩提心；安置一切眾生要成就佛果之故，所以要學習成佛的原因六波羅蜜，這種想法是行菩提心。不管菩提心如何分類，分成多少類，都可以包括在這兩種類型裡。

以利益分類

　　以利益來分類，可以分成願菩提心的功德利益和行菩提心的功德利益。

　　古代印度有許多國王經常對百姓作布施，國王心裡總是想著自己下輩子要繼續當國王，富可敵國，或者是希望下輩子投生在天界。由於有這種目標、想法，所以國家的倉庫經常都打開著，遇到有乞丐來乞討，不管多少人，都不會感到厭惡。而以國家倉庫的財富來布施，這些作為也受到百姓稱讚，認為是珍貴無比的布施。

　　但是國王這種布施頂多救濟二千、三千、四千人，有數量限制，並非無量。跟這個相比，在願菩提心的想法所要利益的對象不是二千、三千，而是要利益一切眾生。此外，國王救濟乞丐時，只給他們一天、兩天的衣服或食物，不可能長久利益他們，若要長久下去，國王也沒辦法做到。

　　可是願菩提心所要利益的對象是無量無邊的眾生，利益眾生的時間是長長久久，在眾生獲得佛果之前，不斷地利益眾生，獲得佛果之後，自己當然完全沒有任何的痛苦、恐懼、害怕。因此對於眾生的利益是長久持續，而不是短暫的。

　　就凡夫而言，因為菩提心在我們內心還不能持續得非常久，當然我們內心不是經常存在著願菩提心，但就算願菩提心只是短暫的在我們內心產生而已，以後也不會墮入三惡道，而會投生在天界。而且靠著願菩提心的利益，即使內心僅僅只是短時間產生願菩提心而已，其功德利益也廣大無邊。

佛陀曾對一位印度國王開示：

「因為你是一位大國王，平常的事情當然非常多，可以說日理萬機，在這種情況下，如果你要實踐六波羅蜜，大概非常困難。因此，無論什麼時候，當你在皇宮裡，走路時、坐著時、睡覺時、吃飯時、穿衣時，在日常的行立坐臥食衣各種時候，千萬不要忘記願菩提心，對願菩提心一定要產生信心，而且內心一定要經常想著願菩提心，想著要安置一切眾生，因此我要得到佛果。要經常這樣思維。如此，就算沒有時間實踐六波羅蜜，只要對願菩提心再三思維，不斷地去想，而且能持續下去，就可以得到廣大無邊的利益。」

就行菩提心的功德利益而言，其功德利益是沒有邊際的，心裡有想要實踐六波羅蜜的想法，之後求取了菩提心戒律的儀軌，對於這種經由菩提心戒律的儀軌，得到菩薩的戒律之後，在菩提心沒有捨棄之前，因為安置眾生得到佛果的這種誓言非常堅固、穩定之故，所以得到菩提心的戒律後，雖然有時候內心是在放逸昏沉或睡眠的狀態，但即使是在這種情況，善根的力量仍然持續，而且還會增長增廣。這個部分是寂天菩薩在《入菩薩行論》中特別提到的，如果產生了行菩提心，得到菩提心的戒律，之後即使在睡覺時，善根都還在不斷地增廣。

以心力的堅強程度分類

擁有菩提心的菩薩，他內心的堅強力量仍然有強弱的差別。一般而言，菩薩內心心力的強弱大致可分成三種類型：國王喻發心，

舟子喻發心，牧童喻發心。

如果說內心堅強的力量非常強烈，即使在多生多劫才能累積的資糧，因爲他的心力非常堅強、強烈之故，在很短暫的時間裡也可以完整聚集，甚至一個小時就能夠聚集起來，這種情況也是有的。

釋迦牟尼佛《本生傳記》有個故事，往昔，釋迦牟尼佛學道位時，有個大壞蛋叫米那董通堅，是一個土匪，他和五百個商人一起到海上去採珍珠，商人得到了許多珠寶，這個大壞蛋心想：「如果我把五百個商人全部殺死，就可以得到五百個商人的珠寶，多麼好啊！」因此就計劃把五百個商人殺了，自己一人獨得所有珠寶。

這時，名叫大悲心的船長（就是釋迦牟尼佛的前世大菩薩）知道了這個大壞蛋的計謀，他再三思維：「如果這個大壞蛋一個人把五百個商人全部殺了，搶到所有的金銀珠寶，不僅這五百個人死掉，五百個家庭也會妻離子散，家人、小孩都會非常辛苦。其次，這五百個商人歷盡千辛萬苦，在海上航行了好幾個月，好不容易得到了這些珠寶，現在一切化爲烏有，多麼地可憐。而米那董通堅這個大壞蛋殺死五百個商人，搶奪所有的珠寶，就算他一輩子花用這些珠寶，頂多過了幾十年，到了一百歲他一定會死亡，死亡後，因爲他殺了五百人，這是非常嚴重的罪業，所以他肯定會墮入地獄千萬年，受地獄不可思議的痛苦。」

因此，大悲心船長對五百個商人產生了強烈的大悲心，對米那董通堅也產生了強烈的大悲心，心想：「如果我把米那董通堅一個人殺了，我墮到地獄去也沒有關係。首先，我救了五百個人，五百個商人不會因此死亡，五百個家庭也不會遇到痛苦；其次，米那董

通堅被我殺死之後，他就不會殺了五百人，造作殺生的罪業；沒有罪業的話，他死後也不會墮入地獄，我自己一個人墮到地獄去，那也沒有什麼關係。」

由於大悲心船長產生了強烈的大悲心，因此就把米那董通堅這個壞蛋殺了，殺了之後，他要多生多劫才能夠累積的資糧，就在這一兩個小時中完全聚集了，圓滿地聚集了這些資糧。

就古代而言，我們都知道馬車跑得很快，比起馬車，大象的車還要跑得更加的快，比起大象的車子而言，太陽還要跑得更加的快，所以，快的速度有這三種類型的差別。

當然這是古代講的，後來科學家已經否定了，說太陽不動，是地球在動。但是無論如何，就像速度可以分成三種類型，菩薩內心的菩提心，依心力的堅強程度也可以分成三種。

國王喻發心：這種心力是自己先成就佛果，之後再慢慢地去幫助眾生，使眾生成就佛果。如果是這種想法、這種方式發菩提心，要經過三十二個無數劫的時間才會成就佛果。

舟子喻發心：這種想法就像划船的人一樣，船長和旅客同時到達對岸，自己跟眾生一起成就佛果。如果是這種想法、這種方式發菩提心，要經過七個無數劫的時間才會成就佛果。

牧童喻發心：內心的力量是最強大的，也是最快速成佛的。牧童喻發心是想著先安置一切眾生都成就佛果，最後我再來成就佛果。這種發心因為內心力量堅強巨大之故，只要經過三個無數劫的時間就會成就佛果。

前面講的是一般的狀況，但並不一定如此。如果說所發出的菩

提心，力量變得更堅強、更強烈的話，並不用經過三個無數劫。如果這個人產生了國王喻發心，本來應當要經過三十二個無數劫才會成佛，不過在中間，若他大悲心的力量更加強烈，就不需要再經過三十二個無數劫；如果中等根器，舟子喻發菩提心，要經過七個無數劫的時間才會成就佛果，不過後來他悲心的力量又更加的強烈，那也不必經過七個無數劫，很快地就能成就佛果。

產生菩提心的方式

分成三項來說明：發菩提心的原因、求取戒律的人和求取戒律的儀軌。

發菩提心的原因

一般而言，所謂的發菩提心，通常許多人會這樣提到，當眼睛看到受苦受難的生命時，內心產生一個想法，覺得他多麼可憐，因而產生悲心、菩提心。或是耳朵聽到了許多眾生受到很多痛苦的事蹟，內心產生了善良之心，覺得他非常可憐，產生菩提心。

不過，這些情況都不是最重要的，最重要的應當是什麼呢？不要說是眼睛看到了，耳朵聽到了，即使眼睛沒有看到，耳朵沒有聽到，只是在平常的狀況中，菩提心也應當再三再三地產生，這種情況才是最重要的。如果依靠於某些對境，偶爾遇到某些對境才產生菩提心，那就不是非常重要的了。

　　譬如心裡想，我要得到豐碩的果實，因此把種子種到泥土裡，希望這樣能得到豐碩的果實。就這個目標而言，把種子種到泥土裡並不算是最重要，為什麼呢？把種子種到泥土裡之後，還要注意有沒有照到陽光，還要經常澆水，水不能太多也不能太少，還要施一些肥料。總之，一個妥善的照顧是最重要的，靠著妥善照顧的緣故，這顆種子才會發芽結果。如果心裡想著要得到豐碩的果實，把種子種到泥土裡就不管了，漸漸地，泥土乾掉，種子也乾掉，那會不會有豐碩的果實呢？根本不會有。

　　因此，遇到某些外緣時，產生了悲心，當然是好的，但這個力量不是很強大，這並不是非常重要，最重要的是不需要遇到任何外緣，不管在什麼狀況下，不管在什麼時候，內心總是經常產生悲心，不假造作、自然地產生，這才算是最重要的部分。

　　就此而言，如果內心要產生菩提心，該怎麼做呢？

　　依靠三種力量來產生：第一種，思維一切眾生而產生悲心；其次，不僅應該對一切眾生產生悲心，而且自己要經常供養三寶，布施乞丐、貧窮，經常作頂禮，經常念誦咒語，經常如此透過七支分的方式廣大積聚資糧；積聚了前面兩項還不夠，皈依的戒律非常必要，這是第三項。

　　這三項裡，悲心是心意的力量；透過七支分來積聚資糧，是加行的力量；得到皈依的戒律，要以皈依戒作為基礎，皈依的戒律是原因的力量。如果三種齊備，內心就會產生菩提心。

求取戒律者

　　求取戒律的人若隨隨便便地去請求菩提心，菩提心是不能夠在內心產生的。首先，求取戒律的人要積聚資糧、淨除罪障，使自己的內心變成能夠產生菩提心的適當器皿，如此去求取菩提心的戒律、菩薩戒，戒律才能夠在內心產生。

　　例如，想要把非常營養的食物放進一個碗裡，如果碗本身不好，裡面有一些垃圾，不管放進多麼營養的食物，因為器皿本身不清潔，放進去的食物就不能吃；如果我們把器皿洗得很乾淨，再放進營養的食物，這樣食物就可以吃了，對身體也會非常好。同理，我們現在內心的煩惱非常多，要把內心這些煩惱稍微清洗乾淨，之後再去請求菩提心，這樣菩薩的戒律就可以在內心產生。

　　如果要產生菩提心，得到菩提心的戒律，依靠的基礎是這個身體，這個人身，應當要齊備什麼條件？有兩種情況。

　　首先，在印度有一個廣大行持的傳承，就是聖無著的傳承。聖無著的傳承認為，要產生菩提心戒的話，所依靠的身體需具備的條件是：具備分別解脫戒裡的任何一項。如果沒有具備分別解脫戒裡的任何一項，就不會產生菩提心戒。

　　譬如我們現在作八關齋戒閉關，這八關齋戒的戒律是一天一夜而已，由這個戒律是不能夠得到菩薩戒律的，所以它不是菩薩戒律所能夠從由產生的基礎；必須是具備七種分別解脫戒裡的任何一項才可以。

　　七種分別解脫戒是：在家居士分成男和女，稱為優婆塞和優婆

夷的戒律，這是兩種；沙彌也分成男和女，所以是沙彌和沙彌尼戒兩種；再加上出家比丘也分成兩種，比丘和比丘尼，男跟女兩種，加起來一共有六種，再加上善學女的戒律，因此是七種。

得到這七種分別解脫戒裡的任何一種以後，才可以再去求取菩薩戒。如果沒有七種分別解脫戒裡的任何一種，就不會產生菩薩戒。

不過雖然是這樣的情況，但佛陀在一部佛經裡曾提到，最重要的是自己的內心。如果自己的內心絕對不傷害眾生，有這種堅決想法的話，就算根本不具足七種分別解脫戒的任何一種，他的內心還是可以產生菩薩戒的。

針對這種想法而留下來的傳軌是誰呢？叫作甚深見地中觀派系的傳承，就是具祥怙主龍樹的傳承。

所以就分成兩種了：廣大行持唯識派系聖者無著的傳承；甚深見地中觀派系具祥怙主龍樹的傳承。這兩種傳承裡，龍樹的傳承當然寬廣多了，就算不具足七種分別解脫戒的任何一種，還是能夠產生菩薩戒，只要他的內心產生絕對不傷害眾生的想法，就可以產生菩薩戒。所以，這個傳承是比較寬廣的。

無論如何，不管是聖無著的傳承也好，龍樹菩薩的傳承也好，求戒律者本身積聚廣大的資糧，非常重要。如果沒有積聚廣大的資糧，就不會產生菩薩戒。

歷史上，大佛尊阿底峽到西藏後，西藏有許多僧侶一起請求大佛尊阿底峽傳授菩薩戒。大佛尊阿底峽只是坐著開示說：「如果以這種準備的情況來看，根本不會得到菩薩戒。」因此沒有傳授。

但是僧眾再三請求，第二次又作了準備，大佛尊阿底峽來了，

看了之後說：「這些準備還是不夠，以這樣簡單的準備，是不會產生菩薩戒的。」

最後，這些僧眾又再三請求，用盡了所有的力量，準備了廣大的財物供養三寶和上師，大佛尊阿底峽看了才說可以，因此傳授了菩薩戒。

一般來講，把自己的錢財物品分成三等分，一等分供養三寶，一等分供養上師，一等分當作養活自身所必需，這樣來求取戒律，才能產生菩薩戒，否則是不會產生菩薩戒律的。所以，積聚資糧非常重要。

求取戒律的儀軌

在求取菩薩戒儀軌方面，內容分為加行、正行和結行。

加行

包括調整內心和積聚資糧。

調整內心

在調整內心方面，一般來講，要產生菩提心，其原因是一切眾生都具足的。為什麼一切眾生都具足呢？產生菩提心的原因是基如來藏，一切眾生都具有基如來藏，這是佛陀曾經說過的，所以就產生菩提心的原因而言，一切眾生都具足。

不過，原因不算是最重要的，因為比起原因而言，助緣更加重

要。助緣是什麼呢？善知識。無論如何一定要依止善知識，善知識就好像如意寶珠一樣，傳說有了如意寶珠，自己需要什麼，只要對如意寶珠誠懇祈請，如意寶珠就能賜給我們任何想要得到的東西。

就所依止的善知識而言，這位上師的內心恆常具足菩提心，自己到這位上師善知識跟前請求教法，上師首先教導弟子對於三界的輪迴要產生憂戚之心，渴求脫離三界的輪迴。

接著要教導菩提心的內容、菩提心的功德利益，學習這些教法之後，把內心只利益自己的這種小乘的想法去除掉。

第三個階段再教導不安住於二邊，智慧不住於三有輪迴這一邊，悲心不住於寂靜涅槃這一邊，因此，對空性慧和悲心雙運結合在一起的菩提心，自己非常的高興喜歡。因為喜歡這種菩提心之故，求取菩提心戒和菩薩戒律的想法自然就產生了。

積聚資糧

積聚資糧的部分包括前行的準備、迎請積聚資糧的福田及正式的積聚資糧三個階段，以下就每個階段詳加說明。

● 前行的準備

前行的準備是指當我們在求取菩薩戒時，不僅要把進行傳授戒律的地方打掃乾淨，還要鋪上花朵，做各種裝飾，把地方弄得非常漂亮，四處灑上香水，求取戒律者也要潔淨沐浴，這樣把房子和自己都整理得乾乾淨淨，裝飾得漂漂亮亮，目的是為了供養上師、三寶。要有這種想法。

除此之外，不是說我穿得很漂亮，把房子佈置得富麗堂皇，是要讓別人來稱讚我，或產生自己非常漂亮、房子非常華麗這種想法。這些都是為了供養上師三寶。在供養物品方面，譬如說八吉祥、七珍寶，還有任何其它令人喜悅快樂的供養品，盡自己所能地獻供養，心裡要想：「今天自己能夠自動自發、自由自主地求取菩薩戒，有能力供養三寶、上師而得到菩薩戒，多麼好啊！」

要產生這種非常強烈的信心和渴求之心來進行供養。

這是第一個段落前行的準備，主要是求取戒律時，在房子處所、供養物品等方面的準備。

‧迎請積聚資糧的福田

接著是迎請的階段。迎請時通常是在佛堂裡，應該陳設代表佛之身、語、意的佛像、佛經和佛塔等，因為佛的身體所依靠之處是佛像、畫像，語言所依靠之處是佛經典籍，心意所依靠之處是佛塔，所以家裡的佛堂應當要陳設經、像、塔。

之後念誦菩薩戒儀軌，求取菩薩戒時的發心儀軌。念誦發心儀軌時要觀想迎請無量無邊諸佛降臨於前方虛空，降臨之後融入身、語、意，佛像、佛經、佛塔之中。

一般來講，父母對子女或兄弟姐妹，彼此之間因為有關愛心之故，就有一個想法，想要很快見到對方，見到對方時內心會非常快樂。同理，諸佛菩薩都非常關愛一切眾生，所以當我們進行迎請時，因為諸佛菩薩對我們有愛心之故，所以也會很迅速地立刻降臨。

　　所以，諸佛菩薩不會只安居在淨土，而不降臨到這個地方來。我們進行迎請之後，諸佛菩薩依於關愛之心，立刻就會降臨。而且不僅僅是降臨，降臨後，成為一切眾生的救度者、保護者、依靠者。此時不能對仇敵邪祟者產生傷害之心，因為我們的仇敵邪祟，無始輪迴以來都曾當過我們的母親，這時應當要有利益眾生、利益仇敵邪祟的想法，對他們不能有傷害之心。

　　總之，諸佛菩薩降臨，對於一切萬法的實相完全了解，一切的有法是什麼情況，所有的一切有法，諸佛菩薩都完全能看到，因此諸佛菩薩完全清楚地知道怎樣利益我們，用什麼方式對我們、對一切眾生才有幫助，諸佛菩薩完全了解。

　　既然諸佛菩薩都有這種了解，依於這種了解作為基礎，現在自己在獻供養的處所佛堂，地方與所獻的供養品都已準備好，進行祈請之後，這些諸佛菩薩、壇城聖眾必定會降臨，降臨後一定安居在這個地方。行者心裡要這樣觀想。

　　第二項是獻沐浴。前面是迎請諸佛菩薩降臨前方虛空，已經迎請降臨之後，接下來要獻沐浴。獻沐浴並不是說諸佛菩薩身體有污垢，所以要沐浴。就諸佛菩薩而言，已經遠離煩惱的污垢了，所以身體不會有任何的污垢，不需要沐浴。不過，行者和眾生都有許多煩惱污垢，為了清淨去除內心這些煩惱污垢、罪業蓋障，所以進行獻沐浴，靠著對諸佛菩薩獻沐浴的這個緣起，使自己和其他眾生的煩惱污垢、罪業蓋障都能夠清淨去除，所以要作這個觀想。

　　進行沐浴時當然是在浴室裡進行，但這裡所說的浴室並不是凡夫工匠敲敲打打做出來的一間浴室。當諸佛菩薩從虛空降臨時，在

降臨的道路上，在虛空之中，要產生一間浴室，裡面充滿馥郁芬香，這浴室不是用鐵、石頭、水泥、塑膠做成，而是用金銀珠寶做成，要這樣觀想。

然後觀想整個地面由珠寶做成，柱子由珠寶做成，上面有用玉、珊瑚、珍珠做的廣大的傘，覆蓋在上方。獻沐浴的對象是誰呢？諸佛菩薩。沐浴的水是香水，就是紅花水，盛裝紅花水的器皿是珠寶所做成的寶瓶，裝著清淨的紅花水向諸佛菩薩獻上沐浴。獻供者是誰呢？供養天女。觀想由八位供養天女獻供養沐浴，供養天女個個容貌美麗，有些唱著好聽的歌，有些彈著美妙的琴音，有些跳舞，在這種情況下，八位供養天女拿著盛滿紅花香水的寶瓶，對諸佛菩薩進行獻沐浴。

獻完沐浴之後，接下來要獻上乾淨的布擦拭身體，之後獻上佩戴的裝飾物，之後擦香水，之後獻上食物，這個順序完全是隨順世間的情況來進行，以下分項詳加說明。

對諸佛菩薩獻完沐浴後，接著觀想許多供養天女獻上了純淨的布，以這個布來擦拭身體。身體擦拭完畢後，獻上衣服，所獻的衣服不只一種顏色、一種樣子，而是很多種顏色，就像出現在天空的彩虹一樣。

就所獻上衣服的顏色而言，在印度時，國王允許出家眾穿的衣服是紅、黃、藍色；教法流傳到西藏後，也穿紅色和黃色，但因為漢人軍隊穿的衣服是青藍色，如果僧眾也穿藍色，看起來就像軍隊一樣，所以就不穿藍色了；傳到中國後，原則上當然是穿黃色，但大多數的情況都穿棕色的衣服；傳到了日本，穿的卻是黑色的衣

服。因此在獻衣服時，要依順著每個地方不同的習慣，所以沒有固定的顏色。

　　所獻上的衣服，不是一般世俗裁縫師用手縫、腳踩織布機織出來的布所做成的衣服，而是如意寶樹所自然形成的衣服，這衣服完全沒有重量，輕飄飄地，自然地散發出香味，價值不可比擬，要觀想獻上了這麼好的衣服。

　　之後獻上裝飾品，就像我們佩戴裝飾品一樣。就裝飾品而言，報身佛會有五項裝飾物，雙腳和雙手有裝飾物，這是一項；耳朵有裝飾物耳環，這是第二項；脖子有裝飾物項鍊，這是第三項；加上飄帶和帽帶，一共有五項。

　　對諸佛菩薩獻上裝飾品，塗上香水，前面還有獻沐浴、擦拭、獻衣服，這是不是因為諸佛菩薩對我們所獻的裝飾之物、香水、沐浴或擦拭有貪戀之心，喜歡這些東西呢？是不是諸佛菩薩有污垢？完全不是。這是因為弟子、所調伏眾沒有福報，內心有許多罪障污垢，因此請求諸佛菩薩大悲了解，無論如何都要接受這些供養，以這些供養使弟子積累福報。

　　獻上這些裝飾物給諸佛菩薩，一般提到的菩薩是大悲觀世音菩薩、大力金剛手菩薩等八大菩薩，有些佛經提到十六菩薩，包括：除惡趣菩薩、慈氏彌勒、見得利菩薩（看到就會有廣大的利益）、滅痛苦菩薩、妙香菩薩、勇健菩薩、虛空藏菩薩、智慧眼菩薩、阿彌陀佛、日光菩薩、賢摧滅菩薩、瓔珞飾菩薩、金剛藏菩薩，還有無盡意菩薩、大力菩薩、普賢菩薩，這是十六菩薩。這些菩薩是出家的形相，還有一些菩薩是居士的形相，譬如法身菩薩、常啼菩薩

是在家居士；維摩詰也是居士的形相，就要獻上在家人的衣服，所以要觀想這些情況後才獻上衣服。

之後獻上塗香，擦在身體的香水，香氣馥郁芬芳，能夠傳遍三千大千世界，覆蓋無邊的世界，如此殊勝的香水是由檀香木自然產生，以及由許多的馨香混合而成，所獻的對象是諸佛菩薩的身體，這身體是累積不可思議、無量無邊的福報所形成的，要向諸佛菩薩的身體獻上塗在身上的香水，如此觀想。

第四項是請安坐，也就是請好好地坐下來的意思。諸佛菩薩所坐的地方是什麼樣子呢？不是像高山深谷一樣高低不平，而是完全平坦。諸佛菩薩坐在蓮花座上，上面有太陽和月亮，蓮花座代表慈心，上面的日輪和月輪代表悲心，慈心和悲心結合在一起，寶座上的太陽和月亮放出無量無邊的光芒，諸佛菩薩安住於上。自己內心非常快樂喜悅，請求諸佛菩薩快樂喜悅地安住在這個地方。

• 正式的積聚資糧

就積聚資糧方面而言，用什麼方式呢？用七支分。不過在七支分積聚資糧之前，身體必須恭敬，內心也必須恭敬；內心的恭敬要有信心，身體的恭敬要有恭敬的態度，之後才來做七支分。

首先要重視身體的外表態度，這非常有必要。就身體的恭敬態度而言，例如，我們一般在作頂禮時，如果內心沒有任何想法、沒有任何信心，光身體作頂禮，好像一個隨隨便便的動作，這樣的頂禮沒有利益可言。雖然雙手合掌想要作頂禮，腳卻四處走來走去，這也是沒有意義的。必須端端正正的坐著，雙手合掌，起立，內心

不渙散而思維，身體態度非常恭敬，雙手合掌頂禮好像蓮花綻放一樣，如此來作頂禮，這是身體的恭敬。

內心的恭敬是什麼情況呢？要知道諸佛菩薩有智慧，能夠了解一切眾生現在是在痛苦還是在快樂中，因此對諸佛菩薩產生信心。而且，諸佛菩薩的內心既然知道眾生苦樂的情況，也就經常在利益眾生。還有，諸佛菩薩的功德超出我們內心思議的範圍，即使我們想要去了解、去描述說明，也完全超出我們的能力，完全不可思議。因此，好好想一想，對這些不可思議的功德，內心自然會產生強烈的信心。在強烈的信心之下，流下淚水、汗毛直豎。

一般來講，汗毛直豎有許多種情況，譬如一個人害怕時會汗毛直豎，頭髮也全都豎立，這種不是信心。流下淚水的情況，有些人內心非常痛苦時，會悲從中來，流下淚水，這也不是信心。有些人喜極而泣，在非常快樂的情況下流下淚水，例如看電視轉播，可以看到奧運選手比賽得到獎牌時，快樂無比，不禁流下淚水。這種當然不是因為內心痛苦而流下淚水，是因為在世界性比賽中得到獎牌，變得舉世聞名，內心十分快樂，喜極而泣，流下了淚水，這也不是信心的淚水。

信心的淚水是什麼呢？不是因內心非常痛苦而流下淚水，也不是因內心非常快樂而流下淚水，是指內心思維諸佛菩薩三寶的功德，想一想這些功德不可思議，想一想諸佛菩薩利益眾生的大悲心，自然而然地就流下淚水，自然而然地就毛髮豎立。

像前面所講述的，身體的態度要恭敬、內心也要恭敬，產生信心之後再進行七支分。

七支分的第一項是頂禮，第二項是獻供養，第三項是懺罪，第四項是隨喜善業，第五項是請轉法輪，第六項是祈請不入涅槃，第七項是善根迴向，利益廣大的眾生。

　　第一項頂禮。頂禮的內容，在印度時代就已流傳開了，有顯教傳統的頂禮方式及密咒乘門傳統的頂禮方式兩種。顯教頂禮的方式，就是平常所看到的，大家都了解；密咒乘門的頂禮方式，就是所謂的大禮拜。

　　在西藏也有這兩種方式，不過在西藏進行大禮拜頂禮時，舊派（寧瑪派）和新派的方式有一點不同。寧瑪派的頂禮方式是，雙手合掌，要把披肩的尾端抓在手裡一起作頂禮，這是寧瑪派的方式。如果是新派，像格魯派、噶舉派等，不必抓住尾端，把披肩披在肩膀上，之後頂禮，頂禮後站起來時，還要把披肩再披在肩膀上，之後頂禮，這樣頂禮三次，每一次都要把披肩披在肩膀上作頂禮。

　　就漢人而言，也有自己的方式，漢人頂禮時，雙手合掌頂禮，可是手掌放在地上時，還要翻轉過來，朝上面張開，觀想花朵開放，進行供養。

　　總之，頂禮時雙手合掌，中間空心像花苞一樣，之後放在頭頂、放在喉嚨、放在心坎，同時觀想自己身、口、心三門的罪障已經清淨去除，得到佛陀身、語、意三門的功德。五體投地頂禮時，自己的額頭、兩個手掌、兩個膝蓋都要碰到地面，這時要觀想自己內心的五毒煩惱已經清淨去除，得到佛陀五種佛智。

　　頂禮的意義若要詳細說明，還有很多，這裡只作簡略的介紹。

　　再用個比喻來講，當天空明月出現時，地上所有的河川、池塘

都有月亮出現，這就是「千江有水千江月」。自己在作頂禮時也是如此，雖然只有自己一個身體作頂禮，但要觀想身體化成無量無邊，就像河流裡的月亮一樣，無量無邊的身體全部一起來作頂禮。在作頂禮時一定要這樣觀想。

七支分的第二項是供養，供養是布施的學習。在六波羅蜜裡有布施，布施包括上供和下施，也就是供養與布施。在供養與布施時，有些細節必須注意，就是沒有過失。如何是沒有過失呢？不管進行供養或布施，不應當有期望回報或是期望異熟果報的想法。

舉例而言，我現在幫助一個人，給他一些錢財，希望他這輩子能夠感恩圖報，回報我更多；如果有這種想法，就不能算是純正的布施。或者心裡想，我在他窮困潦倒時幫助他，下輩子我就會變成一個大富翁；有這種想法的話，也不能算是純正的布施。或者供養三寶，當我供養三寶一些錢財時，心裡想著：供養三寶是殊勝的對境，一定有廣大的功德利益，等到這廣大的利益成熟了，這輩子我就能夠發大財；有這種想法的話，也不是純淨的供養。或者說現在供養三寶一些錢財，心想：供養三寶一些錢財，是殊勝的對境，依於殊勝對境的善業，下輩子我一定會成為一個大富翁；以這種想法進行供養的話，也不是純正的供養。

那麼，純正的布施、純正的供養，應當是什麼樣子呢？在布施、供養時，心裡都能純正的想到：自己和一切眾生都能夠成就佛果，有這種想法就是純正的布施、純正的供養。

這些是屬於實際物質的供養，除了實際物質的供養之外，比實際物質供養還要更加殊勝的供養是心意變現出來的供養，其利益還

要更加廣大無邊。譬如普賢菩薩用內心所變化出來的供品廣大無邊地供養，這個事蹟大家都知道，所以自己也應當如此，用內心變化出無量無邊的供品來進行供養。

在內心變現作觀想、內心化現來進行供養時，心裡不要懷疑，一邊持修，一邊想著：我能不能這樣觀想？這些供品是可以供養還是不能供養？不要去想這些問題，要專心地思維變化出七珍寶、八吉祥來作供養，或者是思維化現出無量無邊的國土世界來進行供養。這是屬於內心變化所形成的供養，這種供養的利益廣大無邊。

其次是第三個支分：懺罪支分。應該要了解，譬如有些人憤怒時會惡口亂罵或講了許多離間的語言，使雙方反目，像這種惡業習氣所累積的罪業非常多。

不僅如此，現在即使是在善道，但是將來會牽引我們墮入惡道的這些罪業、不善業仍然很多，有各種各類的不善業累積在阿賴耶識中，阿賴耶識裡的習氣非常微細，累積得非常多，這些罪業要用對治四力的方式才能消滅清淨。

舉例而言，罪業就好像層層的黑暗一樣，四力對治就好像光亮的太陽，太陽出來時，不管黑暗有多少，全都消失得無影無蹤。同樣的道理，我們內心的罪業不管大大小小有多少，如果正確地根據對治四力的方式來進行懺罪，一切的罪業全都可以淨化去除掉。

在進行懺罪之前，要先了解什麼叫「對治四力」？這是指對治的力量有四種，所以稱為對治四力。❶

---

❶舊譯對治四力為依止力、破惡力、對治行為力和防護力，此處依藏文原義直譯。

我們在進行懺罪時，要觀想前面虛空之中，安住了諸佛菩薩及上師，這是第一種力量，稱爲「所依力」，指的是所依靠的對象。

第二個力量是「破壞力」。到目前爲止，因爲被煩惱控制之故，自己已經累積了許許多多無量無邊的罪業，現在了解這些罪業確實非常不好，內心感到強烈的後悔，這就是第二種力量，稱爲「破壞力」。

第三個，在懺罪時還需要什麼呢？譬如說殺生的罪業，爲了要懺除殺生的罪業，可以進行放生；或者自己傷害了某個人，傷害了眾生，爲了把傷害的罪業去除，就要利益眾生；或者自己違背律儀、誓言，就念〈百字明咒〉、作頂禮或作各種善的實修。各種各類的方式非常多，這就是第三種力量，稱爲「遍行對治力」。

前面已經提到的這些罪業，靠著所依力、破壞力和遍行對治力，觀想諸佛菩薩、根本上師在前面虛空，心中產生了後悔，也作了各種實修，接下來要怎麼辦呢？這個罪業透過前面的方式清淨去除掉之後，就要了解，未來就算死亡，也不再造作累積這種罪業。內心要非常堅定地立下這樣的誓言，未來不再造作罪業，這種想法是第四種力量，稱爲「防護力」。

懺罪時，一定要以四種力量齊備的方式來進行懺罪。

七支分的第四個是隨喜，就隨喜支分而言，特色在於自己的身、口、心三門不需要辛苦勞累，只是在內心裡，靠著內心一個特別的想法去隨喜他人，而他人所行的善業功德，自己也得到了。

以神偷來比喻，一般人要辛苦工作賺取錢財，不過神偷順手牽羊，根本不用辛苦勞累，輕易就得到錢財了。同樣的道理，對方辛

辛苦苦的行各種善業，對於對方辛苦所作的善業，我只要進行隨喜，也就得到了這些善根，自己完全不需要辛苦勞累。所以，諸佛有龐大不可思議的善行，菩薩也有許多不可思議的善行，凡夫也有許許多多的善行，我對這些善行都沒有產生嫉妒心，認爲這一切的善行都非常好，都是在利益眾生，希望他們這些善行繼續不斷地進行，我內心感到非常高興，快樂無比，這就是隨喜。如果這樣隨喜，對方辛苦累積的善根，自己也可以得到。

　　第五個支分是請求轉動法輪。一般而言，眾生在三界輪迴中已經很久了，想要脫離三界輪迴非常困難，而且眾生的身、口、心三門累積的不善業非常多，也不知道用對治四力的方式進行懺罪，把它消滅掉。因此，眾生內心所累積的罪業蓋障已經非常堅硬，不是那麼容易可以除掉。譬如堅硬的水泥地，即使下了很多雨，地面也沒辦法變得柔軟。如同這種情況，如果要去調伏眾生的內心，並沒有那麼容易就使他的內心得到利益。所以，請求諸佛菩薩以悲心之故，了解眾生這種情形，仍然去利益眾生。

　　在釋迦牟尼佛時代，三轉法輪利益眾生；同樣的道理，請求諸佛菩薩像這種情況一樣，順著眾生各自的根器、渴求之心、喜好的程度，好好地轉動法輪。

　　第六個支分是祈請不入涅槃。一般而言，諸佛菩薩會進入涅槃，例如我們的無上導師佛陀薄伽梵釋迦牟尼佛，安住世間80歲，之後就進入涅槃，原因何在呢？因爲就釋伽牟尼佛而言，到他方世界去，比繼續留在我們地球所在的南贍部洲，可以利益更多廣大無邊的眾生。這種能夠利益更多廣大無邊眾生的時機已經到了，

所以佛陀離開南贍部洲的眾生，到他方世界去利益更多的眾生。因為有這個利益存在，因此進入涅槃之中，這是第一個原因。

第二個原因是，如果佛陀不管什麼時候都不會進入涅槃，永久住世，眾生就會覺得佛陀不是稀有難得、難以遇到。因為什麼時候都能夠看到，什麼時候學習佛法都可以，就會懶惰不學佛。因為認為佛陀是恆常存在的，不覺得佛陀稀有，難值難遇，所以就算這輩子不學習佛法，下輩子還是可以學，幾輩子之後還是可以看到佛陀，還是可以學佛。眾生內心會出現這種想法，因此懶惰、不努力學習佛法。為了避免這種情況，所以佛世尊進入涅槃。

第三個理由是，如果佛陀長久住世，就不會有遺體，不會有舍利留下來，不能用舍利廣大的利益眾生。如果佛世尊進入涅槃，留下遺體和舍利，就有許多眾生會對舍利頂禮供養，產生強烈的信心，經常思維佛陀的恩惠。

思維了前面這些情況之後，諸佛菩薩就會進入涅槃。

那麼我們如何祈請諸佛菩薩不入涅槃呢？要請求諸佛菩薩不要捨棄我們，若諸佛菩薩捨棄我們的話，眾生會面臨更多的痛苦，因為沒有教法的開示者和幫助者。若諸佛菩薩捨棄我們而去，眾生便要面對無量無邊的痛苦。這些情況諸佛菩薩已經全部了解，所以要請求諸佛菩薩不要進入涅槃，為了利益眾生，請求安住世間，為了請求安住世間，我們要盡能力獻上錢財、珍貴之物來供養。

第七個支分就是迴向支分。就我們而言，在我執的情況下雖然累積了許多善根，但這些善根絲毫不堅固，原因何在呢？在我執的情況下，辛辛苦苦行善業，累積了許多善根，但在非常強烈的憤怒

下，這些善根全部都會被消滅。就算沒有生氣，但是善根也會成熟，例如成熟投生在天界，善根就消失不見，因為果報已經成熟出現了，這樣在天界用完了善根的果報，又會墮入三惡道，會發生這種恐怖的事。所以，我們辛辛苦苦累積的善根，若能迴向給眾生，眾生得到佛果菩提，如此作迴向的話，在我們還沒得到佛果之前，這個善根永遠不會消失。

這是一個非常殊勝的方便善巧，這個方法除了內道佛教之外，外道並沒有這種迴向的方式。

接下來是一個特別的項目，即供養自己的身體。在得到少許的錢財物品以後，認為這樣就足夠了，因為死期不定，世事無常，自己什麼時候會死都不知道，所以覺得這樣就可以了。有以上這種想法的人，其實非常少。一般人內心始終不知足，得到再多的錢財物品也覺得不夠，越多越好，貪心非常強烈。當我們在貪心非常強烈的狀況下，供養一些錢財物品，對自己並不會產生什麼利益。前面提過，獻供養時，心意所變化出來的供養，利益更為廣大。不過，若是自己真實擁有的物品捨不得拿來作供養，只用心意觀想，變化出許多供品作供養，這種情況也沒有什麼意義，只是投機取巧而已，沒有什麼幫助。

那麼到底要怎麼做才好呢？我們每個人最重視的就是自己的身體，既然如此，就把這部分拿來供養三寶，利益就非常廣大了。

將身體供養三寶的意思是什麼呢？承認自己是三寶之僕，供養身體後就成為三寶的僕人，內心要這樣想，如此的承認。舉例而言，太陽猛烈的夏天，令人汗流浹背，如果坐在樹蔭底下，身心

清涼無比，非常快樂。同樣的道理，我們現在已經累積了廣大的罪業，將來勢必投生三惡道，現在以累積廣大罪業的這個身體來供養三寶，皈依三寶，請求三寶的救怙，三寶變成我們的保護者，我們是三寶所保護的對象了，就算將來死了，進入中陰，墮入三惡道，那時，內心僅僅只是想起三寶的依靠，就算是在地獄裡，看到非常恐怖的牛頭馬面，這些恐怖的景象也都會消失不見。因此，將自己的身體供養給三寶，其利益廣大不可思議。

總結而言，自己內心原來受到愚癡、煩惱的控制，現在經過積聚資糧七支分，作了這些觀想實修之後，內心當然就淨化了。

譬如我們如果要看自己的臉，當然要靠鏡子，若鏡子上覆蓋了很多灰塵，就不能清楚照出我們的臉。現在我把鏡子擦乾淨，除去污垢，自己的臉自然就能夠清楚出現在鏡子裡。

相同的道理，現在要請求菩薩戒律，請求菩提心戒律，但我們內心充滿許多煩惱，若能累積廣大的福德，把煩惱除去，當然就能得到菩薩的戒律。經由儀軌而得到菩薩戒律，所以在積聚資糧七支分的步驟時，自己已經變成一個能得到菩薩戒律的適當器皿了。

正行

接下來正式說明菩薩戒的儀軌，分成三個段落：首先求取戒律時，必須依靠作為證明的證明者，在前面虛空有佛、法、僧三寶作為證明；其次，菩薩戒儀軌的內容；第三項得到戒律的段落，亦即在什麼段落得到戒律？

第一項，求取菩薩戒時依靠的對境是什麼？要觀想前面虛空有

佛、法、僧三寶。舉例而言，如果有一個人得到非常嚴重的不治之症，這時，這個人心裡會怎麼想呢？他不會隨便找一家醫院治療，因為這是非常嚴重難治的病，所以他一定會四處尋訪神醫治病。

同樣的道理，我們在輪迴中已經非常久了，所累積的所知障沉重無比。了解這點之後，一般的實修方法在消滅這些罪障上大概沒什麼用處，只有大乘發菩提心有這個大力量。內心有這種認識之後，產生非常強烈的信心，求戒時要觀想降臨世間、廣大利益眾生的佛、法、僧三寶，觀想三寶後再求取戒律。所以，大乘種姓在求取戒律時，所依靠的對境就是佛寶、法寶、僧寶，觀想三寶在前方虛空。這純粹是大乘種姓的方式，小乘不會這樣求取戒律。

第二項，正式說明菩薩戒儀軌的內容。不過這個儀軌的正式內容，在原著書中並沒有明白講這部分，要參考其它地方。

總而言之，儀軌進行的方式是這樣的：要觀想諸佛菩薩在前面虛空；之後要念誦皈依文來進行皈依，把皈依的儀軌念誦三次；之後要請求諸佛菩薩、上師完全了解我的情況，獻上垂怙念也要念誦三遍，念誦時內心要想著以前諸佛菩薩也都請求菩薩戒，當他們請求菩薩戒時，他們內心有什麼想法，我的內心也就產生什麼想法，之後諸佛菩薩得到戒律後如何作實修，我也跟他們一樣如此作實修，要產生這種想法。

產生這種想法後，有許多小乘行者得到了小乘的果位。小乘的果位稱為阿羅漢果，已斷掉煩惱障，徹底脫離了輪迴，可是所知障並沒有斷除，所以沒有得到徹底究竟的果位。阿羅漢的情況就是偏向於安止，僅僅在安止這方面得到寂靜的涅槃，貪戀寂靜的涅槃，

因此沒有得到究竟果位。所以當我得到菩薩戒之後，我要努力安置這些羅漢果位者，使他們得到佛果。

還有一種情況是煩惱障、所知障兩者都沒有斷除，譬如世間的梵天神、自在天神、遍入天神及大乘資糧道的行者、加行道的行者，即使是大乘裡的初地、二地這些聖者，也都還沒有得到佛果。我全部都要安置他們得到佛果，要產生這種想法。

特別是地獄道的眾生、鬼道的眾生、畜牲道的眾生，這些三惡道的眾生都受到非常猛烈的痛苦，我也要使他們脫離地獄道、鬼道、畜牲道的痛苦，利益他們，在暫時上使他們投生在天道、人道，得到天人的果位，之後，不斷地利益他們，使他們成就佛果。內心要產生這種想法。

總之，依於十二緣起的情況，墮入三界輪迴裡的一切眾生，我都要使他們脫離輪迴，安置他們得到寂靜的涅槃；因此之故，我要依於菩提心的儀軌、願菩提心的儀軌、行菩提心的儀軌，求取菩提心的戒律，求取之後，如同以前諸佛菩薩如何作實修，我也要跟他們一樣作實修。

得到菩薩戒之後，早、午、晚應當還要再求取戒律三次，即使是晚上的初分、中分和後分，譬如說中分大概是晚上十二點時，後分大概是清晨天還沒亮的四點時，差不多這個時候，還要再求取戒律三次。如此作實修，使願菩提心、行菩提心的戒律，在自己內心產生。實修時不能隨隨便便，應當非常地精進、強而有力地作實修。

第三項，得到戒律的階段。在什麼時候得到戒律？得到戒律的段落主要是內心的想法，依於內心的想法。前面所講菩薩戒律的

儀軌必須念誦三遍，念誦第一遍時要想：「我已得到願菩提心的戒律」；念誦第二遍時要想：「我已經得到行菩提心的戒律」；念誦第三遍時要想：「在我內心裡的願菩提心和行菩提心的戒律，已經非常堅固穩定，不會動搖」，內心要產生這種想法。

　　這是印度世親大博士的主張。另外有一些博士的主張是念誦三遍後，願菩提心和行菩提心兩者會同時在內心裡得到。

結行

　　接下來是結行的段落，分為觀修自歡喜和觀修他歡喜。

　　第一項觀修自歡喜，是在得到菩提心之後，觀想自己非常高興喜悅。這個段落要了解前世我們在輪迴中已經投生了無數次，像今天這麼重要的「為了利益眾生產生菩提心」的想法，在每一輩子無數次的投生裡從來沒有產生過。不僅如此，就連「為了利益自己去追求菩提心」的想法也都沒有產生過，連在夢境中，菩提心是什麼都沒有夢見過。今天，我產生了這麼珍貴無價的菩提心，以前從來沒有過的，現在我得到了，是不是非常喜悅快樂呢？從自己投生以來，在三界輪迴中，只有今天在人道裡做了最有意義、最偉大的事。心裡要產生這種無限的喜悅。

　　舉例說明，譬如一個國王的兒子，從小被人偷走，淪為乞丐，流落他方，乞討度日。過了許多年，最後被一個人發現，他仔細觀察小乞丐，應該就是流落他鄉的小王子，這時國王已經過世了，這個人就把小乞丐帶回皇宮，恢復他的身分，讓他登基。從乞丐變回王子，這是不是一件重大的事呢？

　　就像這種情況，從無始以來，我們不斷地輪迴，在輪迴裡受到無量無邊的痛苦，就像離開皇宮的乞丐王子。今天我產生了菩提心，就好像乞丐王子回到皇宮，恢復身分，登基成為國王，在今天已經做了最偉大、最有意義的一件事情，在今天已經得到了菩薩這一個尊貴的名稱。

　　第二項觀修他歡喜，譬如三有輪迴的主宰大梵天，心想：我是三界的主宰，所以內心狂喜，非常的高興快樂。又譬如競選總統當選了，內心狂喜得不得了，未來四年我就是總統。仔細分析這些情況，都是內心愚癡，為什麼呢？無常啊！所得到的果是無常，對於一個無常、會變化的果，內心卻高興無比，這只能說是愚癡。

　　反之，如果我們內心產生菩提心，菩提心所帶來的快樂是永久不變、永久存在的。如果對一個短暫的利益都能夠那樣快樂，那麼對於菩提心所帶來恆常存在的快樂，內心的喜悅就更不用說了。不僅自己這麼的喜悅高興，世俗天神也都很喜悅高興，為什麼呢？因為世俗天地之間的神明會想到：「喔，現在有一位菩薩，他將要廣大的利益眾生，這位菩薩不會傷害任何一個眾生。」

　　有神通、具有了解能力的這些神明，內心都非常高興，因為又多了一位菩薩，廣大的利益眾生，並且不會傷害眾生。

　　通常我們會發現自己日復一日、年復一年地老了，心裡總是想著自己快要死了，因而感到恐懼害怕。若內心有了菩提心，對死亡根本不會害怕，不會再遭遇死亡的痛苦。通常我們會陷入貧窮的痛苦，但如果內心產生菩提心，對於貧窮便不會害怕。通常我們會擔心有疾病，對疾病的痛苦感到害怕，但如果內心產生了菩提心，對

於疾病的恐懼害怕便能夠去除。

　　在三界輪迴裡受到痛苦的這些眾生，宛如跋涉千山萬水的旅客，身體就像是一個旅館，心識就像是這個旅客。人類了不起活八十歲或九十歲，一定會死亡，也有生命更短暫的，只活了幾年、幾個月、甚至幾天就死亡，死亡後心識就離開了。因此，心識就好像是一個旅客，跋涉千里，身體只不過是他所住的旅館而已。這些都是輪迴的眾生，菩薩會想去利益這些無量無邊的眾生。

　　總而言之，自己變成一位純正的菩薩之後，內心的想法都是想著去利益廣大的眾生，這時，眾生會知道又有一個菩薩會來利益我們，他不會傷害我們，所以菩薩是一切眾生幸福快樂的泉源。當我們產生了菩薩戒律，得到菩薩戒律之後，自己就變成眾生幸福快樂的泉源。

9

菩薩學處

已經求得了菩薩的律儀後，就要守護一些學處。如何守護這些學處呢？應當要好好的了解。

守護學處的方法

　　用什麼方法來守護菩薩的學處呢？當我們請求了菩提心的律儀之後，產生了菩提心，就要讓菩提心不要衰損，好好的去保護它。

　　舉例而言，當我們做任何事情或工作時，有時在冒冒失失、未經分析的狀況下，認為自己的能力可以做到，可以幫助別人，因而做了許多允諾，答應可以幫忙，可以做到這件事情。等到時過境遷，過了一陣子，發現自己沒有辦法做到，沒有辦法去利益他人，對之前所答應的事後悔了，就捨棄之前的允諾。這種事例很多，這是就我們世俗的情況而言。

　　就菩提心的情況而言，需不需要在事先做一個細密的分析，好或者不好，能不能夠做？要不要經過這些分析？不需要，因為菩提心非常好，菩提心的好是過去無量無邊的諸佛菩薩都已經仔細分析過、得到的一個結論：菩提心是最為殊勝的，是成就佛果的原因。這一點，諸佛菩薩都已經了解了。因此，當我們求取菩薩律儀時，就不需要再作任何分析，所有的疑問已經都不存在了。

　　如果對菩提心存有疑問而去求取菩提心的律儀，將來會導致菩提心學處的衰損，也可能會捨棄它。所以，對菩提心律儀不必有任何的疑問，它是最好的、最殊勝的，可以去求取。

　　如果說有了疑問去求取，將來導致律儀衰損或捨棄的話，要了

解那就不是欺騙一個人或兩個人而已，而是欺騙了許許多多的眾生。為什麼呢？因為在求取菩薩律儀時，曾做過一個誓言：「從今天開始，我要利益無量無邊的眾生；從現在開始，我要安置無邊的眾生成就佛果。」

曾經立下過這個誓言，可是後悔了，說：「我不能夠做到，所以我要放棄。」那就是欺騙了許許多多無邊的眾生。如果說欺騙一個人有罪業存在，那麼欺騙無邊的眾生，罪業之重根本就不用講了，會導致未來流轉在地獄裡非常非常久的時間。

如果我們傷害了一個人，這個人本來可以得到許多利益，可是我們害他不能得到這些好處和快樂，這是一個嚴重的罪業和過失。更何況我本來說要去利益無量無邊的眾生，要安置無量無邊的眾生成就佛果，後來我放棄了這些誓言，因此不能夠使眾生得到利益，這個罪業當然更加嚴重。

有些人認為，就算是學處衰損，墮罪產生了，不過我可以再三請求菩薩律儀，可以求取好多次，而且從無始輪迴以來到現在，已經輪迴這麼久了，未來再輪迴一次、兩次也沒有什麼關係。或許有人會有這種想法。

不過，得到菩薩的律儀之後，如果學處稍有衰損，自己經由實修想要證得初地，想要得到見道位，會變得需要非常久遠的時間。因此，一個人如果求取了菩薩律儀，又讓菩薩律儀學處衰損，這樣的人大概沒有正確的想法。如果他有正確的想法，便絕不會讓學處衰損的。

再舉另一個比喻，如果有一個人傷害我，雖然只是一個小小的

傷害，就足以讓我的內心產生強烈的憤怒，非要把他滅掉不可，一定要比他更強。這種想法一直在心中繞來繞去，於是準備了許多刀劍武器，一心想把對方滅掉。在沒消滅對方之前，始終不能夠放心的安穩睡覺。有這種情況。

　　我們現在內心的煩惱已不僅僅如此而已，從無始輪迴以來，內心的煩惱傷害我們的時間已經非常久遠，傷害我們的情況和這輩子的敵人不一樣，內心的煩惱傷害我們的情況，有時把我們牽引到地獄，受到地獄的痛苦；有時使我們墮入鬼道，受到鬼道的痛苦；有時使我們墮入畜牲道，受到畜牲道的痛苦；有時即使讓我們投生在人道裡，也得不到快樂。我們常常遇到很多的痛苦，這一切都是煩惱造成的，所以仔細了解，在這世界上，我們最嚴重、最大的敵人就是煩惱。

　　我們現在學習佛法，就是希望能夠打敗煩惱。也就是說，學習佛法正是我們能夠打敗煩惱的機會。這時就要好好想一想，煩惱這個仇敵已經傷害我這麼久了，從今天開始，我要去了解煩惱的過失、煩惱的缺點，無論如何一定要把煩惱滅掉。為了把煩惱滅掉，我的菩薩律儀、求取菩薩戒之後所形成的菩薩學處，無論如何都不能衰損。這種想法要非常地堅固穩定。

　　還有就是我們實修佛法，到底能學到多少？自己的能力如何？往往自己都不知道，這是因為受到煩惱的控制，不能夠自由自主。如果沒有把煩惱消滅掉，根本無法知道自己能夠學習到多少佛法、有多少能力。

　　所以，無論如何要有一個想法：我要戰勝煩惱！我一定要把煩

惱消滅掉！我如果戰勝煩惱、消滅煩惱，內心就能夠自由自主，就能夠學得非常好。

信念堅定之後，該用什麼方式消滅煩惱呢？要經常地察覺煩惱，謹慎小心，這是「不放逸」；其次要靠「正知」；而且對於自己所得到的菩薩律儀的學處，要經常想著它，這是「憶念」。❶這三者在守護菩提心、使它不要衰損的方面非常重要。只要內心小心謹慎，經常擁有不放逸、正知和憶念這三項，產生菩提心後，菩薩律儀的學處都不會衰損。而反面的部分，也就是煩惱，也逐漸可以去除。

以上所講述的是守護學處的方式，接著要講述菩薩學處的內容，分為「應斷學處」── 不應該做的部分，以及「應做學處」──應當要做的部分。

應斷學處

應該要斷除的、不可以去做的是什麼呢？這個部分要解釋墮罪的內容，以及墮罪產生後如何進行懺罪的方式。

墮罪的內容

關於墮罪的部分，有《虛空藏經》裡提到的墮罪、《大密方便

---

❶舊譯「正念」，此處依藏文原義直譯為「憶念」。

善巧經》裡提到的墮罪，以及《寶積經》裡提到的墮罪。

在《虛空藏經》裡所提到的墮罪，是指國王身分的菩薩，容易產生的墮罪有五種類型；大臣身分的菩薩，容易產生的墮罪也有五種情況；另外一種，既不是國王也不是大臣，是普通平民身分的菩薩，容易產生的墮罪有八項。加起來共有十八個項目的墮罪，這種說法出自《虛空藏經》。

首先，國王身分的菩薩，所容易違犯產生的五種墮罪，第一種墮罪是對於三寶的財物，因為國王權勢很大，他可以霸佔三寶的錢財物品。

第二種墮罪，在平民百姓裡，有人是聲聞，學習聲聞的教法；有人是獨覺，喜歡學習獨覺的教法；有人喜歡大乘，學習大乘的教法。但因為國王有很大的權勢，便下令禁止學習這些佛法，這是第二種墮罪。

第三種墮罪，因為國王有很大的權勢，他對比丘、沙彌這些出家僧眾，可以在毫無意義的狀況下，任意作為，下令把出家人關起來、殺死，或是處罰、責打，這是第三種墮罪。

第四種墮罪，國王的權勢很大，他所違犯的五無間罪。

第五種墮罪，國王的權勢地位很高，因此主張沒有善業存在、沒有惡業存在，沒有善也沒有惡，沒有地獄也沒有淨土，全部都沒有，這是邪見。

以上都是因為國王有很大的權勢，容易違犯的五個項目。

其次是大臣身分的菩薩，容易違犯的五種項目，也就是容易產生的五種墮罪。因為大臣需奉行國王命令，在國王的命令下，他要

指揮、帶領人馬跟別國打仗，因此常常要想辦法滅掉對方的城鎮，滅掉對方的國家，這是大臣容易違犯的第一個墮罪。

再加上國王容易違犯的五個項目中的四項，就是下令霸佔三寶的錢財物品；禁止不能修三乘的教法；任意、沒有原因的處罰、責打、殺死、關禁出家沙彌或比丘；五無間罪。這四項也列在大臣容易違犯的項目裡。

只有一個差別，邪見這項只列在國王容易違犯的墮罪，而未列在大臣容易違犯的墮罪，為什麼呢？大臣當然也會有邪見，但因為國王的權勢最大，就算大臣有邪見，主張沒有善惡存在、沒有地獄、沒有淨土，如果國王下令不准他這樣主張，他立刻就會改變，因為大臣要聽國王的命令。所以主張邪見這個項目，放在國王身分的菩薩容易違犯的墮罪之中；而毀滅對方城鎮、國家這項，則列在大臣身份的菩薩容易違犯的墮罪之中。

第三種是普通百姓身分的菩薩，容易違犯而產生的墮罪，一共有八項。

首先，這位平民百姓的菩薩，對從沒學過深奧佛法、才剛初學佛法的弟子，直接講說空性，開示許多空性的內容，導致對方產生恐懼，不再學習佛法，因而捨棄了正法，這是第一項墮罪。

其次，佛法裡有小乘佛法、大乘佛法等許多類型，如果一個人正在學習顯教教法，你告訴他：「你學習顯教教法，不容易成佛，還是學習密咒乘的教法吧！」使他捨棄了大乘顯教經教乘門的教法，而去學習密咒乘門，這是墮罪。或者是這個人學習密咒乘教法，你告訴他：「密咒乘的教法跟外道一模一樣，不會得到解脫，

還不如學習顯教的教法，還能夠成佛。」使他捨棄了密咒乘門的教法，而去學習顯教的教法，這是第二項墮罪。

第三項墮罪，有些人是屬於大乘種姓的弟子，正在學大乘的教法，但你卻告訴他：「如果你學習大乘教法，要經過三個無數劫、七個無數劫、三十二個無數劫這麼長的時間才能夠成就佛果，你還不如學習密咒乘門，一輩子成佛、三輩子成佛、七輩子成佛，不是更好嗎？」結果使對方捨棄了大乘教法，這是墮罪。

第四項墮罪，有些人是小乘種姓的弟子，正在學習小乘的教法，但你卻教導他說：「小乘教法不是正道，不能夠得到究竟的解脫，你還是學習大乘的教法吧！」致使對方捨棄了小乘的教法，這也是墮罪。

自己在有嫉妒之心的狀況下，輕視貶損對方，講不好聽的話，然後反過來稱讚自己，其動機是嫉妒心，這是第五項墮罪。

為了自己的利益、為了得到錢財物品而去詐騙對方，以此方法得到財物，這是第六項墮罪。

還有，傷害眾生，例如自己認識這個地方的官員，有個人傷害我，為了報復，就送了一些錢財給官員，要他把這個人抓起來關到監獄裡，如此去傷害眾生，這是第七項墮罪。

第八項墮罪是，閉關者最重要的就是食物，卻把閉關者需要的食物拿去給讀經論的人，這是墮罪。又譬如跟前面一樣，在毫無理由的狀況下，對沙彌、比丘任意責罰，關到監獄裡，這是墮罪。

前面講的這些內容是普通平民身分的菩薩容易產生的墮罪，但國王身分的菩薩和大臣身分的菩薩是不是就不會做這些呢？也會

的。同樣地，國王容易違犯的墮罪，普通人也會違犯，譬如說五無間罪，普通人也會違犯。這裡講說國王身分的菩薩會違犯的墮罪、大臣身分的菩薩會違犯的墮罪，是從主要的部分而言。這個內容是《虛空藏經》裡提到的根本墮罪十八個項目。

《大密方便善巧經》裡提到的，是捨棄了願菩提心的墮罪。

所謂願菩提心的墮罪，例如，這個人我認識他，我不斷地去利益他，不過無論我怎麼利益他，他還是不斷地傷害我，所以我內心產生一個想法：不管這個人是好、是壞、是順境、是逆境，在任何狀況下，我完全不管他，不去利益他，完全捨棄他了。如果有這種想法產生，就是捨棄了願菩提心。

《寶積經》裡提到的是捨棄了行菩提心的墮罪，是指在利益眾生方面，要做的布施、持戒、安忍等，我都不做了，我沒有體力去做了。若這樣想的話，就是捨棄了行菩提心。

前面《虛空藏經》有十八個項目根本墮，再加上《大密方便善巧經》一個項目，還有《寶積經》一個項目，就是二十個項目。這二十個項目是菩薩的根本墮，換個角度看就是應當要守護的學處。

如果把這些應當要守護的學處好好地想一想，仔細分析，有沒有這些學處非常困難、不能夠做到的情況呢？沒有的。譬如說國王容易違犯的五個項目，有沒有說實在是逼不得已，非做不可，不得不做，有沒有這種情形呢？完全沒有。或者是大臣容易違犯的五個項目，有沒有哪一個項目是萬分不得已，沒有辦法不得不做的？根本沒有。或者是普通平民百姓的菩薩容易違犯的八個項目，大致上容易出現的情況就是，自己為了得到名聲、地位、財富而去欺騙對

方，故意貶損對方，並且稱讚自己，大概只有少數人會這麼做。有沒有說爲了得到衣服、食物，因此逼不得已去做這件事呢？仔細想一想有沒有這種情況呢？沒有。

所以，這二十個項目主要是我們自己有沒有努力去做而已，並不是這些項目非常困難，根本做不到，完全沒有這種情況。只要自己好好去做，努力去做，就完全能夠守護住的。大家自己好好把書看一下，想一想佛法的內容，就會了解。

懺罪的方式

假設墮罪已經產生了，要如何把這個墮罪的過失去除掉？如何進行懺罪，使它清淨呢？

如果是眞實情況裡造成了錯誤，罪業也形成了，當然一定要進行懺罪。即使是在夢裡有這種情況，都要進行懺悔，若是眞實發生就更不用說了。如果在夢裡有菩薩律儀衰損的狀況，醒過來時，應當念誦《三蘊經》，又稱《三聚經》，蘊是多的意思，共有三個項目：頂禮蘊、懺罪蘊、迴向蘊，要好好念誦來進行懺罪。

菩提心的基礎是願菩提心，如果捨棄、違背了願菩提心，這當然是一個根本墮。而且譬如我取得了菩薩律儀，後來發現我不能守護菩薩律儀，因此把戒還掉了、捨戒了，這也是墮罪。

捨棄菩提心、違背菩提心所產生的根本墮，還有捨戒，這三種情況都要懺悔。懺悔時，主要是不能超過自己每天實修的時間進行懺悔，例如自己一天實修三座或四座，那麼就在這三座或四座的時

間內進行懺悔；或者白天實修十二小時，就在十二小時內進行懺悔，便仍然可以清淨。如果超過了這一天實修的時間才要進行懺悔，當然也可以，但就會非常辛苦勞累，要用很大的努力，否則不容易淨除。

前面提到，捨棄了願菩提心或違背願菩提心而產生根本墮，或根本把菩薩律儀捨棄了、還戒了，都有過失存在。如果在分別解脫戒階段，我求取了分別解脫戒，之後過了幾年，發現我不能夠做到，就把這個戒還掉，這樣是沒有過失的。而且在前面守戒的這段時間裡，功德利益仍然非常廣大。

分別解脫戒如果還戒、捨戒的話沒有過失，可是菩薩戒就不是如此。菩薩戒一開始說我要廣大地利益遍滿虛空的眾生，我要安置他們成就佛果，立下了廣大誓言，過了幾年說我做不到，要把菩薩戒還掉，便會有嚴重的罪業，跟分別解脫戒完全不同。

如果有這種情況產生，就不能超過自己實修的時間，必須在自己實修的時間裡好好來做懺罪，就比較容易；如果超過了實修的時間，就比較麻煩辛苦。

如果超過自己這一天實修的時間還沒有懺罪，那在明天早上天將亮時，應當誠懇的祈請八大菩薩裡的虛空藏菩薩，之後旭日東昇，把太陽的本質想成就是虛空藏菩薩，對虛空藏菩薩誠懇的祈請，獻上七支分來進行懺悔，好讓自己不會染上墮罪的過失，這些方法都要好好的努力。

應做學處

「應做學處」就是應當努力去做到的學處，有願菩提心的學處以及行菩提心的學處兩大項。

願菩提心的學處

願菩提心的學處分成四項，包括苦與樂的取和捨、願菩提心的因和果、黑白八法和依於四種想法。

苦與樂的取和捨

從某個角度來看，內道佛法其實是非常容易的，為什麼呢？因為如果不能夠直接做到，僅僅只用內心觀想也是可以的。譬如我不能夠直接具體的幫助眾生除去他的痛苦，那麼我用內心觀想也可以，這也是佛法。如果我不能夠很具體切身的把自己的快樂給眾生的話，用內心觀想也是可以做到，這也是佛法。所以，我們可以用自己的內心來做觀想，觀想把自己的快樂給予一切受苦的眾生，同時也可以觀想一切受苦的眾生，他們所受到的這些痛苦，我全部吸收過來。

做觀想時，還可以進一步配合呼吸，呼氣時，觀想從無始輪迴以來到現在，自己所累積的善根、快樂，全部都放出去給一切的眾生，觀想眾生都已經得到了。吸氣時，觀想一切眾生從無始輪迴以來到現在，所有的罪業、痛苦，我全部都取過來了，所以他們已經

沒有痛苦、罪業了。

　　把苦與樂的取和捨這個部分好好地觀想，在沒有成就佛果之前，再三再三地實修，如果能夠如此實修，會讓自己的善業更加廣大，同時會很強烈地消滅掉我們的罪業。不僅如此，在未來，我們能夠真實確切地做到，會使自己產生一個能力，能夠真實地把自己的快樂散佈給眾生，並把眾生的痛苦和罪業取過來。

願菩提心的因和果

　　願菩提心的學處有四項，就是四無量心：慈無量心、悲無量心、喜無量心和捨無量心。要在我們內心產生的話，應如何做呢？首先，要了解一切眾生都曾經是我的母親，知道這點後，自然就會希望一切眾生都能夠得到快樂。因為眾生是我的母親，所以慈心就產生了；慈心產生後，悲心就容易產生；悲心產生後，菩提心也容易產生。

　　這是印度大博士大佛尊阿底峽剛到西藏時所講說的，也是他自己實修菩提心的方式，有七個口訣：第一個「知母」，知道一切眾生是我的母親；既然知道就要想一想，眾生對我有廣大的恩惠，這是第二個項目「念恩」；既然眾生對我有廣大的恩惠，我就要報恩，這是第三個項目「報恩」；既然一切眾生都是我的母親，我對一切眾生就要有慈愛之心，因此「慈心」是第四個項目；對一切眾生也應當有悲心，「悲心」是第五個項目；對一切眾生有了慈心、悲心、關愛他，那麼去利益眾生、照顧眾生就是我的責任，自動自發地去做這件事，這是我應該做的，這是第六個項目「增上意

樂」；靠著這六個項目，就會產生果，也就是「菩提心」，這是第
七個項目。

　　母親爲什麼對我們有廣大的恩惠呢？在中陰階段就要去投生，
不斷地尋找投生的處所。如果本身沒有造作投生在地獄、鬼道和畜
牲道的業，累積的是投生在人道的業，就會找到一個母親，進入母
親的肚裡，在那裡住九個月。懷胎的過程中，母親是非常辛苦的；
嬰兒出生時，充滿血和污穢，母親絲毫不嫌惡地立刻抱在懷中，把
血汗擦拭乾淨；之後親自哺餵母乳，總是抱在懷中照顧，讓孩子免
於任何災害。母親內心總是想：「就算我的生命遭遇危險，也要盡
力照顧這個小孩！」

　　而且爲了孩子，母親也會造作許多罪業，受到許多痛苦，受到
別人的責罵挨打也願意承受。母親歷經這麼多痛苦，把小孩養育長
大，這時如果子女完全把母親的恩惠忘記了，而且也不照顧母親的
話，可說是罪大惡極，大錯特錯！

　　舉例而言，即使整個大地壓到自己身上，也不算是可怕的事，
因爲頂多一秒鐘、兩秒鐘就死掉了。但是如果對我有這麼大恩惠的
母親，她耐心照顧我，可是我對她卻沒有報恩，那就大錯特錯，非
常危險！危險的程度像什麼呢？譬如說在美味的食物裡摻放毒藥，
吃到肚裡後，五臟六腑立刻爛掉，痛得在地上翻滾，慘烈嚎叫而
死。母親對我有照顧養育之恩，可是我卻沒有回報，自己下輩子必
定會受到很多很多痛苦，將來有很大危險。

　　正如這種情況，一切眾生無始以來都曾做過我的母親，因爲我
們投生的次數無量無邊，雖然有時候投生不需要父母親，譬如由花

朵生出來，但這種情形少之又少，大多數生命出生時都需要靠著爸爸媽媽，因此，眾生都曾經做過我的母親，對我都有廣大的恩惠，所以一定要報恩。

有了這種想法，確實地知道眾生都曾是我的母親，了解眾生對我都有廣大的恩惠，所以我要報恩，那麼內心自然地就很容易產生慈無量心、悲無量心、喜無量心、捨無量心。

所以，很確實地認識到一切眾生都是我的母親，都對我有廣大的恩惠，而且我也一定要報恩，有以上這種想法的人，他的內心已經得到了「七聖財」。七聖財就是信心、持戒、布施、多聞、知慚、知愧、勝慧。

黑白八法

首先是四種黑法，即四種不善業的內容。用個比喻來講，就像有時出現日蝕或月蝕，就是太陽或月亮被羅睺星吃掉，光芒被蓋住了，四種黑法就像這種情況一樣，是不好的，要遠遠地丟掉。

四種黑法是什麼樣子呢？首先，欺騙尊貴的對象，如父親、母親、老師、上師，這是第一個不應該做的。

第二個黑法是令他人後悔。譬如一個小孩子從小出家，成為出家人後，你告訴他：「你錯了，這樣做沒有意義，你會遇到許多辛苦和困難，還是還俗結婚算了！」使這個小孩信以為真，對自己出家感到後悔，因而還俗去了。或者，一個小女生從小出家當阿尼，你跟她講這些話，讓她內心產生後悔，因此還俗，這都屬於第二種黑法，令對方後悔。

一般而言，純正之士、賢者是什麼樣子呢？我們沒辦法了解，因為佛的化現無量無邊，不可思議，沒辦法知道佛陀的化現會是什麼樣子，可能有時化成一個獵人，有時化成一個紅樓妓女，有時化成僧人上師的形象……，我們完全無法知道。所以，無論如何對於任何一位菩薩都不能毀謗，如果毀謗，便是第三個黑法。

　　第四個黑法是詐騙眾生，欺騙其他人。

　　這四個黑法裡的任何一個，如果在我們內心產生，就會失去願菩提心。如果有任何一種出現，我們要立刻察覺，心想：「哎呀！我已經違犯了四種黑法，這樣會丟失我的願菩提心。」

　　要產生後悔，在修一座的時間裡就要進行懺罪。如果能在這樣短的時間裡進行懺罪，菩提心衰損的部分很容易就恢復過來；如果已經超過了這一座時間，要使菩提心恢復的話，就要很辛苦的進行懺罪。

　　接著是四種白法，首先，寧願死也不願意在傷害別人的狀況下講說妄語，詐騙他。一般來講，菩薩在利益對方的狀況下，講說妄語是允許的。不過，在傷害對方的狀況下講說妄語，則寧死也不做，這是第一種。

　　第二種是對於菩薩要有恭敬之心，要有信心。

　　第三種是自己要在不欺騙眾生的狀況下努力幫助眾生。

　　第四種是要幫助一切眾生，在他們得到皈依戒律的部分，還有他們學習前行的教法，逐漸按照順序幫助他們，使他們能夠學習到生起次第、圓滿次第的教法。總而言之，從初機開始到成就佛果之間，各種道路都要幫助他們，使他們在學習佛法上能夠更加順利，

這是第四個項目。

　　不過想一想這個內容，其實是有點困難的。就我們中心聽法的弟子而言，像前面第四個項目一樣給他幫助，有些弟子慢慢地精進，逐漸地學習堅固了，突然間不來了，也就退步，完全荒廢了。然後換了一批新的弟子來，之後又像前面第四個項目講的，慢慢引導他們，給他們幫助，從皈依開始，講前行，然後慢慢安排，逐漸學習生起次第、圓滿次第，之後弟子又不來了，又來一批新的弟子，一切又從頭再來。

　　所以仔細想一想，菩薩要利益眾生是不是非常辛苦而困難？特別是在利益眾生時，如果有神通變化的能力，了解弟子的根器，弟子自然地聚集，這是非常好的。不過現在是五濁惡世的時代，有神通變化能力的人少之又少。

依於四種想法

　　這四種想法都是願菩提心的學處，也是我們平常應當要有的想法。

　　首先，對開示教法的上師、善知識，要把他當作確實就是佛世尊。為什麼要有這種想法呢？對眾生開示佛法的佛陀，在兩千餘年前就已經涅槃。現在來告訴我們什麼應取、什麼應捨、什麼是善、什麼是惡、什麼該做、什麼不該做……，教導我們這些內容的就是上師善知識，他們就是佛，跟佛陀講的完全一模一樣。所以對於上師善知識，要把他當作確實就是佛。

　　第二個，上師善知識所教導給我們的正法，靠著這個正法就能

得到解脫，成就佛果，因此佛法就像是一條道路，能夠讓我們到達目的地，所以要把法當作是一條道路來想。

第三個，一位上師當然有許多弟子，所以會有眾多法友，對於法友應當把他想成是我們要到佛國淨土之路上的一群好朋友。

第四個，一般來講，母親如果只有一個獨生子，對他的關愛之心就會非常強烈。所以，對待一切眾生要像母親對待她的獨生子一樣，如此去關愛照顧一切眾生。

以上這四個項目——苦與樂的取和捨、願菩提心的因和果、黑白八法、依於四種想法，都是願菩提心的學處，也就是願菩提心的學處包含在這四個項目裡。好好思維願菩提心的學處，當我們要去做時，並沒有哪一項是做不到的。當然會有一些稍微辛苦，這是有可能的，但並不是非常困難，絲毫做不到。

行菩提心的學處

分成三項來說明。首先，行菩提心的學處就是六波羅蜜（或稱六度）；其次，學習六波羅蜜的菩薩，他的內心也有差別，所以在內心能力的差別上要做個說明；第三是六波羅蜜的內容，一項一項詳細地講解。

首先，行菩提心的學處，總體而言是六度，其中，布施、持戒、安忍、精進和靜慮五項，屬於有所緣取的福德資糧；最後一項勝慧，屬於無所緣取的智慧資糧。如果沒有這兩種資糧，絕對不可能成就佛果。但在有些書裡提到還要再加上方便波羅蜜、威力波羅

蜜、願望波羅蜜和本智波羅蜜，成為十度，也有這種說法。

第二個，學習六波羅蜜時，每個菩薩內心的能力大小不同，根據這個角度將菩薩做個分類，可以分成三種類型：第一種是鈍根的菩薩，心裡的想法是「我先成佛，等我成佛有能力之後，再去利益眾生」，這種想法就像現在的地方首長一樣，大家都投票給我，等我當了大官，再來照顧大家，這稱為「國王喻發心」。

第二種是自己和眾生同時成就佛果，稱為「舟子喻發心」。一個駕駛船的人，當他要渡過大海時，船長和客人同時在船上，一起出發，到達對岸時也是一起到達，所以自他一切眾生同時成就佛果，這是中等根器菩薩的發心。

利根的菩薩是什麼樣子呢？先使一切眾生解脫，之後自己才成就佛果，稱為「牧童喻發心」，就像牧童一樣。為什麼像牧童呢？牧童放牧牛羊時，牲口都走在前面，耐心等牲口吃飽後，再把牠們帶回來關好，自己才能休息吃東西。

國王喻發菩提心，是鈍根的菩薩，因為鈍根之故，要經過三十二個無數劫才能成就佛果；第二種中等根器的菩薩發菩提心，即舟子喻發菩提心，像船長一樣，是中等的力量，所以要經過七個無數劫的時間才會成就佛果；第三種是利根的菩薩，即牧童喻發菩提心，像牧童一樣的發菩提心，內心的威力比較大，只要經過三個無數劫就能夠成就佛果。

接下來是六度的內容：布施、持戒、安忍、精進、靜慮和勝慧，每個項目分別詳細說明。

布施波羅蜜

　　布施的本質如何界定？布施的性質是指自己所擁有的錢財物品，對這些財物沒有貪戀之心，無貪即是布施。再進一步分類，可分成三種：錢財物品的布施、佛法的布施，以及無畏救度的布施。

錢財物品的布施

　　第一種錢財物品的布施，也可再細分成三項：捨、大捨和最大捨。

　　捨，財物布施的捨是指給對方衣服、食物、錢財。在現代，給對方摩托車、腳踏車、車子、土地、房子，都稱為捨。

　　大捨是什麼呢？有些菩薩把自己的太太、兒子、女兒布施給其他者，這是大捨。

　　極大捨又是什麼呢？極大捨就非常不容易做到了。如果對方要我的頭，就把我的頭給他；如果對方要我的手，就把我的手給他；如果對方要我的腳，就把我的腳給他。像我們的導師佛陀，在宿世行菩薩道時，布施頭、手、腳或是太太、小孩，這些事蹟都非常多。

　　若自己的悲心還不是很純粹，空性也還沒得到證悟，在這種狀況下，自己的身體、性命不能拿來做布施。這是寂天菩薩在《集學論》裡所強烈阻止的，而且也不必如此來做學習。等到未來確實證悟空性，悲心很純淨了，身體砍斷了也沒有絲毫痛苦，到那時就可以捨棄身體，做身體的布施。

　　總而言之，布施是指對自己的錢財物品絲毫沒有貪戀執著，這些東西有也可以，沒有也無妨，小偷強盜拿走也可以，不拿走也沒關係，有和沒有絲毫沒有差別，自己完全沒有貪戀之心，這就是布施了。

　　有些人因為上輩子經常學習布施和行布施，這輩子慳吝之心很淡，能夠很容易布施給對方。有些人上輩子沒有好好學習布施，這輩子慳吝之心很強，什麼東西都捨不得給對方，也有這種情況。

　　如果說上輩子都沒有學習過布施，慳吝之心很強，這種情況要如何來做實修呢？把左手想像成是他人，把右手想像成是自己，右手拿著一個小東西，想像成是自己的錢財物品，把右手的東西放到左手裡，同時觀想：「啊，我把自己的東西給了別人。」

　　這樣反覆練習，慢慢養成習慣，等到習慣的力量增強，將來便確確實實能夠把自己的東西給別人了。這是初學者學習的方式，逐漸地一些水果飯菜都可以給別人，慢慢地錢財衣服或更多的財富都可以捨出去給其他人。總之，要經過實修，慢慢就會進步。

無畏救度的布施

　　其次是無畏救度的布施，譬如即將被獵人殺死的動物，自己花些錢把牠買來放生，這是無畏救度的布施。或是某人被關進監獄，即將被斬首示眾，自己設法挽救他的性命，這是無畏救度的布施。或是透過錢財，使一些眾生免於三惡道之苦、免於輪迴之苦，這也是無畏救度的布施，可以分成這三種類型。

　　有一些狀況是，自己沒有做過任何布施，聽到對方講諂媚巴結

的話，說：「你是善心的菩薩，心地非常善良，無論如何請你幫忙做一些布施。」

一聽到人家稱讚自己是非常好的菩薩，內心高興就做了布施，給了別人很多，但給了之後馬上後悔，然後產生憤怒之心。這種情況是在沒有分析之下，內心追求的是自己的名聲，因此布施出去，給了之後發現自己變窮了或是男女朋友分手了，於是產生強烈的後悔心，內心非常生氣。這種行為並不是純正的布施，是菩薩所輕視的。

還有就是當別人來乞討，如果對方要求的是酒、毒品，這些東西往往會讓對方的身體產生疾病、造成痛苦，令對方受到傷害，所以不能稱為布施，因為這不是純正的布施，這種做法也是菩薩所輕視的。

佛法的布施

第三項是佛法的布施，就法布施而言，分成三種：第一種是給對方需要供養的物品，或是給他佛像、唐卡、法照等；聲聞種姓使他學習聲聞種姓的教法，獨覺種姓使他學習獨覺的教法，大乘種姓就幫助他學習大乘的教法，也就是幫助所有對象使他學習自己想要學習的教法，這是第二種法布施；第三種法布施是針對密咒乘的弟子，他要學習大圓滿的教法，實修一生成就佛果，幫助他使他能夠達成一生成佛，這也是佛法的布施。

一般而言，如果是普通的上師，想要透過講說教法的方式對凡夫弟子產生利益，是有點困難的。困難的情況我們在前面已經提到

過，很多弟子想要的佛法內容，中心沒有；而中心所教導的法，很多弟子認爲不需要，也沒有去學習。在這種情況下，想要利益弟子是有點困難的。

不過，要想一想，自己好好地學習佛法，使煩惱逐漸清淨去除，以慈心和悲心作爲動機，好好地學習佛法，未來有能力講說教法利益眾生。要經常這樣發願，慢慢地，在未來把煩惱去除掉了，自己成就佛果，就擁有了神通變化。

現在大家都很喜歡具有神通變化的威力，說：「這一個是有神通威力的上師，這一個是有變化威力的上師，他是重要的上師，跟其他人不同。」受到這樣的稱讚，自然地就凝聚很多弟子，能夠廣大利益眾生，幫助他們滅掉煩惱。

但是要特別注意，有神通的上師不一定都是純正的上師，有變化威力者也不一定都是菩薩，因爲有這些能力的人，外道也很多。

總而言之，歸納起來，就是順著自己的能力程度去利益眾生。應當以這個爲主，這就是法的布施。

持戒波羅密

在持戒波羅密方面，我們會去求取許多律儀。不過就任何自己所得到的律儀而言，一定有其反面的部分，也就是違背的部分。反面違背的部分不要做，約束自己把它斷除掉，就稱之爲持戒。

持守戒律可以分成三種：攝律儀戒、攝善法戒和饒益眾生戒。

首先，攝律儀戒指的是針對自己身、口、心三門的過失，要把它去除掉，努力防護避免過失，稱爲攝律儀戒。

第二個是攝善法戒，在大乘裡有很多善法的功德，譬如六度波羅蜜，這些大乘的善法我們應當努力去實修，這就是攝善法戒。

　　第三個是饒益眾生戒，自己努力實修純正的佛法後，能夠把教法的內容開示給眾生，幫助眾生、利益眾生，這是饒益眾生戒。

　　許多律儀裡，小乘是分別解脫戒，大乘是菩薩律儀。就大乘的菩薩律儀而言，比起小乘的分別解脫戒，有四個差別，因為這四個差別之故，大乘的菩薩律儀比小乘的分別解脫戒更加殊勝。

　　第一個差別是，小乘的分別解脫戒是針對傷害眾生的部分，一定要斷除掉；不過在大乘菩薩律儀中，這只是一個基礎，大乘對於傷害眾生這個部分應當要去除掉，不可以做，在這個基礎上，還要更進一步去利益眾生。所以，就利他的想法而言，大乘還要更加的殊勝。

　　第二個差別是，小乘的分別解脫戒裡，最主要是要防護身體方面的三項不善業，加上語言方面的四個不善業，一共是七個項目。這七個項目是應斷除、不可以違犯的。就菩薩律儀而言，並非這種情況，在菩薩律儀裡，身口的七個不善業加上心意的三個不善業，共有十不善業，全部都應當斷除，不可違犯。就此而言，大乘的菩薩律儀還要更加的殊勝。

　　第三個差別是，在小乘的分別解脫戒階段，即使在利益眾生的狀況下，小乘的分別解脫戒仍然不能夠捨棄；可是在大乘的菩薩律儀中，第一個要守護律儀，但是在守護律儀的同時，如果是為了要利益眾生，律儀仍然可以捨棄。

　　第四個差別是，身體和語言方面的七個不善業，是守護不應當

做的項目。如果在沒有煩惱蓋障遮蓋的情況下，同時是在直接或間接上去利益眾生的話，這七個不善業，小乘分別解脫戒仍然不能做，不過在大乘的菩薩律儀裡，卻是允許可以做的。

之所以有這些差別，是因為小乘以利益自己為主，大乘則是重視自己和其它一切眾生的利益。所以，比起分別解脫戒，大乘菩薩律儀具有四個差別，由於這四個差別，大乘的菩薩律儀比分別解脫戒更加殊勝。

在佛陀的本生傳記裡有一段故事，講菩薩在利益眾生時，就算是身體和語言七個項目的不善業，仍然允許可以做。導師佛陀薄伽梵在有一世的本生傳記裡，是一位船長，名叫大悲船長，他率領五百位商人到大海去尋找珠寶。船員中有一個土匪，叫做米那董通堅，這個土匪有一個計劃，他想殺死五百個商人，自己獨得所有的金銀珠寶。不過他的陰謀被大悲船長發現了，大悲船長心想：「這個土匪在沒有意義的狀況下殺死五百個人，搶奪五百個人的金銀珠寶，這五百個商人都有家庭、小孩，被殺後就有五百個家庭要破碎，讓很多人承受極大痛苦，而且這個土匪自己也會造作很嚴重的殺生罪業。不僅如此，他因為殺死五百人，奪取五百人的財富，下輩子以後遭受到的痛苦還要更加強烈！」

因此，大悲船長又想：「我一個人受苦墮落沒有關係，為了讓這個土匪不造作罪業，不會受到下輩子的果報，不會受到痛苦；同時能夠讓五百人不會死亡，讓五百個家庭不會破碎痛苦，我應當把這個土匪殺了。」

所以，大悲船長就把土匪殺死了。之後，他的善業迅速增廣了

非常多，而且沒有絲毫的罪業。

　　有一位婆羅門叫做秋嘎那，在森林裡禪修非常多年。有一天他化緣走到城鎮，遇到一個商人的女兒，她對秋嘎那非常仰慕崇拜，心想無論如何都要跟他在一起，不然就自殺。這位婆羅門為了救這個女子的性命，以大悲心救度她，就跟她發生非梵行，之後，婆羅門的比丘律儀完全沒有失去或衰損，這是因為他純粹出於大悲心、利他之故，外表看起來是律儀衰損，實際上並沒有違背律儀，因此也就不會失去律儀。

　　外相看起來好像是違背、造作了不善業，不過內在實際上是累積了廣大的善業，這是因為因和果的力量都非常強大──因是以大悲之心作為動機之故。所以在利益眾生時，如果出於大悲心的動機，造作身體和語言的七個不善業，就沒有違背菩薩的律儀。

　　至於心意的三個不善業，就不管在什麼時候、什麼狀況下，都不能做。即使在菩薩律儀裡也不允許心意的三個不善業，那是絕對不能夠違犯的。所以，菩薩如果利益自己，下輩子想要自己一個人得到解脫，這種想法就不應該了，是菩薩應當去除掉的。在這個情況下，沒有去利益眾生，反而傷害眾生，就算是違背律儀。如果這樣的話，將是產生墮罪的原因。

攝律儀戒

　　就菩薩裡的初機行者而言，在實修時，想要更上一層樓，逐漸地進步是非常重要的；如果要逐漸進步，持戒自然是非常有必要，所以首先要持守攝律儀戒。如果未先持守攝律儀戒，就要實修攝善

法戒以及饒益眾生戒，就會遇到很多障礙，而且實修也做不好。所以首先要把攝律儀戒這部分好好實踐，能夠做得好，之後按照順序再好好實踐攝善法戒、饒益眾生戒，這樣，實修就會非常好了。

就出家菩薩眾而言，先得到沙彌的戒律以及比丘的戒律後，才去求取菩薩的律儀，這是出家的菩薩戒。不過，在菩薩乘門的典籍裡，並沒有特別補充分別解脫戒的求戒方式。雖然如此，可是如果是上根、利根的話，就要以他的內心為主，譬如因陀羅菩提國王。

釋迦牟尼佛時代，有一位因陀羅菩提國王迎請釋迦牟尼佛和他的眷屬去王城，獻上午餐享用完畢後，國王請求佛陀開示教法。

佛陀說：「如果你要好好實修佛法的話，首先要捨棄掉你的房子、你的太太之後出家，然後好好的作實修。」

國王聽了立刻說：「把我的房子、太太、財物全部捨棄後去實修的這種法，我不需要。」

佛陀聽了之後，看一看，了解他是上根中的上根，是銳利的根器，於是化現成密咒乘門的本尊，顯示了本尊的壇城，對因陀羅菩提進行了瑪哈瑜伽的灌頂。灌頂時，在因陀羅菩提的內心中，外在的分別解脫戒、內在的菩薩戒、密咒乘門的律儀，三種同時產生、同時得到。這種特別的情況也是有的。

如果是在家菩薩眾，就是得到居士的戒律後，再求守菩薩律儀，這種情況也有；即使僅僅得到八關齋戒的戒律，之後去請求菩薩律儀，這種情況也有；就只得到願菩提心的戒律、行菩提心的戒律，求取之後努力的守護，這種情況也都有。

就算是出家的菩薩眾，得到比丘的戒律後，求取菩薩的律儀；

得到沙彌的戒律後，求取菩薩的律儀；得到善學女的戒律後，求取
菩薩律儀，這種情況也有。

　　總之，求取律儀後，自己努力地守護戒律，也就是願菩提心的
戒律、行菩提心的戒律。求取之後，在原來的律儀上，譬如說比丘
變成他比丘律儀的一部分，沙彌變成他沙彌律儀的一部分。

● 在家者的戒律

　　在家者的戒律，包括居士戒及近住戒。居士的部分分成許多類
型，首先是一戒居士，是指守護一個戒律，譬如說不殺生這件事，
我好好守護做到。但是有的人是四個根本戒律都同時守護，或者是
四個根本戒律再加上飲酒也都斷除掉，所以守護戒律的情況不同。

　　如果只守護單獨一個戒律，例如殺生，就是一戒居士；另外再
守護一個戒律，例如不偷盜，就是二戒居士；如果守護三個或四個
戒律，稱為多戒居士；如果五個戒律全都守護，就稱為圓戒居士；
若再加上不作非梵行也守護了，就稱為梵行居士。

　　一般來講，沙彌所要守護的條目有十項，其中拿金銀錢財，在
沙彌是不可以的；但就在家人而言，因為有太太、小孩之故，所以
拿取金銀錢財是可以的。其次，唱歌、跳舞、彈奏樂器三項，身上
佩戴的項鍊、花環、塗抹香水三項，這個部分在沙彌是不允許的；
可是在近住戒裡，因為這是小小的過失，在家者如果違犯，合併在
一起算一個過失。

　　統合歸納，近住戒有八個項目，也就是四個根本戒，加上不能
飲酒第五個；過午不食第六個；再加上前面講的唱歌、跳舞、彈奏

樂器三項及佩戴珠寶、花環、塗抹香水三項，合起來只算一個，這是第七個；不可以坐臥高廣大床，這是第八個，稱爲近住八戒。

近住八戒經常配合斷食來進行，因此就變成斷食安住的方式。在此方式裡，我們持守清淨戒律，從第一天的早上開始，到明天早上太陽出來之前，也就是一個白天一個晚上的戒律，這是近住戒。不過印度有個人叫月官居士，本來是一個白天一個晚上的近住戒律，月官居士卻是守護一輩子，窮其一生恆常守護這個戒律，而不是只守一個白天一個晚上。

以上是在家者的戒律。

• 出家者的戒律

出家者的戒律分成沙彌的戒律、善學女的戒律、比丘的戒律、比丘尼的戒律。

沙彌的戒律應當守護十個項目，不能夠做殺生、偷盜、非梵行、妄語，這是四個根本項目，另外還有六個分支，總共十個項目。六分支中，不飲酒是第一個；不唱歌、不跳舞、不彈奏樂器三者算一項，是第二個；第三個是不可佩戴花環、項鍊、塗抹香水；第四個是不坐臥高廣大床；第五個是過午不食；第六個是不拿金銀錢財，共六個分支，加上四個根本戒，共是十項，守護這十個項目不去做，當作自己的戒律，這是沙彌。

善學女的戒律，還要再加上十二個項目。如果得到沙彌的戒律，之後進一步想要求取比丘尼的戒律，但在求取比丘尼戒律時，到底他的能力能不能夠守護比丘尼的戒律，中間要加上十二個項

目的學處，如此經過兩到三年的觀察期，如果都沒有過失、沒有違犯，就可進一步接受比丘尼的戒律。如果違犯了十二個項目，那他僅僅只是持守沙彌的戒律，仍然屬於沙彌，不能夠去接受比丘尼的戒律。換句話說，沙彌有十個戒律，另外加上十二個項目，一共是二十二個項目，這是善學女的學處。

所以，善學女是指一個觀察期，就是從沙彌之後，進一步要到達比丘尼，但求取比丘尼戒律時，能不能夠得到這個戒律呢？中間有一個觀察期，這個觀察期的階段，就稱爲善學女。

比丘的戒律是兩百五十三條，這兩百五十三條裡，有四種他勝罪、十三種僧殘罪、三十種捨墮、九十種單墮、四種向彼懺、一百一十二個惡作（小小的毛病稱爲惡作），這些是比丘的戒律內容。此處不特別講比丘的律儀，不需要一個一個項目詳細解說，只做簡略的講解。

比丘尼的戒律更多，共三百六十四條，在戒律的典籍裡都有提到，非常清楚。不過在西藏，已經沒有比丘尼戒律的傳承了，之後因爲中國有比丘尼戒律的傳承，很多各國的女性再三堅持要讓比丘尼的戒律發揚廣大，流傳開來。達賴喇嘛也非常重視此事，因此邀請各國許多大博士在達蘭莎拉開了很多次會議。

開會時，主要討論比丘尼戒律的傳承，不過經過多次討論後，發現比丘尼戒律的傳承，歷代流傳的部分無法清楚作說明。達賴喇嘛的想法是，如果有一個比丘尼戒律的傳承非常明白清楚，無論如何一定要把它傳到西藏，讓西藏也有這個戒律的傳承，可是開過很多次會議，發現無法很明白的說清楚比丘尼戒律的傳承過程，因此

也就沒有把它引進西藏。所以目前西藏女性出家人只有沙彌尼的戒律，沒有比丘尼的戒律，以前是這樣，以後可能仍然也是這樣。

為什麼比丘尼戒律有三百六十四條這麼多？是因為裡面包含一些小小的過失，叫作「惡作」；還有比較嚴重的過失，叫作「粗墮」。粗墮和惡作之中再細分成好幾個項目，所以就變成有非常多的項目。

● 違犯戒律時該怎麼辦？

前面講的這些戒律裡，四個他勝罪就是四個根本罪，這四個根本罪如果違犯，就完全失去戒律了。如果已經失去戒律，能不能再去求取戒律呢？

當戒律已經失掉時，心裡想：「這件事情我要保密，完全不讓任何人知道。」如果有這種想法，就不能再求取戒律。反之，當自己的戒律失掉時，心裡想：「啊，我的戒律已經失去了，我不能夠保密，不能夠隱藏起來！」如果有這種想法，這個人就還可以再求守戒律。

在西藏有這種情形，年紀很大的老公公、老阿嬤求守出家戒律，可是他們沒有學習佛法，雖然他們心裡會想：「我是沙彌，我是比丘。」但這樣能不能守護學處呢？不能！為什麼？年紀很大了出家求取戒律，可是沒有學習佛法，完全不知道戒律是什麼、學處是什麼，只在心裡想：我是沙彌，我是比丘，這等於是在開玩笑而已。

不管什麼時候，如果在違犯時說：「喔，我已經產生了過失、

我已經違背了戒律！」若有這種認識和了解，要進行懺罪就比較容易。

違背戒律的過失是如何產生的呢？無著菩薩指出一個重要的關鍵，就是無知。譬如應當要守護的是什麼？應當要斷除的是什麼？這些完全不知道，所以，無知就是墮罪產生的最主要因素。

比丘的應做學處，亦即應當要做的事，有「夏安居」，一年之中是三個月；其次是「長淨」，印度話翻譯成「布薩」，一個月要做兩次；還有一個是「解制」，解制是三個月結夏安居結束那天要做的，只有一天，這是比丘應當要做到的。戒律裡有十七個項目是不能懺悔的，就是四種他勝罪和十三種僧殘，在布薩時也沒有辦法懺罪清淨。不過，這十七個項目在布薩時念誦，可以得到加持，只是不能懺除清淨。除此之外，其它的項目在布薩僧眾集會時皆可懺悔清淨。

還有過午不食，沙彌或比丘如果因疾病或身體衰弱，仍然可以於午後享用食物，但享用時心裡要想：「我現在是在北俱蘆洲。」這樣就可以吃，這是佛世尊曾經說過的。

在西藏的戒律典籍中提到這麼一句話：「出家者隔十五天可以沐浴一次。」就是一個月能夠沐浴兩次。這對現代人來說無法想像，現在人不可能一個月只沐浴兩次，可能一天就沐浴兩次了呢！

可是，為什麼西藏的戒律典籍卻提到每隔十五天可沐浴一次？這很奇怪，很多學者也在分析、討論此戒條。印度天氣奇熱無比，佛帶著出家僧眾，一個月才沐浴兩次，大概不太可能。我也有這麼一個疑問，所以特別把書查看之後，我想：西藏天氣非常寒冷，一

個月沐浴兩次是有可能的；甚至有些閉關實修者，一年沐浴一兩次都有可能。因爲天氣實在太寒冷了，所以有些大菩薩示現的成就者，在翻譯戒律的過程中，就把它修改了，這也是非常有可能。

這個關於沐浴的問題是在西藏的戒律裡提到的，至於中國的戒律裡有沒有提到就不知道了。沐浴之後換乾淨的衣服，如果說有時穿居士在家人的衣服或者是穿皮衣時，心裡要想：「這是保護我的身體、養護我的身體，好能夠作實修。」如果有這種想法，佛世尊仍然是允許的，並沒有過失。

有時候手中要拿金銀錢財時，怎麼辦呢？如果遇到這種場合，心裡要想：「這是用來供養三寶，用來布施眾生、乞丐貧窮者。」只要有這種想法，佛陀也是允許的。

不過，佛在律典裡，沒有說可以、也沒有說不可以的，也有很多。譬如現在看電視、看電影、帶照相機、打電腦，在佛陀的戒律典籍裡都沒有談到過。如果佛沒有說可以、也沒有說不可以，沒談到的這些項目，我們就要自己分析了。若是做這件事會產生罪業，就不應該做；若是做這件事能夠產生善業，對眾生又有幫助，可以利益眾生，那就可以做。

現在傳出來的戒律，包括可以做或者是不可以做，有許多是上座部、大眾部、說一切有部、眾敬部，這些小乘的四部一起共通遵守而流傳出來的，所以守護這些學處非常重要。

• 什麼情況下可以違背律儀？

一個人可以同時就三種律儀來作實修，主要是因爲三種律儀是

一體的三面，本質完全相同。分別解脫戒是想到自己下輩子能夠脫離輪迴，暫時上能夠得到天人的果位，以出離心作爲基礎來持守戒律；菩薩律儀是以利益眾生爲主；密咒乘的階段是經過灌頂後，思維上師、處所都是清淨的，經由灌頂之後得到密咒乘的律儀。

　　這三個律儀，在一個人的內心中可以得到，可以同時來作實修。如果同時實修這三種律儀，因爲學處項目很多，功德利益會廣大無比。一個人能夠同時作實修的原因，是這三個律儀的本質相同，只是角度不同而已，所以是一體的三面。不同的側面是指，譬如得到律儀時，儀軌不同，三種律儀要守護學處的時間也不相同，就是這些有差別，至於本質則都是相同的。

　　所以在一個人的內心可以同時存在這三種律儀，可以同時擁有三種律儀來作實修，情況是怎樣呢？例如有一些狀況會使分別解脫戒有一點違背，可是就菩薩律儀而言卻沒有違背，在這種狀況下如何作實修？如何選擇決定？

　　因爲菩薩律儀高出分別解脫戒的緣故，因此只要菩薩律儀沒有違背，就應當以菩薩律儀爲主，這時當然可能會違背分別解脫戒，但因爲菩薩律儀高過分別解脫戒之故，在這種狀況下，不守護分別解脫戒也是可以的。

　　舉例而言，分別解脫戒提到不妄語，不過在菩薩律儀中卻提到：如果是爲了利益眾生，妄語是可以的。所以如果遇到一個情況，就我個人而言，我有分別解脫戒，同時又求守了菩薩戒，若遇到一個場合要講妄語，我是遵守分別解脫戒還是菩薩律儀呢？前面提到過，因爲菩薩律儀是高過分別解脫戒的緣故，所以這時可以暫

時捨棄分別解脫戒，以菩薩律儀爲主。在利益眾生的情況下，純粹出於利他的狀況，可以講說妄語、可以殺生、非梵行、偷盜，這是佛陀曾經允許過的。所以應當要遵從菩薩律儀，以菩薩律儀來作實修。

這個部分，許多前輩、聖者、實修的大博士、成就者，都按照這個原則來進行，我們當然也可以按照這個原則來進行。

就菩薩而言，如果是在利他的狀況下，爲了利益眾生而作殺生、非梵行、邪淫或者是妄語等，就行爲本身當然是違背分別解脫戒，可是仔細分析：分別解脫戒以不傷害眾生爲主，當菩薩做這些事時，外相上看起來是不善業，殺盜淫妄，可是主要是爲了利益眾生，並不是眞正的殺盜淫妄，而是以這種方式來利益眾生，使眾生得到利益，所以實際上跟分別解脫戒不傷害眾生的精神完全符合。

總之，佛陀說這個行爲違背律儀，不可以做，那就不可以做；佛陀說菩薩在利益眾生的狀況下，允許殺盜淫妄等，因爲是佛陀曾經允許過的，所以做了也沒有違背。

還有，在分別解脫戒裡，對出家人而言屬於根本墮，是非常嚴重的罪業，也許到了菩薩律儀時，就變成只是一個惡作，一個小小的過失，而不是根本墮，這種情形也有的。

譬如分別解脫戒禁止喝酒，但在密咒乘門階段進行薈供時，一點點酒是一定要的，當作密咒乘的修法物質，所以顯然和分別解脫戒不一樣。這種不同是因爲聲聞乘門的想法比較單純狹小，密咒乘門對於外在事物、內心的念頭想法全都當作是本尊的性質，要產生生起次第，因此分別解脫戒規定不可以使用的東西，例如酒，密咒

乘把它當作實修的物品，而不是當作酒來享用，並不是想要喝得酩酊大醉，所以仍然沒有違背律儀。

就密咒乘門而言，不會想我是比丘而產生傲慢之心，這種念頭要去除；或者執著我是菩薩等，各種念頭都要去除。所以在密咒乘門裡，飲酒變成沒有過失存在，這是因為把酒當作密咒乘門的修法物品，以這種心態喝酒就沒有過失。

但是，密咒乘的實修者，如果把酒當作是酒而去品嚐它的美味，喝得酩酊大醉，這樣在密咒乘門是不被允許的。

在小乘分別解脫戒的階段，方便和勝慧是分開的，因此，沒有辦法把不善業轉成善業。可是在菩薩乘門、密咒乘門裡，方便和勝慧結合在一起來作實修，所以不會被不善業打敗，反而能夠把不善業轉變成善業，這是可以做到的。

特別是在密咒乘門裡，所顯現出來的一切都是本尊，都是無量宮，即使是酒肉也當作是誓言物品的性質，而非世俗吃喝的酒肉，所以，情器一切事物都是本尊壇城。因為具有這種想法，把一切轉變成本尊壇城之故，所以即使行殺盜淫妄等也不會產生過失。

一個人如果具有分別解脫戒或菩薩戒，我們對他供養布施，福德非常廣大；比起這個而言，供養自己的本尊，其利益還要更加廣大。所以，依利益的大小程度如何來積聚善業，就要多多閱讀佛法書籍，廣大聽聞和多加思維，按照裡面的學處努力實修。

問與答

問：如何把五毒轉變成五智呢？

答：密咒乘的實修，其心力要非常廣大，特別是在上師傳
授灌頂、自己請求灌頂時。在配合上，自己上輩子、
上上輩子實修密咒乘門，有很多習氣，而且習氣非常
強烈，如果是這樣，就可以把煩惱轉變成為五智；如
果上輩子沒有學過密咒乘門，習氣也不是非常強烈，
在這種情況下，即使上師灌頂、自己求法實修，這輩
子也沒有辦法把煩惱轉成五智，這種情況很多。所
以，能不能把五毒轉變成為五智，要看自己前世以
來，實修的程度如何、個別的力量如何；除此之外，
大概沒有什麼其它的原因。

問：如果智慧比較薄弱而判斷錯誤，以為是在利益眾生而
去做殺盜淫妄的事，這算善業還是惡業？

答：首先，在還沒有做之前，自己要好好地觀察分析，作
個判斷，確定已經毫無疑問，對於對方一定有利益，
在這個原則下才能去做這件事情；做了之後就算對方
沒有得到利益，自己還是會累積廣大的善根。為什麼
呢？因為自己剛開始做時，內心完全沒有不善的念頭。

特別是佛陀曾經說過：「善業或罪業不是由外相來決定，應當要由內心來決定。」所以，也許拿刀子把對方殺了，外相看起來，這是很大的罪業，不過不能單從外相來決定是罪業還是善業，要看他的內心是如何。如果他的內心沒有一點點利益自己的想法，純粹是要利益眾生，為了眾生而這樣去做的話，這件事情所累積的便是善業。

　　不過這也有一個很大的疑問，是什麼疑問呢？譬如恐怖份子為了自己的教派殺了很多人，認為殺人是一種善業，在這種情況下，殺死對方是使我自己得到利益，就不能算是善業，而是嚴重的罪業。前面提到，從內心來作決定，是指在不殺死對方的狀況下，他會受到更大的痛苦，要墮入地獄裡去；而如果我殺死他，他受的痛苦會比較小，而且不必墮入地獄裡，這是純粹為了利他之故而殺死他，如果這樣，就是善業。若是「我殺死他，我的宗派就可以廣大發揚，我下輩子可以投生到天神的住所，得到安樂」，這是殺死他人來利益自己，出發點完全是自私自利的動機，從這點來看，罪業比起殺生還要更加嚴重。

　　還有一種情況，現在有許多植物人，雖然還有呼吸，但是身體已經不能動彈，不能說話也不能吃，

躺在醫院很多年還沒斷氣，所以產生一個疑問，就是：讓他安樂死是不是有更大的利益呢？要討論這種情況，就要深入地分析。如果我今天讓他安樂死，是因為我每天要照顧他非常麻煩勞累，支出也很龐大，影響我的工作和生活，所以讓他安樂死存在著利益自己的想法，這是一個罪業，而不是善業。從佛法的角度廣大來看，會變成植物人，可能是他以前造作不善業，現在只是不善業的果報成熟而已，如果在果報成熟的階段讓他安樂死，假設以前不善業的果報，他要承受十五年異熟果報的時間，若只過了五年時間就給他安樂死，就表示還有十年的異熟果報還沒消掉，怎麼辦呢？那可能會影響到他的後世，變成他後世還要繼續受這個果報，這也是有可能的。所以像這些狀況要好好分析，否則會有很多誤解產生。

問：三個律儀的修持，在五道之中是何階段？

答：三個律儀裡，攝律儀戒主要是在資糧道之前，還有得到資糧道時所要做到、學習的。攝善法戒是加行道的階段。饒益眾生戒是見道位的階段，饒益眾生的意思是，自己所做的事情不管再怎麼辛苦勞累，都不是為了自己的利益，純粹是為了利益眾生。

問：密咒乘懺罪的方法有哪些？

答：在密咒乘裡，就算是律儀衰損，有罪業存在，懺罪的方式也不是只有薈供、持誦〈百字明咒〉，還有很多其它方法。爲什麼這些修法能夠讓罪業清淨呢？這是因爲諸佛菩薩曾說：「如果你這樣修、這樣做，罪業就可以清淨。」所以我們只有相信，除了相信之外，不必要再去作各種分析。

問：堪布講過空性也是空，怎麼分析空性也是空？

答：我們現在放眼望過去，一切都是實有，眞實存在，當然就看不到空性，因此有人就會想：原來所看到的這一切，其自性是空性，所看到的一切不是眞實存在，那麼空性總應該是眞實的！產生了這種執著。爲了對治有些人對於空性的執著，就說明空性的本質其實也是空性。

問：怎麼分析空性呢？

答：分析一個事物，例如桌子，並不能夠找到它，因此了解它是空性，當然這也是我們內心的思維。空性本身仍然是空性。提出空性本身是空性，是因爲在書裡經常提到要觀修空性，經常提到空性是我們要觀修、

要證悟的。因爲書中再三提到，而佛陀也曾經說過，一切法是空性，又說空性是要觀修、要證悟的，因此就有一些人對空性產生執著，所以針對這部分，說明空性也是空性。解釋空性時，是因爲對實有法產生執著，爲了斷除這個執著，所以說空性。如果學習空性之後，雖然把一切實有法的執著去除掉，可是對空性又產生了執著，這樣仍是不對的。爲了使對空性產生的執著去除掉，所以又講了「空性也是空」。

舉個比喻，在鑽木取火的時代，把兩根木頭大力摩擦後，就得到了火，之後這兩根木頭也燒掉了。同樣的道理，對於實有法產生執著，爲了去除這種內心的執著，就開示了空性。可是有些人聽聞空性教法之後，把原來對實有法的執著去除掉了，接著卻對空性產生執著，認爲它是真實存在的；但是有些人聽聞空性教法之後，掌握了空性教法的關鍵要點，斷除了對實有法的執著，同樣地，他也會了解對空性法不能夠執著。這都是因爲弟子的根器不同，因此有很多差異。針對前面那種把實有法的執著斷除掉，可是又對空性產生執著的弟子，佛陀就講述了空性也是空——空空的內容，針對各類不同的弟子，講了十六空的內容。這不是針對某個人的完整實修來講說的，並不是

這種情況。

　　針對某些弟子，告訴他，對他開示一種空性時，他就了悟了萬法的實相；但是其他弟子卻沒辦法了悟，所以針對其他還沒了悟的眾生，佛陀又開示了第二種空性；有些弟子聽到第二種空性的開示時了悟了，可是還是有很多人沒有了悟，針對還沒了悟者，佛陀又開示了第三種空性……，就這樣逐漸講述了十六種空性，這是十六空的內容。因此，十六空的內容並不是針對某一個弟子作開示，而是針對很多弟子，個別內心的分別念頭、不同的情況，所作的不同開示。

• 如何持守三律儀？

　　在持戒波羅蜜方面，如果從顯教來看，首先有在家居士的戒律，之後有沙彌、比丘等律儀。得到這些律儀之後，可以再求取菩薩律儀，再求取秘密的密咒乘律儀，這是三律儀的情況。

　　經常提到的三律儀，就是外在的分別解脫律儀、內在的菩薩律儀、秘密方面的密咒乘律儀。假如有一個人先求取得到比丘的律儀，接著又求取得到菩薩律儀，之後又求取得到密咒乘的律儀，就是一個人同時具有三種律儀；如果一個人同時具有三種律儀，這三種律儀如何存在？存在的情況是什麼呢？

外在的分別解脫律儀，最初是求取之後得到了這個律儀，死亡時，我們內心就不存在這個律儀了。可是菩薩律儀和密咒乘律儀卻會持續很久，在還沒有得到佛果之前，一直都存在。

就外在的分別解脫律儀而言，妄語、偷盜、殺生等，完全不可以做，是完全禁止的。可是在菩薩律儀中，例如就殺生而言，如果純粹出於大悲之心而殺生，卻是允許的。同樣的道理，妄語也是允許的，非梵行也是允許的，連偷盜都是允許的。在沒有絲毫利益自己而完全是利益眾生的情況下，這是允許的。同樣的道理，在密咒乘的律儀中，非梵行及飲酒等也都是允許的。

如果一個人同時擁有三律儀，有一些情況，根據分別解脫律儀是不允許的，不過根據菩薩律儀又是可以的；有時根據菩薩律儀是不允許的，但如果遵從密咒乘律儀又是可以的，那麼這個人該如何實修？如何守護律儀？這個部分應當要了解。

有些大博士對這部分提出說明，不過卻不相同，也就是說，關於「如果一個人擁有三種律儀，這三種律儀如何存在於他內心之中？」這個問題，許多大博士有不同的主張，這些不同的主張歸納起來共有六種。

第一種說法，這一個人首先求取了分別解脫律儀，然後再去求取菩薩律儀，在求取菩薩律儀時，他的分別解脫律儀就會轉變為菩薩律儀，所以只有一個律儀，就是菩薩律儀。如果之後他又求取了密咒乘律儀，則前面的分別解脫律儀、菩薩律儀已經轉變成了密咒乘律儀，所以實際上還是只有一個律儀。換句話說，它的本質轉變了，由分別解脫戒律儀轉變為菩薩律儀，由菩薩律儀又轉變為密咒

乘律儀。這是第一種解釋。

　　舊派寧瑪派和薩伽班智達大博士的主張都是相同的，主張第二種說法，就是本質沒有改變，雖然本質只有一個，不過卻有三種方式。例如在求取分別解脫律儀時有一個儀軌，順著分別解脫律儀的受戒儀軌念誦之後得到這個律儀；同樣的道理，求取菩薩律儀時也有受戒儀軌，按照這個受戒儀軌求取律儀，得到了律儀；在密咒乘時也有受戒儀軌，也有它的方式，按照這個方式又得到了律儀。

　　這三種都是不同的方式，所以，戒律的本質只有一個，不過卻可以分成三種律儀，這樣仍然是可以的，爲什麼呢？因爲它就像受戒的儀軌一樣，有三種不同的方式，所以當然可以分成三種。本質只有一個，可是分成三種。

　　而且，它的本質也會提升，例如，首先得到分別解脫律儀，接下來求取了菩薩律儀，求取菩薩律儀時，菩薩律儀的威力會加持分別解脫律儀，因此，分別解脫律儀的威力和利益會變得更加廣大。如果以後這個人又求取了密咒乘的律儀，密咒乘律儀本身的力量也會加持前面的菩薩律儀以及分別解脫律儀，使菩薩律儀的力量和利益變得更加廣大，所以律儀本身並沒有互相違背。

　　但如果分別解脫律儀裡不允許的項目，到了菩薩律儀裡卻允許，密咒乘律儀裡也允許，怎麼辦呢？實際上都是沒有互相違背的。爲什麼呢？仔細分析，凡是在分別解脫律儀裡不允許的，都是傷害眾生的行爲，如果同樣的事情到了菩薩律儀和密咒乘律儀卻是允許的話，也是因爲此行爲沒有傷害眾生，而且是對眾生有利，才會得到允許。所以在分別解脫律儀裡不允許的情況，到了菩薩律

儀、密咒乘律儀卻允許，表示它們有個共通的特徵，都是屬於善業，而非不善業。依於同是善業，所以彼此之間不相違背。

這樣的話，一個人具有三律儀，如何來守護律儀及作實修呢？如果是很多人聚集在一起時，在共通的場合裡，他應該以分別解脫律儀為主，譬如應當穿著三法衣，態度要恭敬有禮，止息、調伏、非常柔和。但如果是獨居山林，在茅棚裡或在山洞中閉關實修，只有自己一個人時，就應該以菩薩律儀、以密咒乘的律儀為主，如此來作實修，這是舊派寧瑪派的主張。

第三種主張，一個人同時擁有三律儀時，這三種律儀都是不同的本質，不同體。分別解脫律儀是不同的本質，菩薩律儀是不同的本質，密咒乘律儀是不同的本質，三者完全分開，三者不同體、不同本質，因此在守護律儀時，也是各自分開，因為三者完全不相同。

第四種主張是什麼呢？有些博士主張，得到律儀時是分開來得到，所以存在我們內心也是分開，存在不同地方。這是第四種主張。

第五種主張認為三個律儀就好像三個銅板疊在一起，雖然疊在一起像是一個，不過其本質卻完全沒有混雜在一起。就像三個銅板完全分開，不會融合成一個一樣，看起來像是疊在一起，可是完全沒有混雜成同一個。

第六個主張，認為就好像天空的日月星辰一樣，譬如太陽出來時，月亮和星星變得暗淡無光，但是有沒有月亮呢？有。有沒有星星呢？有。

同樣的道理，當一個人得到密咒乘律儀時，內心仍然存在著菩薩律儀和分別解脫律儀，不過沒有現前，沒有出現，只有密咒乘的律儀。這種情形就像只有太陽時，月亮和星星雖然都在，但卻看不到，所以這時他內心的情況是密咒乘律儀出現，而菩薩律儀、分別解脫律儀沉沒下去了。這是第六種主張。

無論如何，三個律儀所求取戒律的儀軌不相同，要守護的期限當然也不相同，至於這個守護戒律的界限、必要性、不能違犯的事情，這些其實都是相同的。

譬如就分別解脫戒而言，是使自己不要墮入不善業中，而菩薩律儀及密咒乘律儀則以利他為主來守護律儀。所以如果是利益眾生，當然自己就得到了律儀；如果自己不去行不善業，當然也會得到律儀，因此從自己得到律儀來看，分別解脫律儀和菩薩律儀是相同的。

差別之處在於，得到分別解脫律儀之後又求取菩薩律儀，這時，分別解脫律儀的本質轉變為菩薩律儀，再求取密咒乘律儀之後，前面的兩個律儀（分別解脫律儀和菩薩律儀），其本質也會變成密咒乘的律儀。因此，就有必要分為一般守護的項目以及特殊守護的項目，應當有這個差別存在。

譬如在一般守護的項目裡，分別解脫律儀、菩薩律儀是不能喝酒的，但是在密咒乘律儀裡，則把酒當作密咒修法的物質，因此可以喝，原因何在呢？

就求取密咒乘的律儀而言，擁有密咒乘律儀的行者，依於密咒乘的見地是更加廣大的，所以靠著廣大見地的威力之故，飲酒不會

酩酊大醉。如果在分別解脫律儀和菩薩律儀裡，不飲酒的目的也是強調不要酩酊大醉，那麼密咒乘律儀裡即使飲酒了也是不酒醉，並沒有受到酒的傷害，所以三者完全一樣。

分別解脫戒裡不飲酒，沒有受到酒的傷害；菩薩律儀裡不飲酒，沒有受到酒的傷害；在密咒乘律儀裡以廣大的見地威力之故，即使飲酒也不會受到酒的傷害，所以自己沒有受到傷害這部分道理都是相同的。

除此之外，不可以認爲分別解脫律儀、菩薩律儀及密咒乘律儀，全部只有一個。因爲其本質會變化，三者是不同的、個別的存在，並不是只有一個。因此，說只有一個是不對的，應該說是個別不同的存在。

怎麼說呢？例如殺生，在分別解脫律儀裡，殺一個人是墮罪；在菩薩律儀裡，如果是出於大悲之心而殺害人，因純粹利他而殺生的話，就不是墮罪。所以，就自己不行不善業這點來看，這兩者是一樣的。在菩薩律儀裡不可以做，是因爲不能行不善業；在分別解脫律儀裡不可以做，是因爲不能行不善業；在菩薩律儀裡，出於大悲心之故而殺人，不是墮罪，也不是不善業，自己並沒有墮入不善業之中，反而利益了眾生，所以精神還是一樣的。

就自己所守護的律儀而言，在密咒乘律儀裡以大悲心來殺害一個人，如果還會產生墮罪，那就是沒有以見地的力量將戒律的本質轉變過來。

如果一個有密咒乘律儀的人飲酒，那不是墮罪，因爲在密咒乘律儀裡並沒有阻止這件事，沒有規定不可以做，這就是因爲以見地

的力量轉變之故，所以飲酒不會酩酊大罪，因此就沒有規定不可以飲酒。

就律儀來談論，小乘說分別部認為律儀是什麼呢？他們主張外在的分別解脫律儀是靠著自己的身體，還有傳法上師的語言作教導。換句話說，當自己的身體和上師的語言結合在一起時，戒律就形成了，因此律儀是屬於色法，這是說分別部的主張。

小乘經部宗的主張和大乘唯識宗的主張一樣，都強調內心的想法：我要斷除不善業。這種想法就是屬於律儀，經部宗和唯識宗都這樣主張，這個想法就是律儀的本質。律儀的本質是什麼呢？內心有一個想法：我不要去做不善業；我要斷除不善業。產生這種想法就是律儀的本質。

大乘中觀宗主張什麼呢？它的主張也是如此，律儀的本質是內心的一個想法，就是我要斷除不善業，這種想法就是律儀的本質。這是許多派系的主張。

就密咒乘來看，律儀的本質又是什麼呢？就密咒乘而言，一切萬法不清淨的部分要轉變為清淨，因此，不善業的行為可以用方便的大悲去包括。但是在小乘的派系或顯教的派系裡則沒有這種方法，這種情況不存在。

就此而言，密咒乘的律儀就非常不容易了，因為並非某一位上師在灌頂，我去求取灌頂，就得到了律儀。密咒乘的律儀不是這樣的。那麼該如何判定內心有沒有密咒乘的律儀呢？一切萬法都是清淨的，如果證悟了這一點，就是有密咒乘的律儀；若沒有證悟這一點，不知道萬法是清淨的，他的內心就沒有密咒乘的律儀。

　　而且，就分別解脫律儀來看，內心要有這樣的想法：「三界輪迴是痛苦的，我要脫離三界輪迴。」「我要脫離三界輪迴，我要投生在西方。」這是出離心，有了出離心，內心才會擁有分別解脫律儀。

　　至於菩薩律儀，光嘴巴上講說我得到了菩薩律儀，去求取了菩提心戒律，得到很多很多次，其實沒有用處，最重要的關鍵在於對眾生有沒有大悲心。如果這個人對眾生沒有大悲心，沒有菩薩心，這個人就沒有菩薩的律儀。因此，菩薩的律儀應當要有大悲心，這是菩薩律儀的本質。

　　密咒乘的律儀需要什麼呢？密咒乘的律儀就需要有「清淨」。

　　前面提到，如果內心有脫離三界輪迴的想法：我要離開三界輪迴，我要得到解脫，產生了出離心，內心才會擁有分別解脫律儀。同樣的道理，我要廣大利益遍滿虛空的一切眾生，如果內心有這種想法，才會具足菩薩的律儀。

　　這樣我們就可以了解密咒乘律儀的特質，我現在所看見的一切萬法都是不清淨的，這是因為自己從無始輪迴以來，每一世皆累積了業力和煩惱，萬法顯現出來時，才會顯現為不清淨的形象；雖然顯現為不清淨的形象，事實上，一切萬法本來的面貌是完全清淨的。如果能了悟這一點，這個人內心才能具足密咒乘的律儀。

　　一切萬法都是純淨的，因此五蘊就是五方佛，五大種就是五方佛母，一切都是本尊，一切萬法都是本尊的性質，都是純淨的。要有這樣的了悟，這個是生起次第。如果是更進一步的圓滿次第，則一切萬法全都是本然智慧，可以轉化成本然智慧，所以在密咒乘律

儀裡能夠、也可以是這個樣子的。

　　這是三個律儀的本質，應該如此來了解。

　　在小乘派系和顯教派系的書裡也經常講到，這個是墮罪，那個不是墮罪；或者如果這樣做得到了律儀，如果那樣做便失去了律儀。所以，小乘和顯教有生滅的想法，也就是萬法有形成、有壞滅的想法；但在密咒乘的想法裡，萬法沒有生滅的情況，萬法是純淨的，如果一切萬法純淨，怎麼會有形成又有壞滅呢？所以律儀不會有產生又丟失的情況，一切萬法都是純淨的，都是本尊、佛父的性質。

　　所以，最初求取分別解脫律儀，之後求取菩薩律儀，之後求取密咒乘律儀，這樣一個人就會擁有三種律儀，而三種律儀是不相違背的，自己可以按照這三個律儀來作實修，這樣，現在我們看到世俗不清淨的部分，依照密咒乘律儀，當然可以把它轉化爲純淨的。

　　就外分別解脫律儀而言，例如說妄語，首先妄語的基礎，對方必須是一個人；其次是內心要有「我要騙他」的想法。可是如果就密咒乘律儀來講，首先，說妄語的對象這個人，是本尊；其次我要騙他，我講出來的語言，從密咒乘律儀來講，連聲音都是咒語的性質，這樣看來，如果對象都是本尊，聲音都是咒語的性質，則妄語根本就不會存在了。

　　但是如果從初機實修者來講，就要謹慎的了解，律儀是各自分開的，因此各自來守護，這是非常重要的。在初學者的階段，對一個剛開始實修的人而言，三個律儀分開來安住，不能混雜在一起。因此，三種類型三種項目都要守護，這點非常重要。

　　前面講過，本質會提升，就本質的提升而言，求取得到外分別解脫律儀，當然有廣大的利益，之後再求取菩薩律儀，前面的分別解脫律儀的利益會擴張加倍。如果外分別解脫律儀衰損，就必須順著分別解脫律儀的儀軌來進行懺罪；如果菩薩律儀衰損，就順著菩薩律儀的儀軌來進行懺罪。

　　總而言之，對於律儀應當要有這種認識，自己的內心有了過失、煩惱產生的話，在外分別解脫律儀的階段是不允許的，在菩薩律儀的階段也是不允許的，在密咒乘律儀的階段亦是不允許的。如果你的內心能產生悲心、慈心、功德，這種情況在外分別解脫律儀裡是允許的，在菩薩律儀裡也是允許的，在密咒乘的律儀裡亦是允許的。所以不能從詞句上來判斷「喔，這件事情可以做，這件事情不可以做」，應當從主體者的根器來判斷。

　　實修者主體本身有上根器、中根器、鈍根器等很多差別。譬如，這句話對鈍根器來講是不允許的，不過對中等根器來講卻是允許的；同樣的道理，對中等根器來講是不允許的，對利根器來講卻是允許的。

　　所以要這樣去了解戒律，在分別解脫戒裡不允許的項目，在菩薩律儀裡也許是允許的；在菩薩律儀裡不允許的，到了密咒乘律儀也許是允許的。要有這種認識，有了這種認識後，再來守護律儀作實修。

攝善法戒

　　攝善法戒講的是六度波羅蜜，再加上有所緣取的福德資糧、無

所緣取的智慧資糧，這許許多多的功德若還沒有產生，要使它產生，方法是什麼呢？若已經產生了，要使它不斷地增長，方法又是什麼呢？這就是攝善法戒。

在三學中，如果出於強烈的慈心和悲心，對某一個眾生行布施，這是菩薩律儀，這個布施已經齊備了六度。譬如以慈心和悲心把一個東西布施給某一個眾生，這個項目就包括了六度波羅蜜的實修。首先，我把一個東西給他，這是「布施波羅蜜」；把這個東西給他時，我沒有渴求將來會發財，對方會回報我，將來我的名聲會很響亮，報紙會刊登我是大善人等，都沒有這種想法，這是「持戒波羅蜜」；布施時，我把東西給他很辛苦，也很勞累，這些都要忍受，這又做到了「安忍波羅蜜」；當我布施給他時，內心非常喜悅快樂，這是「精進波羅蜜」；我在布施給眾生時，我有布施的想法，而且內心經常想著「我要作布施、我要作布施」，這是「靜慮波羅蜜」；把東西給他，這是對境，給他的東西，給予者是我，對我、對象和東西三方都沒有貪戀執著，這是「勝慧波羅蜜」。

同樣的道理，持戒這個項目也包括六度波羅蜜的實修，安忍這個項目也齊備六度波羅蜜的實修，精進這個項目也包括六度波羅蜜的實修，靜慮這個項目也齊備六度波羅蜜的實修，勝慧這個項目也齊備六度波羅蜜的實修，這是方便善巧。因此，如果求取了菩薩律儀後來學習菩薩道，就應該要以六度來學菩薩道，而六度波羅蜜裡任何一個項目都包括了六度波羅蜜，要這樣來作實修。

其次是四威儀。平常我們提到四威儀時，譬如行住坐臥，威儀就是日間的行為。平常的行為，最重要的是要具足憶念和正知。如

果在具足憶念和正知的情況下進行所有的行為活動，我們的行為活動就會轉變成清淨；行為活動清淨的話，就是一個善業。

譬如方便善巧者，僅僅只是走路，六度波羅蜜也都包括在裡面。因此，能夠了解這些善巧方便，就不用那麼辛苦勞累，仍然能夠實修，而且很容易就能積聚資糧，如此，在短短的時間裡也能夠成就佛果。所以，在平常的行持、平常的行住坐臥中，很多方面善巧的想法就非常重要。

這些想法是什麼呢？當我在睡眠中時，心裡要想著我已證悟了佛的法身；如果做夢，就要想到一切萬法都如夢似幻；早上醒來時，要想到從無明的睡眠中清醒過來了；走路時，要想著這是佛的色身，自己得到了佛的色身；在椅子上坐下來時，要想到釋伽牟尼佛就是坐在印度菩提金剛座上，得到了圓滿的佛果，因此要思維自己也像這樣坐在金剛座上面；如果坐著時，背上靠著牆壁或椅背，就要想著我是靠在菩提樹上，因為佛陀也是靠在菩提樹上，得到無上正等正覺的佛果；當看見火在燃燒時，要想著這熊熊烈火把所有的煩惱燃燒窮盡，不存在了；當火光很亮時，要思維這是本然智慧之火；走出去和走進來把門打開時，心裡要想著我打開了解脫之門；把門關起來時，要想到我已經關閉了三惡道之門；走路移動腳步時，要思維自己移動這個腳步去利益廣大的眾生；如果看到水或茶倒滿一個碗或茶杯時，要想到希望一切眾生內心充滿了所有的功德；如果看到一個器皿是空的，就要希望眾生一切過失全部清淨去除，再也不存在……

這些只是舉例說明，類似這種想法太多了，佛陀在經典裡也講

過很多很多。

饒益眾生戒

饒益眾生戒是指在方便大悲心下，如果能夠直接利益眾生，就去利益眾生；如果能力不足，不能夠直接做到的話，就應當鼓勵其他人也去利益眾生。

舉例而言，自己的財富不是很齊備，很難做到布施或供養，但自己認識一些有錢人，就可以鼓勵他們去做布施、供養，鼓勵他們去行善業。總之，應當以利益眾生為主，對眾生進行布施，或對眾生講說教法，或令眾生實修佛法。

但是要幫助眾生實修佛法的話，自己當然也要作實修。簡單來講，就是四攝法，四攝法就是布施、愛語、利他和同事，用這四個方法去利益眾生，這是饒益眾生戒。簡而言之，如果攝善法戒做得非常廣大，饒益眾生戒自然就包括在裡面，自然而然就能夠做到了。

佛陀講過六種分析，亦即有六種事情要好好的分析一下：自他的善業是增加還是減少，也就是自己的善業是慢慢加強了還是退步了？其它眾生的善業是進步了還是退步了？這是兩項。其它眾生的財富物品是增加了還是減少了？這是兩項。還有其它眾生是得到佛果了還是沒有得到佛果？這些都要好好分析一下。

雖然說起來是六種要分析的事情，不過歸納起來只有一個項目，應該包括在這個項目裡，就是自己的實修是進步了還是退步了？前面的所有分析都可以包括在這個項目裡。

如果自己在佛法方面的實修沒有退步，而是進步的，在這種情況下就可以去利益眾生。如果自己在佛法的實修這部分並沒有進步，而且退步了，這個時候便不能去利益眾生。為什麼呢？此時應當針對自己的過失和矛盾，好好的反省檢討懺罪，也就是說，這個時候最重要的是要先調整好自己。

接下來，如果在對眾生有廣大利益的狀況下，即使小小的戒律捨棄了，沒有守護，佛陀也是允許的。譬如為了要保護、拯救別人的生命而講一點小小的妄語，有何不可呢？這是佛陀允許的。譬如一個小鎮和一個大城市，小鎮有小鎮的法律，大城市有大城市的法律，如果為了維護大城市的法律而捨棄了小城鎮的法律，當然也是可以的。因為一個涵蓋的範圍廣大，一個則較小，這當然是可以理解的。

所以，如果是為了保護自己，捨棄了土地和房屋給別人，這是可以做的，為什麼呢？因為比起土地和房屋，自己的性命當然比較重要；保護比較重要的，捨棄比較不重要的，當然可以。又譬如為了佛法的緣故，捨棄了自己的生命，這種歷史事蹟也很多，這是因為佛法珍貴無比之故。

安忍波羅蜜

基本上，安忍就好像一塊不會製造傷害的土地；而持戒（持守戒律）就好像在這塊土地外面用圍欄圍起來一樣。

安忍可以分為安受痛苦忍、損惱皆不作意忍、甚深法忍。

一般而言，瞋恨會造成我們內心很多的不快樂，陷入憤怒，暴

跳如雷，在這種情況下，會把我們的善根，慈心、悲心、菩提心逐漸地破壞掉。所以，憤恨就好像一個荒廢的園地一樣，裡面荊棘雜木，亂草叢生。

如果一個人的憤怒、瞋恨很嚴重，一定會投生在地獄，而地獄的痛苦無量無邊；如果了解地獄的痛苦無量無邊，內心感到恐懼害怕，就要好好想辦法，讓自己不要產生憤怒。

憤怒是最大的敵人

就安忍而言，傷害我、對我製造傷害的這個人，當然就是我的仇敵，因此，敵人就好像森林裡的荊棘一樣，如果一座森林裡的荊棘非常多，可不可能把荊棘全都拔掉呢？當然不可能，森林這麼大，怎麼可能把所有的荊棘都拔掉呢？同樣的道理，所謂敵人，就是讓我生出憤怒、傷害我的人，如果一座森林裡的荊棘不可能全都拔掉，又如何可能把敵人全部消滅掉呢？

換個角度來看，如果能把憤怒全都消滅，就沒有外在的敵人存在，也就等於沒有敵人了，這個就是安忍的功夫，大家要好好的想一想。

《入菩薩行》裡舉了個例子，今天我要去一座山，而且非去不可，可是這座山裡到處都是荊棘，怎麼辦呢？走在路上，荊棘會刺傷我的腳，但又不得不去，所以我就想：我要去找一塊很大的牛皮蓋住整座山，這樣不管我走到什麼地方，腳都不會被刺到。但這可能嗎？根本不可能，沒有這麼大一塊牛皮能把整座山都蓋住。聰明的話，應當是找一塊小小的牛皮，把自己的腳包起來，就像一雙皮

鞋一樣，這樣不管走到什麼地方都不怕腳被刺到了。所以用小小的牛皮把自己的腳包起來，就等於是用很大的牛皮把整座山蓋住，效果一模一樣。

同樣的道理，想要消滅所有的敵人，絕對不可能，敵人不僅不會減少，還會越來越多。把前面所說的道理好好想一想，就知道還不如消滅自己內心的憤怒，如果把自己內心的憤怒消滅掉，那就沒有敵人了。為什麼呢？所謂的敵人，就是製造我內心的憤怒，使我產生憤怒，我就稱之為敵人。如果我內心完全沒有憤怒，當然就沒有敵人存在。所以想一想，消滅敵人還不如消滅自己內心的憤怒。

譬如一個人講惡毒的話罵我，我分析一下他所說的話，這個語言，只是耳朵所聽到的聲音的一些振動而已，除此之外，有沒有石頭打在我身上讓我很痛？沒有。有沒有木棍打在我身上讓我很痛？完全沒有。如果一個人不會這樣分析，一聽到惡毒的話，就想這個人為什麼要這樣罵我？毫無緣由的越想越多，內心的執著也越來越嚴重，然後產生了憤怒，憤怒產生後，自己的內心不快樂，身體也就不舒服了。所以這一切都是互相依賴而形成，沒有自性存在。

如果傷害我、罵我的人很多，導致這種局面的最大因素，其實就是自己。譬如自己到了一個空曠的山谷裡，如果發出一個很大的聲音喊話，回音就會很大；如果用很小的聲音喊話，回音就會很小。同理，現在遇到很多人來傷害我、很多人來罵我，其中一個因素就是自己上輩子所造作的惡業，自己上輩子也是如此去傷害別人、罵別人，這輩子果報成熟，所以很多人來傷害我、罵我。導致這種局面的一個因素就是自己上輩子的業力，這是自己要有所認知

的。有了這種認知後，就要好好想一想，如何把自己內心的憤怒消滅掉，要在這方面好好的努力。

最主要的是，如果自己並不存在，當然就沒有所謂的傷害者，也沒有所謂的用惡毒言語來罵我。現在因為我坐在這裡，因為我存在之故，我有身體，所以就有了仇敵來罵我、傷害我。這些傷害、這些困境產生的一個原因，當然就是自己。自己這個身體是存在的，自己是導致這種局面的一個因素。

修安忍的利益

如果從佛法的實修者來講，就行者而言，一切都沒有傷害，只有利益，任何事情都是純粹有利而無害。為什麼這樣講呢？譬如這個人來傷害我時，是製造了很多傷害，他用惡毒的語言罵我，可是因為他傷害我、罵我之故，所以我才能夠修安忍。從這個角度來看，修安忍當然只有利益，如果沒有人來傷害我，我就沒有機會修安忍，也就沒有利益了。因此，從行者立場來看，這個傷害的行為是會讓我得到利益的。

四大部洲裡北俱蘆洲的人，內心都非常止息調伏，所有的人都不會去傷害其他人，所以修安忍的助緣並不存在，在這個地方不能修安忍。因此，北俱蘆洲裡一些比較特別、得到神通的人，就會到南贍部洲，為什麼呢？目的就是要到南贍部洲，看能不能找到一個會傷害自己的人，使自己能夠好好地修安忍。

最有名的是大佛尊阿底峽，他帶著一個印度人在身邊，那個印度人脾氣非常壞，稍微有一點想法不同，馬上暴跳如雷。由於他經

常和阿底峽尊者在一起，有人就問阿底峽尊者：「這個人的脾氣壞得不得了，經常暴跳如雷，為什麼你還要他陪著你呢？」

「這是特別安排的，目的就是要讓我修安忍，所以一定要他常常陪在我身邊。」阿底峽尊者說。

所以目的就是要修安忍，因為修安忍之故，當然就成了很大的利益。

修安忍本身會得到廣大的利益，不過修安忍是從何而來呢？從害我的仇敵而來。如果沒有仇敵，我就不能夠修安忍，所以修安忍一定要靠仇敵，從仇敵那裡才能修安忍。

修安忍時，不僅自己修了安忍，而且菩提心也會越來越增強，因此，就一個行者而言，他知道從傷害自己的仇敵那裡可以得到廣大利益，所以他的內心對仇敵只有千謝萬謝，非常的感激。

如果從佛法見地上來看，首先修安忍時，基本上對方是一個人，人不是一個實體；其次，傷害我以及傷害本身不是一個物質，也不是一個實體。就算他來罵我，聲音也不是一個實體，這一切就好像是水面上的波紋，你看到了，它卻馬上就消失了，能不能累積變成一幅美麗的圖畫？能不能把它裱框掛在牆上？不可能的，因為它根本沒有自性存在，很快就消失不見了。所以關鍵在於我們自己內心的分別念頭、妄想，什麼時候能把這些分別念頭、妄想消除掉，才是比較重要的。

所以，要了解一切萬法都是空的，其自性不能夠成立，沒有所謂的得，也沒有所謂的失。如果自己分別妄念，不了解這一點，不想清楚這一點，也沒想辦法把自己的分別妄念消滅掉，那麼當他遇

到傷害自己的人、遇到仇敵時，就不能夠修安忍。如果不能夠修安忍，將很難得到利益，原有得到的很快就會衰損。而如果安忍衰損，其它五度也岌岌可危，大概也都不能做到了。

前面提到，安忍就好像一道圍牆，一個人的內心如果沒有安忍存在，其它五度就像陷入重重埋伏，非常危險。譬如一個人，外面很多仇敵把他包圍住，他很快就會死亡；如果一個人沒有安忍，五度就好像被外面的很多敵人包圍住一樣，馬上就會死掉、消失，而且他就算要實修五度，也會面臨這種危險。所以一個人若沒有了安忍，其它五度也就沒有了。

一個人如果內心有很多願望，希望下輩子投生在善道，投生在西方極樂世界，逐漸地成就佛果，就一定要特別重視安忍。因為如果沒有重視安忍，將來很容易投生在惡道，也不會投生在西方極樂世界，更不要談成就佛果，心願全都不會實現。所以，若希望自己能夠投生在善道，投生在西方極樂世界，成就佛果，希望自己的心願都能夠實現，就要好好的學習安忍。如何做到安忍？方法是什麼？這個部分要好好地努力。

《入中論》曾經講過，如果希望下輩子外貌長得好看，一定要修安忍。所以這輩子如果脾氣暴躁、很容易生氣的人，就要想一想，下輩子一定會生得非常醜陋。

精進波羅密

當我們實修佛法時，無論如何一定要努力精進，下定決心不能再改變。時間不能改變，譬如應當今天實修，卻說今天太忙，沒時

間修，改到明天，這樣內心的決心改變了，時間改變了，這是受到很多的控制；說這個月沒空，等下個月，說今年沒時間，改到明年，這也是受到很多控制；許多人心想「現在我還年輕，等年老時再來學習佛法」，這也是受到很多的控制。

所以，就精進上而言，決心不能夠改變，時間上不能夠改變，應當立刻就要去學習。因為壽命無常，每個人將來一定會死亡，這是不能夠改變的。死期不定，什麼時候會發生，完全不能夠知道。因此在實修佛法時，意志要堅決，決心不能夠改變，時間上也不能夠改變，應當要盡一切努力，立刻就去學習。

實修佛法時，因為決心不能夠再改變，所以自由自主非常的重要，不能受制於人。西藏有句俗話說：「不要給人牽著鼻子走。」牛的鼻子被套上繩索，很容易受制於他人，如果牛不照著控制繩索之人的意思走，鼻子就會刺痛。

同樣的道理，我們實修佛法時，自己要自由作主，不能受別人操縱，不能夠被人牽著鼻子走。在西藏有些人會受到父母控制，不能作實修；有些人受到先生、太太的影響，不能作實修；有些人受到男女朋友的影響，不能作實修；有些狀況是受到地方長官的控制，不能作實修。

在實修上完全要意志堅定，自由作主，不能受到控制。如果能夠這樣，實修佛法時，內心就會非常高興，就好像黑天鵝在蓮花湖裡自由快樂地划水，來來去去。精進應當要像這個樣子。

如果不能精進，卻受到懶惰的控制，那就像是掉落懸崖，極有可能死亡，就算沒死也會斷手斷腳，渾身是傷，內心驚恐害怕，無

法爬起來。懶惰就像這個懸崖,所以不能受到懶惰的控制。如果不能精進自由作主,卻受到懶惰控制,不能夠實修佛法,下輩子非常可能墮入三惡道,就算下輩子沒有墮入三惡道,解脫也是遙遙無期。

因此,在精進這方面,有必要認識精進的反面,然後去除掉反面的部分,就可以好好產生精進。

精進的種類

從正面來看,精進分成三種:披甲精進、加行精進、無饜足精進。

披上盔甲的精進:古代軍人用一塊塊鐵做成衣服,穿在身上,稱為盔甲。鐵甲戰袍能夠避免對方的刀劍矛刺傷自己身體,能夠保護自己。

稱為「披甲精進」的原因,首先能避免四種惡魔的傷害:五蘊魔、煩惱魔、天子魔、死亡魔。

「五蘊魔」是指我們的身體,就是我們的五蘊,我們在輪迴投生後,就有一個身體,然後輪迴的痛苦便接踵而來,蜂擁而至。

「煩惱魔」是貪瞋癡慢妒五毒煩惱,次要的煩惱稱為隨煩惱,五毒煩惱和隨煩惱有很多種。當內心充滿煩惱時,會非常不快樂,感受到很多的痛苦,這就是煩惱魔的影響。

「天子魔」是指我們心思散亂,渙散在世俗事情上,這是天子魔的影響。

「死亡魔」就是死神,眾生難以避免這種傷害,只有純正的實

修者能夠免除。上自王公貴族，下至販夫走卒，每個人都非常害怕死亡，談到死亡馬上大驚失色。可是純正的實修者絲毫不會害怕，對死亡很高興、很喜歡，不會有任何痛苦。特別是在暇滿人身寶這個階段，死亡時還有機會可以投生在西方極樂世界，所以，純淨的實修者面對死亡時，內心非常高興。但除了純淨的實修者之外，其他眾生都受到死亡的傷害。

因此，披甲精進是想：「我一定要把這四魔克服消滅。」心裡產生這種想法，非常堅毅勇敢，有豪氣干雲的氣慨。

實修佛法時，先進入資糧道，再進入加行道，接著進入見道位，之後從初地、二地、三地、四地、五地，一直到第十地。從資糧道到加行道，從初地到佛果，煩惱逐漸斷除，我都能夠做到；功德一點一滴慢慢增加，我都能夠做到；為了廣大利益眾生之故，我一定能夠成就佛果。有這種強烈的決心，努力去做，這是「加行精進」。

我們最初得到皈依戒，進入佛教之門，更上一層樓還有居士的戒律，因此就求取居士的戒律，之後發現更上一層樓還有沙彌的戒律、比丘的戒律、菩薩的戒律和密咒乘的戒律，自己又一步步去得到。在佛法的實修學習上不斷追求，熱切的進步，稱之為「無饜足精進」。「無饜足」就是不滿足的意思。

首先從佛教顯教道路，小乘、大乘兩項都學，然後發現還有密咒乘的道路，就更努力去學習，逐漸學習到大圓滿的教法，一路學習過來，絲毫沒有停滯。不像有些人學了顯教，就想：「這已經足夠了，其它都不需要，不必再學了。」沒有這種想法，所以是對學

習佛法不知足，叫做「無厭足精進」。

　　一般談知足，是指世俗的事，對世俗的榮華富貴一定要知足，有就夠了。特別是行者，對於世俗的榮華富貴、財富，要視如過眼雲煙，應當要感到知足。

　　如果是世俗之人，情況又分成很多種，有的世俗之人偶然的機會得到很多財富，立刻用來供養三寶，興建寺廟、佛堂、大殿，或是布施乞丐，蓋醫院，照顧窮人。如果是這種人，實在是非常好。

　　但是有些人不是這樣，不斷追求財富，有時出現一點點善心，會留一點錢財給子女、太太，奉養父母親；有些人沒有良心，錢財不斷累積，變成一個守財奴，不給自己的子女、太太、家人享用，也不奉養父母雙親，卻自己吃喝玩樂揮霍掉了。這種世俗之人的情況非常多。

精進的利益

　　我們前面提到願菩提心，心裡的想法是：「為了利益眾生，我要成就佛果。」心裡有這樣的願望。

　　如果一個人的內心有披甲精進、加行精進和無厭足精進，他的願望一定會實現。

　　一般來講，避免懈怠，內心要產生精進，最好把自己這一生的光陰好好想一想，就容易產生精進心。

　　我們的時間就像日薄西山一樣，太陽已經走到了西邊，馬上就要落到山後面去，天空就會陷入一片黑暗。我們的情況就像這樣，過一陣子之後生命就結束了，所以要把三有輪迴的事好好想一想，

世俗事比天空的星星還要多，三有輪迴的事什麼時候才結束呢？永遠不會結束。除非自己的內心非常堅決確定，能夠把世俗之事放下，否則世俗的事永遠不會結束。

因此，不必去思維世俗的事，避免三種懈怠的過失，在內心產生三種精進，如果能夠這樣努力實修，就像是長江大河，源源不絕。一條大河從源頭到海洋，中間會不會乾涸呢？不會的。滔滔不絕的大河從山頂一直流到大海，中間完全不會乾涸。產生精進也像這種情況，直接到達佛果——究竟的果位。但如果是一條小小的河流，能不能流到大海呢？不能。因為河流太小了，中間曲曲折折，流了一段馬上乾掉了。懈怠就像這種情況，如果有了懈怠，雖然偶爾作實修累積一些小善，但這些小善業無論如何都不會成就佛果，因為力量太薄弱了，這是懈怠的情況。

無論如何，在實修時，內心產生精進是非常重要的，而且一定要有非常堅決精進的想法。因為內心非常精進之故，「為了利益眾生，我要成就佛果」這樣的誓言絲毫不會衰損。因為精進力之故，自己的誓言很容易會實現。

靜慮波羅蜜

要說明靜慮的內容以及實修靜慮的原因，需具足五個條件，所以分成五項來說明：第一項，實修靜慮時應當要找什麼地方呢？應當找深山叢林。第二項，實修時，對於錢財物品的貪戀之心應當要先去除。第三項，不要受到損友的影響，應當遠離不好的朋友。第四項，對於對境的貪戀執著要去除。第五項，好好想一想叢林山居

的功德利益，產生渴求之心。

實修靜慮的理想處所

第一項，要實修禪定，場所應當是在山林中。

如果去到一個沒有人聲吵雜、沒有車聲鼎沸的寂靜森林中，不是人造的樹林，而是自然的地方，花草樹木，飛鳥溪泉，魚兒悠游於河中，由於沒有敵人，這些蟲魚鳥獸不會驚慌也不會害怕，山石溪壑自然淅瀝，有天然形成的岩洞可以作實修，常有小動物，例如鹿等會自然地來往。

如果住在這種地方作實修，四周環境輕鬆悠閒，內心自然就能輕鬆快樂。山林看起來就好像是一位賞心悅目的美女，會讓人內心感覺非常快樂，花草樹木看起來也令人心曠神怡，用手觸摸這些花草樹木、蟲魚鳥獸或岩石時，內心也充滿喜悅。

有一種鳥叫做摳溜，一年只叫一次，夏天聽到這種鳥叫時，才驚覺恍然又過了一年，內心自然產生對輪迴的憂慮出離之心，對於投生西方淨土也會產生強烈的渴求，內心沒有世俗的干擾，熱切渴求投生西方極樂世界，想到三有輪迴的不好，渴求把它丟掉，所以應當在山區森林中作實修。

去除對錢財物品的貪戀之心

第二項，如果要實修靜慮，已經到了深山叢林作實修，若是一個純淨的實修者，無論如何一定要去除對世俗財物的貪戀執著。

當我們到了深山叢林，心裡必須想著：我要努力實修，我要好

好觀想。有了這種想法之後，努力去實修，對於世俗榮華富貴的貪戀執著一定會去除掉。

世俗的榮華富貴就好像過眼雲煙，猶如天空的雲朵刹那不停地在改變，現在看天空中出現一朵白雲像綿羊或像老虎，下一刹那立刻變成另一種形狀，也許馬上就消失不見了，世俗的財富就像過眼雲煙，沒有留下什麼痕跡，一下就消失無蹤了。

在天空雲朵之中，夏天會看到閃電，一閃即逝。人的一生就像這個樣子，人的壽命就像夏天天空的閃電，一閃就消逝了。既然壽命這麼短促，不是恆常存在，內心若經常執著於世俗的榮華富貴，這樣一生會遭遇很多痛苦。

首先會面對「壞苦」，例如今天我得到十萬元，明天卻被火燒掉了，或是被小偷偷走了，或是不小心掉在路上，什麼狀況都有可能發生。雖然得到了，卻馬上改變，這是壞苦。

其次是面對「苦苦」，前陣子高雄有一個生意人被綁架，弟弟知道了既著急又難過，付了三百萬給綁匪，人才放回來。所以弟弟既要面對親人可能死亡的痛苦，又要面對失去財富的痛苦，這是苦上加苦，雪上加霜，經常會引來很多痛苦。

還有「行苦」，就算現在沒有任何災難，內心快樂，覺得一切都很順利，不過在快樂之中卻隱含著痛苦，只是我們沒有察覺而已。不了解其實任何快樂之中都包含著痛苦的成分，這是行苦。

所以，世俗的錢財富貴如同半桶水，嘩啦嘩啦不斷發出聲音，老是干擾我們的耳朵，讓我們內心不快樂。有時候兄弟為了錢財大打出手，有時候夫妻為了錢財失和，父子、母女、男女朋友之間也

會因爲錢財而撕破臉，甚至惹來殺身之禍。

如果只想著財富，財富並不會從天上掉下來，而是自己要非常努力辛苦、絞盡腦汁才能得到。得到了財富要如何保有它，不要失去？更是讓人費盡心力。台灣也是如此，有錢人身邊總有三、四位保鑣不離左右，爲什麼呢？怕綁匪因財起歹心。富人不敢坐公車，不敢和群眾接觸，因爲怕被綁架。費盡辛苦得到了財富，又要費盡辛苦去保有，眞是痛苦。

不僅如此，這個世界上的富人還有排名，譬如第一名、第二名等，如果自己排名第八，心裡一定想要往前擠，好不容易擠到第二、第三，還想要往前擠到第一名，所以內心永遠都處於不快樂之中。

有時候因爲財富的緣故，瞧不起其他人，生起傲慢之心，帶來不快樂；有時候慳吝心也會導致不快樂，讓自己經常活在痛苦之中。內心若總是想著世俗財富的話，首先會有熱切追求的勞累，得到後要辛苦的保有它，保成之後內心還有排名之爭，期望能不斷增加自己的財富，更加勞累。

費盡一生心血去追求的財富，一瞬間自己的生命結束了，這時候要面對什麼呢？三惡道。死後墮入三惡道，就如同掉入汪洋大海一樣，沒有機會爬上來。

若想用正直的方式得到財富，幾乎沒有機會，或者需要很久的時間，所以許多人會用詐騙、妄語、偷或搶。當貨物賣不出去時，內心憤怒無比，而生氣也是嚴重的罪業。

當財富不斷累積時，罪業越來越多，痛苦也越來越多；財富比

較少的話，痛苦就會比較少。為什麼？不用害怕仇敵綁匪，自由自在走在馬路上不會有任何干擾。如果是一個實修者，世俗財富有一點點就足夠了，一定要知足，能夠知足就會是一個好的實修者。

結交益友，遠離損友

第三項，遠離損友。一方面要結交良師益友，一方面一定要離開損友。

一個純淨作實修的人，無論如何一定要遠離損友。在實修的階段，我們遇到的朋友大多都是凡夫，充滿很多煩惱，這些世俗凡夫的損友，可以說沒有絲毫的功德能力，就像一個年幼無知的小孩，毛病和缺點就像天空的雲朵一樣多。

我們怎麼知道他們有這麼多過失呢？世俗凡夫都喜歡自讚毀他，總是稱讚自己，並且不斷地批評其他人，有很多煩惱。有這些煩惱的世俗凡夫就像是毒蛇的牙齒，一旦被咬到，毒液就進入身體，造成死亡。世俗凡夫的損友就像毒蛇的牙齒，給自己和其他眾生帶來很多痛苦，絲毫不會有快樂。

而且世俗凡夫對自己的財富，總以為得到就可以永遠保有，不會失去，完全沒有絲毫無常、不堅固的想法。如果我們對凡夫損友好，他也不會感恩圖報；若偶爾一次對他不好，他的內心就會強烈記恨。凡夫損友只會造成很多干擾，就像一隻頑皮的小猴子，把小猴子關在籠子裡，每天給牠食物，把牠照顧得非常好；但如果把牠放出來，一定天下大亂，所有東西都會被弄壞。不管最初把牠照顧得多好，只要不綁住牠，房子一定完蛋。損友的習慣也是這樣，會

在我們作實修造成很多干擾。

世俗損友又好像鱷魚一樣，吃掉河流裡所有的生物，造作很多罪業；損友又好像毒蛇一樣，不管看到什麼對象就咬；損友又好像熊熊烈火，把所有東西全部燒掉，連我們的善根也全都被燒掉了，所以一定要遠離世俗損友，這非常重要。

如果是一個純正的實修者，一定會遠離這些世俗損友，否則沒有辦法實修。噶當派的前輩聖者在實修時，留下一段話，叫做四種託付：內心要託付在佛法；佛法實修要託付在乞丐，身無分文的作實修；乞丐努力實修要託付在死亡，不要去想世俗的榮華富貴；死亡時要寄託在什麼地方呢？空山深谷，沒有人煙的地方，這樣就可以了。

世俗之人大多數有很多毛病，所以大多是損友。不過有時也會遇到一些益友，能夠幫助我們，譬如自己要出家實修，他會提供很多幫助，是宿世以來的好朋友。至於上輩子是損友，這輩子繼續傷害我的人也有很多，所以損友和益友自己要分辨清楚，好好觀察。

去除對於對境的貪戀執著

第四項，要去除掉對於對境的貪戀執著，無論如何，應當遠離。

一般來講，對境有色、聲、香、味、觸五妙欲的享樂，若貪著五妙欲的享樂，會導致內心渙散，比毒藥更加危險、更加嚴重。譬如在山珍海味裡下了毒，吃起來雖美味，但是吃完後會肚子痛、拉肚子。五妙欲的享樂也是如此，對於色、聲、香、味、觸的享樂，

感覺非常快樂，歌舞好玩的享樂會增長越來越強烈的貪心，世俗享樂瘋狂之心會在下輩子以後帶來異熟果報，讓我們遭遇很多痛苦，而且不是只有一輩子，而是多生多世都會遇到很多痛苦。

　　從我們現在的情況就可以知道，我們現在還在輪迴中受到很多痛苦，這就是因為自無始輪迴以來，我們對於外在對境色、聲、香、味、觸五妙欲的享樂貪戀執著很強烈之故，因此，成熟出的不是只有一輩子的痛苦，而是多生多世不斷在輪迴裡的痛苦。

　　如果一個人生病，也許卜卦、念咒就會好，也許看醫生、吃藥就會好轉，但是有一種病，即使找上師修法、念咒也沒有用，給神醫看、吃仙丹妙藥也無濟於事，這是什麼病呢？貪心，貪戀世俗的輪迴快樂，可謂無藥可救！修法念咒沒有用，仙丹妙藥也沒有用，當我們內心還沒有調伏，不能夠自由自主以前，所面對的最大危險就是五妙欲的享樂，它會騙得我們暈頭轉向，浪費一輩子，墮入輪迴，這是最嚴重的傷害。

　　如果一個人已經調伏自己的內心，能夠控制自己，五妙欲的享樂就不危險了，因為我們不會受到五妙欲的欺騙。但在我們內心沒有調伏之前，應當遠離五妙欲的享樂。

　　在印度，人死亡後會放在木頭架子上，由四個人抬著送去火化；在西藏，死亡的人會用布包起來，像個粽子，花錢請一個人背著屍體到墳場天葬；在中國就比較辛苦了，要自己存一筆錢，讓人家幫你買一個棺材。無論如何，不管你是在印度、西藏、中國，最後一定只剩下屍體，送去埋葬或火化。

　　所以在生命的最後一天到來之前，好好想一想，遠離五妙欲的

貪戀執著，遠離家鄉，找一個寂靜的森林山洞，好好實修，有多麼
地好！

思考在叢林深山實修的功德利益

第五項，實修靜慮的原因，是好好想一想深山叢林的功德利
益。

如果能在寂靜的深山叢林好好禪修，森林之中令人賞心悅目、
心曠神怡，自然非常快樂。到了這個地方，內心很容易想到三界輪
迴的痛苦，自然很容易對此有所認識，所以脫離輪迴的憂慮之心會
特別強烈，對於成就佛果、投生西方極樂世界的渴求之心也會很強
烈，自然地就會增長。

在森林中禪修時，不必絞盡腦汁考慮做生意的問題，不必辛苦
勞累的去種田，沒有勾心鬥角的損友，也不必想著要記得繳水電
費、瓦斯費、土地稅、房屋稅等稅金。

在都市居住時，很多事情都要走後門，不然就做不成，所以很
辛苦勞累。到森林中禪修時，這些都不需要了。

在森林中禪修，蟲魚鳥獸對我不會有什麼不滿，不會罵我，也
不會生氣。看著河水慢慢的流動，魚兒悠閒地游來游去，鹿悠然在
吃草，沒有任何紛爭，不用去罵牠，牠也不會來罵我、傷害我。

我們現在所吃的水果，大都有注射一些藥物，吃起來雖然很香
甜，卻會造成身體很多疾病。到了森林裡，野果不會有這些化學藥
劑，可以安心食用。而且在空曠的草原上，看著蟲魚鳥獸悠然來
往，沒有任何恐懼害怕，內心自然心曠神怡，不必去看誰的臉色，

也不必顧慮誰的情面，什麼都不必思維，心胸自然開闊快樂。

　　還有，在都市時，要看時鐘、月曆，才知道今天是幾月幾號，現在幾點。抬頭看看夜空的月亮，感覺上也沒有什麼改變，四周的景物也沒有變化，一看月曆才知道中秋節到了，要吃月餅了。如果不看月曆的話會知道嗎？不知道。

　　可是在森林裡禪修就不是如此了，聽鳥叫聲，看飛花落葉就知道一年四季的變化。不用看時鐘，只要聽動物叫聲或鳥鳴聲，就知道現在幾點了。晚上時是什麼動物在叫，就知道：「喔！現在是十二點了。」早上起來時，鹿出來吃草了，或者什麼動物在叫了，立刻就知道：「喔！現在是早晨五點、六點了。」

　　所以在深山禪修時，四周的一切都在告訴我們時間，看看動物或是花草樹木等就知道是什麼時候。四季的變幻、早晚的變化，看看四周就會知道，因此很容易瞭解無常，想到輪迴的過失。

　　在深山禪修，會引發自己產生煩惱的因素也不存在了。如果在都市裡，四周景物沒有變化，不看手錶就不知道現在是何年何月，因此很難產生無常的想法。佛陀在《禪定王經》中曾提到：一個人的內心，渴求在深山叢林中閉關實修，基於這樣的渴求之心而朝那個方向走出七步。雖然後來沒有成行，但僅僅只是這種渴求之心，便比供養千佛的福報利益更加廣大。這是佛陀在《禪定王經》裡提過的，值得我們信賴。

靜慮的本質

　　接著，說明靜慮的本質是什麼？如何作分類？成佛之道的靜慮

是什麼樣子？

　　首先，就整體的解釋來討論，如果我們好好實修禪定靜慮，能夠做好安止的話，這個安止的性質是什麼呢？菩薩有增上三學：增上戒學、增上定學、增上慧學，在這三項裡，禪定靜慮當然是屬於增上定學的部分。如果我們要好好實修靜慮，需要什麼樣的緣起？有什麼好方法呢？有句俗話：「身體結緣起，內心生證悟。」如果我們身體好好安排，得到一個好兆頭、好緣起，內心就很容易產生證悟。

　　身體要好好結一個好緣起是什麼意思呢？就是「毘盧七支坐法」。要實修禪定靜慮時，主要的方式就是採毘盧七支坐法，坐定後，內心觀想所緣境，所緣取的對境只能一個，不能兩個、三個，換來換去。也許觀想阿彌陀佛的形象，也許只有觀想一個「阿」字，也許專注在〈嗡阿彌爹哇啥〉的聲音上。總之，應當在一個所緣對境上，一心專注地固定在上面；當心能夠專注在上面時，好好地去分析一下對境的本質是什麼。但要注意，當我們在禪修時，無論何時，所緣取的對境只能是善的，不能渙散在不善的對境上。

　　如此緣取善的對境，心長久專注在上面實修。如果心能夠安住在對境上，久而久之，內心的分別念頭就會消失。即使內心分別念頭消失，也不會阻礙對境出現，仍然可以看到對境，可是內心的分別念頭，譬如眼睛看到色法，在實修安止時，還是可以看到，對於所顯現的對境不會受到阻礙，仍然可以出現，但是內心的分別妄念已經不見了、沉沒了，這稱為勝觀，即是禪定。

靜慮的分類

靜慮的分類，可以分成三種：第一種是還沒有入道，這是童蒙的禪定靜慮；第二種是已經入道，這是分析法義的靜慮；第三種是已經進入聖者的道路，這是如來喜悅的靜慮。

無論是從見地、觀修、行持各方面來看，我們通常提到的靜慮，有初禪、二禪、三禪、四禪，這是色界的四種靜慮 —— 初靜慮、二靜慮、三靜慮、四靜慮。得到靜慮時，前面還有準備階段，稱之爲近分。近分之後還要得到普通正行、特別正行的靜慮，之後才是初禪、二禪、三禪、四禪，這些都屬於靜慮，是色界的靜慮。

在這個之上還有無色界的四種靜慮：空無邊處、識無邊處、無所有處、非想非非想處。這些都是沒有進入聖道的，不是進入佛道的，是未入道的靜慮，是屬於世俗的靜慮。

色界的初禪到三禪，無色界也是初禪到三禪，這些靜慮都屬於世間，像小孩子一樣的童蒙的靜慮。其次，是入道但還沒到聖者的道路，能夠好好去分析法義的靜慮，這是資糧道和加行道，是善道，是進入成佛的道路，可是還沒有進入聖者，是在聖者階段之前。

接著，如果從初地開始進入聖者的道路，這是無漏的靜慮，是能夠使如來內心喜悅的禪定靜慮。

以上粗分成三種，每一種之中還可以分成許多種。但不管是粗的分類或細的分類，每一種靜慮的本質是什麼呢？專一。心要能夠專一在所緣境上，安住在上面，絲毫沒有渙散。

禪定靜慮的原因，非常重要的是內心的憶念一定要不斷地持

續，經常憶念正知來觀察自己的內心：「我的內心現在是在散亂，還是在安止裡呢？有沒有專注在所緣的對境上呢？」這是非常需要的。

第二個，一定要精進，有了精進才可以成就靜慮。如果沒有精進，不管怎麼實修也不會成就，不能達成靜慮，所以一定要有精進。特別是心思散亂時，以憶念正知察覺了，立刻把心收回來，繼續專注在所緣對境上。

靜慮的利益

這樣努力實修禪定靜慮，通常會得到什麼功德利益呢？身體會快樂，內心也會得到安樂，逐漸會產生神通和變化的力量。如果是初靜慮——色界初禪，前面還有一個準備的階段，這是近分，即靠近的部分。近分時，心在靜慮時仍然有尋思和伺察等，內心的活動仍然還有；如果進入了初禪，就是正式進入禪定初靜慮的時候，尋思仍然存在，但伺察就沒有了；到了二靜慮、三靜慮、四靜慮，就兩者都沒有了，在靜慮禪定之中，內心裡的活動，分別妄念尋思的部分沒有了，伺察的部分也沒有了，所以後面的靜慮就更加地好了。

但是，這些靜慮，前者和後者都有關係，前前為後後作準備，近分為初靜慮作準備，初靜慮之後，會逐漸到二靜慮、三靜慮、四靜慮，這是色界的情況，無色界也是如此。

其次就是聖者道，就佛教來講，聖者道路從見道位開始，見道位的基礎一定要有前面的安止，安止非常重要。

　　透過這些靜慮可以產生許多功德，這種靜慮是指，譬如悲心的實修、了悟空性的勝慧，靠著這種方式所修的靜慮，會產生很多功德。這些部分在小乘是沒有的，如果以這方式來作實修，經由靜慮會產生很多功德，附帶的很多其它的功德也會產生。

　　不過，內心的本質當然只有一個，修和不修就有入定和出定的差別。如果禪修時，內心能所二執粗糙的部分已經停止活動了，這是入定的段落。其次，接觸到的對象，色聲香味觸的景象沒有阻礙、呈現出來時，是在後得位的階段。

　　也就是說，雖然內心是一個，但有分入定和出定的差別，把能所二執粗糙的部分停掉，這就是入定的階段；能夠接觸到對境色聲香味觸的景象，無遮顯現出來，這時稱之為後得位的階段，也就是出定的階段。

　　一般來講，在出定後得位的階段，心思會渙散在色聲香味觸，也就是眼耳鼻舌身會渙散在對境上面，這種情況從初地開始到七地都會有；但如果到了清淨的第八地、第九地、第十地，即使出定，在後得位的階段，心思也不會渙散了，有這個差別。

勝慧波羅蜜

　　就勝慧而言，在三學裡是屬於增上慧學。

勝慧的本質和類型

　　勝慧的本質是什麼呢？勝慧的本質是能區分清楚的能力。什麼叫做區分清楚呢？例如，這是屬於善業、這是屬於不善業，能夠區

別開來，這個區分的能力就是勝慧。又例如，這是涅槃、這是輪迴，能夠個別地區分清楚。又例如，這是佛陀、這是眾生，能夠把不同的情況區分清楚。又例如，這是煩惱、這是本然智慧，這是顯分、這是空分，這是輪迴的法、這是涅槃的法等等，諸如此類個別的項目，不會含糊混雜在一起，而能夠區別清楚，這種能力就稱為勝慧。

勝慧從何得到呢？從安止的實修，內心就能夠產生勝慧。就安止等持的實修而言，有修等持時候的加行、正行和結行三項，靠著這三項，勝慧就會在我們內心產生。

當我們內心產生勝慧時，勝慧可以分成哪些類型呢？

廣大地聽聞和了解顯教、密咒乘的義理，對於所聽到的這些法，個別能夠認識區分清楚，這是「聞所生慧」。

聽聞過了，接著在內心仔細地分析意義，再三思維，能夠對這些法的意義內容有深入的了解，這是「思所生慧」。

經過分析之後，對於這個法的內容已經得到確定的了解了，再進行觀修，也會得到一個勝慧，稱為「修所生慧」。

經由這三種勝慧，之後會產生勝觀。勝觀是指對無我的部分，能夠現實了悟無我、現實了悟空性，這種證悟稱為勝觀。也就是說，透過三種勝慧不斷觀修的時候，內心就會產生勝觀。

如果在我們內心產生勝觀，就可以消滅一切阻礙我們得到解脫的煩惱障、阻礙我們得到一切智佛果的所知障等蓋障，而且靠著勝觀的力量，我們也可以證悟一切萬法的實相。

其次，就有法——主體的部分而言，有清淨和不清淨兩方面，

不管有多少，靠著勝觀的力量也可以得到了悟。我們要了解，三有輪迴的世界是所有痛苦聚集的地方，就好像是一個大都市，透過勝觀了悟實相，就可以脫離這個輪迴的大都市，投生到清淨的淨土了。

接著，個別說明聞所生慧、思所生慧、修所生慧三項。

聞所生慧

要了解顯教和密咒乘的義理內容，要多多聽聞，這點非常重要，這是第一個要說明的。

為什麼需要廣大的聽聞與學習顯教和密咒乘的書籍義理呢？一般來講，我們是凡夫俗子，如果欠缺聞所生慧，當然就不會產生思所生慧和修所生慧，一切的勝慧都不會產生，所以多聞是一切勝慧的基礎。

現在是五濁惡世的時代，而我們是一個凡夫俗子，腦袋聰明的程度是什麼樣子呢？可以分成先天慧和後天慧兩種，一種叫做天縱英明，是天生的勝慧、天生的智慧；一種是後天的智慧，就是學習之後得到的智慧。

先天慧是指這個人在上輩子學習過很多佛法的內容，多聞很久了，所以這輩子把書打開一看，馬上就了解，這是屬於先天慧的部分。不過在這五濁惡世，一個普通的凡夫俗子，靠著上輩子廣大的學習，這輩子把書打開一看就能馬上了解、變成一個大博士的情況，大概少之又少，幾乎不可能。所以後天慧，亦即靠著後天努力學習精進，就非常重要。

後天慧是如何產生的呢？要靠後天努力去學習。如果不靠後天努力，又怎麼算是後天呢？所以，要對經教和密咒乘書籍裡的義理廣大的聽聞和學習，如果不去學習，就不會產生後天的智慧，自己內心的思所生慧也不會產生，接著，修所生慧也不會產生。

　　有人會講：「不學習也可以思維，譬如說做生意，不必學，看一看，觀察觀察，自己也可以摸到竅門。或者說吵架，不用學習也能很容易就跟對方吵架。逛街要學習嗎？不必，走出去就會逛街了。」

　　世俗的事物不必學習而能夠了解，是有可能的；但善行的部分，不學習便不會了解；萬法實相的部分，不學習也不會了解；不去聽聞佛法的善法、善行，就不會思維；不會思維，就不能夠作觀想實修。所以，如果沒有聽聞，就不會產生思所生慧、修所生慧；沒有這些的話，便不會產生勝觀；沒有勝觀，就不能斷除煩惱障和所知障；不能斷除煩惱障和所知障，就不會成就佛果。總之，沒有聽聞，幾乎就沒有辦法成就佛果。

　　可能有人會反駁：「我不聽聞，一樣可以思維，一樣可以作實修。」

　　如果不聽聞，當然也可以進行思維和觀想實修，不過會有走錯道路的危險，不僅見地會有危險，觀修會有危險，行持也會有危險，這都是因為沒有聽聞的緣故。

　　所以，這一切的基礎都是多聞，廣大地聽聞非常重要。前面所說聞所生慧、思所生慧和修所生慧的原因和基礎，都在聽聞。聞所生慧是思所生慧的基礎，也可以說是修所生慧的基礎，一切慧的基

礎都在多聞，所以多聞是開始、是基礎。

　　薩迦班智達曾經說過：「無聞之觀修，無手爬懸崖。」沒有聽聞就進行觀修，就像一個人沒有雙手卻要去爬懸崖，如何可能呢？他的心裡雖有渴求之心，想要去爬懸崖，可是沒有雙手，根本沒辦法爬。無聞之觀修，沒有經過聽聞而進行觀修，雖然他內心有實修的渴求，也想要作觀想實修，可是因為他沒有聽聞，不知道該怎麼作觀想實修，所以完全沒有用處。

　　印度有一位勇者軌範師說：「沒有聽聞或者很少聽聞，就好像是生盲。」生盲就是生下來眼睛就瞎了，看不到任何東西。而沒有聽聞或者很少聽聞的人，不能夠了解顯教和密咒乘門的見地，因此沒有辦法思維，不知道如何作觀修。

　　一生補處慈氏彌勒曾說過：「六度裡最為殊勝的就是勝慧，而勝慧的基礎在什麼地方呢？在於聽聞。」多聞才會產生勝慧，可見聽聞是多麼的重要。

　　寂天菩薩在《集學論》中也曾經說過：「一定要在多聞上精進努力！多聞時當然很辛苦，不過一定要忍耐，忍耐之後精進努力的去學習，遠離都市，到深山裡去，把聽聞到的法，好好作實修。」

　　所以，無論如何，廣大聽聞這點非常重要，一定要非常努力精進。

思所生慧

　　第二個項目思所生慧，意思是聽聞之後，對於聞所生慧生出了解。

我們所要證悟的法，對象的部分分成二諦，或分成佛陀所說的十二分教——十二個支分的教法。

　　二諦是什麼？十二分教又是什麼？是不是有一種方法可以去了解、作一個分析呢？這個分析的方式就是了義和不了義的差別。

● 了義和不了義的差別

　　首先，了義是指萬法的實相，本質是空；就因的部分來講，我們會覺得這是好的、那是壞的，有這種虛妄心，現在把這種虛妄心去除掉，就它的原因而言，沒有表相；就它所得到的果而言，對果沒有期盼之心，譬如我現在做這件事情，下輩子我會有一個什麼樣的果報等，內心充滿強烈的期盼之心，這樣是不好的，對於果應該不要有強烈的期盼，所以稱為「本質空，因無相，果無願」。

　　也就是說，萬法的本質是空，這是它的實相部分；因的部分沒有好壞，所以因是無表相；果的部分是不要有太強烈的期盼，所以果是無願，沒有願求之心。如果包括這三者，就是了義的教法；不包括這三者，就是不了義的教法。

　　就不了義的教法而言，是指當這些萬法顯現出來時，不進行深入的分析，譬如出現色聲香味觸法，不作深入的分析，佛陀就直接說它是有，就這個樣子；但是當我們仔細分析，它的本質是不能成立的，若不作任何分析，直接說它是有、它是存在的，這就是不了義的教法。

　　為什麼不作分析，直接就講它有呢？這種情況有時是針對小乘弟子或智慧比較薄弱的弟子，佛陀為了用一個辦法把他引進大乘，

甚至有時是針對外道，想用一個辦法把外道引入內道，所以用了不了義的教法。

對於這種教法，要特別作一些說明。例如在內道佛法裡，有時候也會去稱讚外道的導師，但稱讚外道導師是不是表示他真的有這種功德呢？並非如此，可是如果稱讚外道的導師，外道會覺得：「喔，內道佛教也是不錯的，會稱讚我的導師呢！」他會開始慢慢喜歡佛法，逐漸就能把他引入內道佛法。這是不了義。

有時候會提到「有」，有時候會提到「好」，如果仔細分析，那並不像字面上的樣子而存在，它的「有」或「好」，實際上並沒有，也並非那麼好，只不過我們增添上去而已。為什麼叫作增添呢？就是前面講的那些必要性，所以無中生有，把它添加上去，並不是他真的有這些功德能力，但是我的內心虛構出來，說他有功德能力。如果是這樣，都屬於不了義。

所以佛說的法，分成了義和不了義，要相信哪一種呢？當然要相信了義的部分，這是進入佛陀教法大海的鑰匙、首先的鑰匙。譬如我現在要到一個房間裡，這房間有兩道門，第一道門的鑰匙就是了義和不了義的差別，能夠分別清楚了義和不了義，才能夠深入佛陀所說的教法大海。

所以什麼叫了義？什麼叫不了義？要有一個明白的理解，這個理解就是進入佛陀教法的第一把鑰匙。第二把鑰匙，就是要了解有四種旨趣和四種隱義（弦外之音）。

• 四種旨趣

四種旨趣是指原本就有一些意義，現在所作的開示又再擴大添加上去，不過添加上去可不是無中生有，其中一定有小小的道理、小小的意義，我根據這個小小的必要性，作一個擴大的說明。也就是說，只有一個小小的必要性而來作許多的說明，這裡面就有一個旨趣存在，有一個涵義，並不是完全沒有涵義而虛構很多。

為什麼裡面僅一個小小的涵義存在，也要作這麼多說明呢？因為要把這個弟子引入上等的乘門，因此有一個小小的必要性，有一個小小的涵義在裡面，我來作一些說明，以這個方式把他引入上等的乘門。

四種旨趣包括平等性旨趣、別義旨趣、別時旨趣、士夫心意旨趣，也就是旨趣落在平等性方面、落在其它意義方面、落在其它時間方面、落在士夫心意方面，四種旨趣分別是指這四種意思。

第一種平等性旨趣，例如釋迦牟尼佛在一些法裡開示說：「我就是勝觀佛。」

勝觀佛是古代的佛（七勇佛第一尊，賢劫前之佛），實際上，釋迦牟尼佛是不是勝觀佛呢？仔細想想，應該不是，因為勝觀佛是出現在古代的佛。既然釋迦牟尼佛與勝觀佛不一樣，釋迦牟尼佛為什麼要說自己就是勝觀佛呢？這句話的旨趣就是落在平等性上。

一般來講，勝觀佛和釋迦牟尼佛當然不相同，但是在法身的性質，就雙方的法身來講，則毫無差別，所以這個旨趣就落在平等性上，從平等性這個角度，兩者是相同的。雖然釋迦牟尼佛這個個體和勝觀佛這個個體不一樣，不過法身的部分一樣，這句話的涵義，

就是指從這部分來講是相同的。

　　爲什麼要講這句話？爲什麼要作這個開示呢？主要是針對有些弟子內心可能會這樣想：「釋迦牟尼佛是在五濁惡世出現世間和成佛，身材那麼小，就是五濁惡世人的身材；壽命也很短，就八十二歲，僅僅只是這樣而已。」

　　如果把釋迦牟尼佛的情況和古代佛比較，古代佛的身量很高，非常長壽，這麼一比較，有些弟子可能就產生了分別心：「有的佛比較高級，有的佛比較低劣，喔，釋迦牟尼佛是比較差勁的！」

　　爲了去除這樣的分別心，所以佛開示：「我就是過去的佛，我就是勝觀佛！」

　　因爲這樣說明，弟子內心就會想：「哦，原來釋迦牟尼佛就是古代的勝觀佛，他們所證得的功德性質、能力不應該有差別，因爲是相同的，所以沒有分別。」就會產生這種了解。

　　所以這個教法屬於不了義的教法，是針對平等性所作的說明。

　　第二種，別義旨趣，是針對其它意義來作說明。

　　佛說萬法本來不生，唯識宗卻把不生作另外一種解釋，佛這句話應該有其它的意義，從其它的意義上來了解萬法不生，至於其它的意義是什麼呢？從萬法遍計所執性角度來看是不生，依他起性角度來看也是不生，但是從圓成實性的角度來看則不是不生，因此萬法應當不是不生，萬法是有生的，那麼佛爲什麼講不生呢？有不生的其它意義，從其它的角度來看是不生的，這樣子來作說明。

　　譬如西藏的教派，解釋佛所開示的萬法自性爲空，針對這句話應如何解釋？自性爲空的意思是：諦實成立這個部分是沒有的，除

了諦實成立這個部分沒有之外，其它萬法不能說它是空的，瓶子也有，柱子也有，地水火風都有，這些都是有的，不過其諦實成立這個部分是沒有的。這樣子來作解釋。

　　針對用其它的意義來作解釋，所以旨趣落在其它的意義，這就是不了義的解釋方式。

　　第三種，別時旨趣，意指旨趣落在其它時間，譬如佛經裡開示：「僅僅只是聽到六字大明咒〈嗡嘛尼貝美吽〉咒語的聲音，便可以完全清淨罪障，投生在西方極樂世界。」「長壽佛的實修法和念誦咒語，可以長壽住世到五百歲。」

　　如果僅只是耳朵聽聞到〈嗡嘛尼貝美吽〉的聲音，能不能投生在西方極樂世界呢？不可能。如果僅僅只是聽到長壽佛的咒語，能不能活到一百歲呢？也不可能。那麼佛經裡為什麼要這樣講呢？所以佛經裡的涵義是落在其它時間，旨趣是在其它時間。

　　什麼意思呢？如果只聽到〈嗡嘛尼貝美吽〉的聲音，當然這輩子沒投生在西方極樂世界，不過經過好幾輩子之後，他的善根不斷增長增廣，到了有一天，善根的力量非常強大，就可以讓他投生在西方極樂世界。所以針對以後一定有這個時間存在，因為他聽聞到咒語聲，這個善根會不斷增長增廣，到了有一天善根的力量非常強大時，就可以讓他投生在西方極樂世界，有這個意義存在，主要是針對其它時間來講。

　　念誦長壽佛的咒語，當然這輩子不可能因此就活到一百歲，不過因為念誦長壽佛的咒語、聽到長壽佛咒語聲音的緣故，在內心累積了善根，這個善根經過一輩子、兩輩子、好多輩子之後，善根的

力量增長增廣，到了某一輩子善根的力量非常強大時，以這個善根作為助緣，他的壽命會很長，就能活到一百歲或五百歲。所以，這是針對其它的時間來考慮，因此有一個旨趣和涵義。

第四種是士夫心意旨趣，針對主體的想法、涵義落在主體的想法。譬如有一些人，求取了比丘或沙彌的戒律，之後非常清淨的持守戒律，心想：「啊，我的戒律持守得非常好，很了不起，沒有人像我這麼好！」

內心對自己持守戒律產生了貪戀執著，佛陀針對這種情況，就告訴他：「你持守戒律雖然好，可是沒什麼用處，利益不大。與其這樣，你還不如好好修安忍，安忍的利益更大。」

但如果有一些人安忍修得非常好，內心產生貪戀執著，心想：「喔，我的安忍實在修得非常好，不管誰怎樣罵我、打我，我都不會生氣，我都像一位大菩薩一樣。我的安忍修得最好了，天下無敵！」

他對自己的安忍實修產生了貪戀執著，凡是貪戀執著都是不好的，所以佛陀告訴他：「安忍的實修其實沒有什麼用處，還不如修精進更好。」

這種說法是針對這個弟子個別的情況而說。佛法無量無邊，某個弟子對某個法實修得非常好，以致產生貪戀之心，佛陀為了使這個個體的貪戀之心去除，針對個別狀況而作的個別開示，就是不了義法。應當要有這樣的了解，這種開示是針對個別的心意、個別的情況而作，並不遍及一切。

• 四種隱義

接著是四種隱義，四種弦外之音。

有些弟子，對他講說佛陀身、語、意三門的功德，他完全不相信。身、語、意三門的功德不可思議，卻完全沒辦法進入他的內心，他還是有很多懷疑，對於佛陀身、語、意三寶根本不會產生信心。

這當然是一種過失，可以用什麼方法去除這種過失呢？對他講述教法時，要用他內心喜歡的詞彙，順著他內心喜歡的詞彙來作開示。詞彙相同，可是真正意義並不是他所想的，只不過因為他喜歡這詞彙，就會想成自己所認定的意義，但其實並不是他所想的意義，而是另外一個意義。

因為真實的意義不是這樣，只是運用他所喜歡的詞彙去作解釋，這種情況是詞順義不順——詞句是他喜歡的，意義不是他所認識的那種。這樣來作開示的教法就稱為隱義，共有四種類型。

第一種，趣入隱義。佛陀在《般若經》裡講「萬法都是空性」時，聲聞和獨覺的弟子心量比較狹小，不能夠思維，「萬法是空性」這種開示就沒有辦法進入他們內心，所以他們會產生恐懼。為什麼呢？如果一切萬法都是空性，那一切都不存在、都沒有用處了，還要實修做什麼呢？因此他會害怕，就會捨棄大乘的教法而產生過失。

如何避免這種過失呢？為了引導他，佛陀就這樣開示：「色法是有，聲音也是有，香味觸都是有，五蘊十八界都是有。」

佛陀說有的時候，聲聞獨覺一聽，就會想：「喔，原來離開空

性之外，還有其它的法存在！」因此就逐漸產生興趣，慢慢地就會去學習大乘的教法。

所以，為了引導他趨入學習大乘教法，佛說萬法有。不過，佛陀說「有」時，並不是針對諦實成立的部分。佛陀說「有」時，是說像夢境裡一樣的「有」，在沒有分析的狀況下，夢中有牛、羊、馬出現，仔細分析這當然都是幻影，是不存在的；但不去分析時，它是有、是存在的，所以，佛陀說「有」是就萬法的顯現方面而說。

但是其它人會把這想成諦實成立是「有」，因此就相信佛陀說「有」。所以，運用的詞彙是他們的詞彙，是「有」，不過佛陀說「有」的意思卻是指顯現的部分是「有」，不是指諦實成立的部分是「有」，有人會把它想成諦實成立是「有」、是存在的，因此就相信佛法，努力去學習。所以用的字雖是同一個，實際意義卻不相同。

第二種是性相隱義。同樣的道理，針對唯識宗，如果佛陀說萬法本不生，這樣就不能夠引導唯識宗去學習中觀乘門的教法。為了使他學習中觀乘門的教法，因此，唯識宗的宗派義理把萬法分成三類：遍計所執性、依他起性和圓成實性。所以，萬法不生就解釋成由遍計所執的角度來看——萬法的性相不能夠成立，譬如把草繩誤看成一條蛇。草繩有沒有蛇的性相呢？沒有。所以遍計所執說不生，是指性相部分是沒有的；就依他起性而言，它的本質也是沒有的；圓成實性方面，在勝義上沒有，但實際上有。所以，修唯識宗的人聽了之後很喜歡，慢慢地就能把他引導進入中觀甚深的教法。

因此，以這種方式引導小乘學習大乘甚深的教法，引導唯識宗學習中觀甚深的義理教法，都是性相隱義。

第三種是對治隱義，是針對所調伏弟子會產生許多邪見，為了把邪見去除，所以佛陀針對這種情況作一些開示，這種開示就屬於對治隱義。

譬如前面提到的例子，佛陀說「我就是勝觀佛」，意思不是說釋迦牟尼佛和勝觀佛身體的重量、身材的高低一樣，不是指這個平等，也不是指他們的壽命長短相同，或說勝觀佛和釋迦牟尼佛的種姓家族相同，並不是這個意思。

那麼佛陀和勝觀佛到底什麼地方相同呢？就勝觀佛和釋迦牟尼佛而言，從法身界之中示現出來的色身，這點完全一樣，法身的本質完全相同；兩者所證得的佛果也是一樣，都是由無所緣取的智慧資糧、有所緣取的福德資糧，這兩種資糧圓滿之後所形成的果位，果位的部分完全一樣；針對所調伏的弟子講說教法來利益眾生，引導眾生，這個利益眾生的事蹟也是相同的。所以說釋迦牟尼佛是勝觀佛，並不是說他們是同一位個體，身材高低一樣，壽命長短一樣。因為有些人會有邪見，認為釋迦牟尼佛比較低，古佛的身量和壽命都超過釋迦牟尼佛，比較高級，為了去除這種邪見，所以釋迦牟尼佛開示了這個教法，這就是對治隱義。

第四種是轉變隱義，意義不能從字面上了解，要轉變一個方向去了解。

例如外道會有一種想法：「內道佛教釋迦牟尼佛所講的教法很容易了解，一看字面上就很容易明白，很容易學習，這種法誰還需

要去學呢？不需要，因為沒有人不知道。」

一旦有這種想法後，會對佛教產生輕視心。佛陀為了去除外道這種輕視心，就說：「父親、母親都可以殺死，國王也可以殺死，婆羅門也可以殺死，沙門也可以殺死，這個國家的土地都市也都可以消滅掉。」

若直接從字面上的意義去了解這些詞句，就大錯特錯，是非常嚴重的錯誤。但佛陀為什麼這樣講呢？佛陀說父親、母親可以殺死，是指眾生投生在三界輪迴裡乃由於十二緣起，其中有一項叫「愛染」，即貪愛執著之心；有一項叫「取」，為了要得到目的，造作各種各類的業；有了愛染和取，一定會投生在輪迴裡。

如果不要投生，就要消滅愛染和取。我們會投生在輪迴裡是由於愛染和取，愛染和取就像爸爸和媽媽一樣，如果把這兩個消滅掉，當然就不會投生了。所以這兩個一定要消滅，因此佛陀就說可以殺死父親和母親，這裡的父和母指的就是愛染和取。

其次說國王可以殺死，國王指的是什麼呢？阿賴耶識。各種各類所有的習氣，全都藏在阿賴耶識裡。因為阿賴耶識裡有各種各類的習氣，所以不管什麼時候，三有輪迴生生世世就形成我們會遇到的各種痛苦，因此無論如何都要把不清淨的阿賴耶識消滅，所以國王是指阿賴耶識。

婆羅門是指壞見，壞見就是我執，當然要消滅。沙門是指持禁戒行的實修者，有些人持守不好的戒律，誤以為那些不好的戒律最殊勝，能夠得到最好的果位，這個稱為「戒禁取見」。

至於要把土地都市全部消滅，這是指八識，即眼耳鼻舌身意

等。因爲八識的各種活動，我們會投生在輪迴裡，所以也要把八識消滅掉。

以上這些話，如果直接從字面上去了解，簡直大錯特錯，因此必須要轉變方向去了解其隱含的意義。爲什麼這樣講呢？因爲要把外道對於佛法的輕視之心去除掉，所以講的這個法不能一看就明瞭，不能直接從字面上去了解，所以佛陀才有這種開示。

四種旨趣及四種隱義有一些差別，其差別在什麼地方呢？以是否針對弟子個體來作說明，旨趣落在其它時間，例如說念誦瑪尼咒語就不會墮入三惡道，這是針對很久的時間來看，而不是針對弟子個人。以這樣來解釋，這種情況稱爲旨趣。

隱義是針對弟子的情況，針對弟子的了解能力，這個詞句不能從字面上了解，要轉變一個方向去了解，就是隱義。所以，旨趣和隱義等於是兩把鑰匙。

● 世俗諦和勝義諦

我們所要了悟的法，所要證悟的部分和對象，也有許多差別。一般來講，佛陀開示八萬四千法門，最簡單的歸納就是分成世俗諦和勝義諦，沒有第三諦，只有二諦，這就是我們要了解的法。

世俗諦是指凡夫所認識的部分。凡夫所能夠看到、所能夠了解的，對凡夫所顯現出來的這一切，都稱爲世俗諦。但即使是這樣，還可以再繼續作分類，一般來講，針對凡夫所顯現的一切，都是錯亂不正確的，但就算是如此，還是可以依照作用力的有無，再區分成兩種類型。

　　兩種類型就是顯現的部分有其作用力存在，以及顯現的部分沒有其作用力存在。例如晚上舉頭望明月，月亮發出光明，照亮所有地方，所以月光有去除黑暗的作用力，這就是顯現的部分具有作用力；或者是白天可以看到太陽，太陽具有光明，就是有其作用力存在。這種情況稱為「正世俗」，即正確的世俗。

　　顯現出來的樣子，有時沒有作用力存在，譬如對著月亮或太陽擠一擠我們的眼睛，可以看到兩個月亮、兩個太陽。雖然看到兩個，不過兩個的光亮有沒有比一個的更強呢？沒有。看起來是兩個，但是光亮並沒有超過一個，所以是沒有作用力存在，這是錯亂的，這種情況稱為「倒世俗」，即顛倒的世俗。雖然看到這個樣子，不過沒有作用力存在，所顯現的樣子跟其作用力不相符合。

　　再舉例說明，我們看到一條蛇，顯現出來的情況是看到一條蛇，如果被這條蛇咬到，毒跑進身體，就會死掉。所以看到蛇，對凡夫顯現是世俗諦，不過這個世俗諦有其作用力存在，所以顯現的部分和其作用力完全符合，稱為「正世俗」。

　　如果我把一條草繩看成一條蛇，這條草繩會不會咬我一口？會不會讓我中毒死亡？不會。所以雖然把草繩看成一條蛇，可是蛇的作用力並不存在，所顯現的部分和其作用力不相符合，稱為「倒世俗」。

　　對普通凡夫來講，所顯現的一切都是世俗，世俗諦的一切都是錯亂的，不過在錯亂的情況下，針對有沒有作用力還是可以作一個分類，分成正世俗和倒世俗。以上就是針對世俗諦有沒有作用力作說明。

勝義諦的部分是指萬法實相，這不是普通凡夫所能了解的，只有聖者才能夠了知。所以，不是凡夫所能了解，唯有聖者才能知道的萬法實相的部分，稱爲勝義諦。

　　不過，即使是聖者所了悟的部分，仍然可以繼續作分類。若針對萬法是空是無這部分來作抉擇，稱爲「品類勝義諦」；如果不針對它有這個意義或無這個意義，不針對任何一個部分來作抉擇，稱爲「非品類勝義諦」。

　　總之，針對輪迴的本質不能夠成立，針對涅槃的本質也不能夠成立，從針對本質不能夠成立來講，這是勝義諦。無論如何，勝義諦並不是一個凡夫能夠思維、了解、說明的；勝義諦的部分是聖者本身現實的了悟，但不是說聖者了悟才出現勝義諦，如果聖者沒有了悟或沒有聖者，難道就沒有勝義諦存在了嗎？當然不是。不管聖者是否了悟，勝義諦都存在；不管佛陀有沒有出現在世間，勝義諦本來就已經存在了；不管佛陀有沒有講經開示，勝義諦本來就存在了。因爲勝義諦不能夠思維，也不能夠說明，不管是任何人，眾生也好、佛也好，都不是任何一個生命用他的內心製造出來的。

• 二諦雙運

　　前面講的是二諦，之後還有二諦雙運。

　　譬如水中月影，池塘裡有水、有月亮的倒影，就水月而言，當然有顯現出來，所以我們可以看到水裡有一個月亮的形象，就顯現的形象而言，稱爲世俗諦。不過，這個池塘裡的月亮雖然有顯現出來，其本質卻不能夠成立，本來就是沒有的，就其本質不能夠成立

而言，稱為勝義諦。

　　換句話說，水月本來不能夠成立，不過月亮的影子總是可以出現，當天空有月亮時，水裡的月影就出現了，但是卻不能說它有，因為探手到水裡是抓不到的。從影子出現的角度而言，是世俗諦；從其本質不能夠成立而言，是勝義諦，所以這個月影本身是世俗諦，也是勝義諦，這是二諦雙運結合在一起的情況。

　　二諦雙運的情況，要看我們五根的對境，眼耳鼻舌身所對的色聲香味觸。五根所顯現的對境，就好像我們在一張白紙塗上五種顏色，在不作分析考察的狀況下，好像是五張不同顏色的紙放在桌子上，實際上並不是，只有一張紙，只不過在這張紙上塗了五種顏色。

　　同樣的道理，在不作任何分析的狀況下，五根的對境──色聲香味觸這五種對境好像各個分開，其實不是，就其顯現而言，其實是相同的，而且對於我們投生在輪迴裡，不會發生什麼影響。不過，當五根的對境顯現出來時，我的內心對這個景象產生了貪戀耽著，這個貪戀耽著就會牽引我們墮入三界的輪迴裡。所以，墮入三界輪迴的主因不是客體的顯現，不是色聲香味觸的顯現，而是我們對這個顯現產生了貪戀耽著，貪戀耽著才是墮入輪迴的主因。

　　所以，最主要的是了解五根的對境只是顯現，不要對它有貪戀耽著，應當把貪戀耽著去除掉，這是非常重要的。五根對境的一切顯現都是如夢似幻，而非諦實成立。因此，對於萬法如夢似幻的八個比喻，要經常作實修，這對我們有很大的幫助。

● 萬法如夢似幻的八個比喻

萬法如夢似幻的八個比喻是什麼呢？

第一個比喻是如夢，好像我們晚上作夢，當然不能說沒有夢境，它畢竟出現了，不過即使它出現了，就僅只是一個顯現的景象而已，並不是一個實體。

第二個比喻是幻象，譬如魔術師對著小石頭念誦咒語後，變出了牛、羊、馬，這樣的幻象是變出來的。

第三個比喻是陽焰，沙漠上陽光一照，本來沒有水卻看到一條河流，這就是陽焰，也就是海市蜃樓，是幻影，而不是真實存在。

第四個比喻是水月，不是實體，如果你把水月當作真實，就會發生危險。不是有這麼一個故事嗎？森林裡的猴子看到水月，認為真的是月亮掉進水裡，牠們想把月亮撈起來，就爬到最高的樹上，一隻猴子抓著另外一隻猴子的尾巴，這樣一隻抓著一隻，幾百隻猴子垂下來，想要撈月亮，結果猴子太多太重，樹幹無法支撐就斷掉了，所有的猴子全都掉進水裡。這種情形，就是因為執著水月是一個真實的月亮。還有看到井裡的月亮，認為是真的月亮掉到井裡了，便用繩子綁了很多人垂到井裡要抓月亮，結果繩子斷了，所有的人都掉進井裡，這種情形也一樣。

第五個比喻是光影，譬如划船或開車時，左右兩旁的樹木很快地往後飛逝，就像光影一樣，樹木好像在移動，然而樹木有沒有移動呢？沒有。

第六個比喻是谷響，就是空谷回音，對著山谷大喊一聲，會有回音傳回來，但並沒有人在對面回喊，只是產生空谷回音而已。

　　第七個比喻是食香的城市，這是食香神變化出來居住的城市。

　　第八個是神通變化，如果擁有神通變化的能力，能變出許多東西，但其實那些東西根本就沒有，只是變出來的而已。

　　五根所接觸到的對境、所顯現的一切都屬於世俗諦，僅僅只是顯現出來而已。就世俗諦而言，就像前面講的八個比喻，針對所顯現出來的部分，不能有貪戀耽著，所以現在就要開始作實修，努力去除貪戀耽著。

　　在究竟上，當然萬法究竟實相是勝義諦，但勝義諦不是凡夫俗子內心所能了悟，凡夫內心能夠了解的只有世俗諦。如果把世俗諦和勝義諦作個討論，世俗諦和勝義諦是不是一個呢？不是。是不是分開的呢？也不是。世俗諦和勝義諦的關係，不能說是一個，也不能說它們是分開的，無論如何，勝義諦的部分不是凡夫內心所能感受到的，不是在凡夫內心所能產生的；凡夫內心能夠感受、能夠產生、能夠認識的，就是世俗諦了。

● 各宗派對二諦的主張

　　前面談到對境的分類有世俗諦與勝義諦兩種，但是在對境裡，也有粗分的心識和細分的心識之差別。

　　粗分的世俗諦是什麼樣子呢？譬如說茶杯，在我們內心的認識，這是一個茶杯，如果用石頭把茶杯打破，內心就不能再去執取這個形相，因為杯子已經被打破了，既然被打破，在內心執取的形相就沒有了，就會發現：「喔，原來這個執取是錯誤的，杯子已經不存在了，內心不能夠再執取一個茶杯的形相。」執取一個茶杯的

形相，就是世俗諦，這是粗分的部分。

　　一切事物粗分的部分，非常粗糙、很大，如果把它打破，到最後，一定會有一個細塵，也就是最微細、不能再分割的部分，無法再用鐵鎚把它敲碎，因爲這已經是最細微的部分，不能夠再被消滅了，這個部分是勝義諦。

　　其實我們的心識也是這樣，心識粗分的部分指的是什麼呢？過去的想法、現在的想法、未來的想法，即使是現在的想法，仍然有前面、中間、後面的部分，這是粗分的心識，這些粗糙的部分是屬於世俗諦。

　　不過內心裡還有微細的部分，最微細的心識是沒有時間差別的，不能再用時間繼續進行分割。這種不能夠再分割的心識，就是勝義諦。這是聲聞乘門裡，說分別部所作的說明。

　　小乘經部宗的主張則是，一般來講，我們了解的萬事萬法可以分成有作用力和沒有作用力兩種類型。譬如廚房裡的火就有作用力，什麼作用力呢？能夠燒熱水、煮熟食物。可是如果在牆壁上畫了火的圖案，看起來跟火一樣，能不能煮茶、做飯呢？不能，因爲它沒有這種作用力。雖然看起來一樣，但是一種有作用力，一種沒有，有這種差別。又如天空的月亮，作用力是去除黑暗，水中月影看起來也是月亮，但並沒有去除黑暗的作用力，有這樣的差別。

　　而且，仍然可以把一切萬法分成自相和共相的部分。自相的部分，譬如火能燒水，把水煮開，這是火的自相；而我們腦裡可以想出火的樣子，這是火的共相。我們內心有許多分別念頭，可以想到金子、銀子、珍珠、珊瑚、鑽石，在內心裡所思維的是共相，因爲

它沒有作用力存在；不過在對境上確實存在著具體的金、銀、鑽石、珊瑚，這是自相，有作用力存在。

所以，凡是有作用力的事物就是勝義諦，凡是沒有作用力的事物就是世俗諦，這是經部宗的說明。

但是，關於二諦的理論，經部宗的說明和說分別部的說明，主要是針對內心的分別念頭，從這個地方來安置理論，所以，安置的方式大致上是順著量推理的方式進行。

大乘唯識宗的主張是，在我們心識之中會顯現出很多對境，我們所看、所接觸到的，全部分成三種類型。譬如一個魔術師在小石頭、小木片上念咒語，變出了牛、羊、馬，雖然實際上並沒有牛、羊、馬，不過靠著咒語的威力，仍然可以顯現出牛、羊、馬的樣子。所以唯識宗如此說明：靠著咒語的威力所變化出來的牛、羊、馬，稱為「遍計所執性」。但是事物有一個基礎能夠顯現出這個牛、羊、馬，基礎是什麼呢？就是小石頭、小木片，因為魔術師要靠著小石頭、小木片，才能夠變出牛、羊、馬，所以這個小石頭、小木片就稱為「依他起性」。在依他起性上所變出來的是牛、羊、馬，這是遍計所執；不過雖然變出牛、羊、馬，這只是顯現出來而已，實際上根本不存在，就實際上不存在、不成立而言，就稱為「圓成實性」。

把我們所面對的一切萬法分成這三種，這是唯識宗的主張。

同樣的道理，我們現在所接觸到的對境──色聲香味觸，本來不成立、不存在，僅僅只是顯現出來而已，所以都是世俗諦。不過使牛、羊、馬顯現出來的基礎是小石頭、小木片，這是依他起，使

色聲香味觸顯現出來的基礎是我們的心識，而心識總該有了吧？如果沒有心識，色聲香味觸便不會顯現出來，所以，顯現的是色聲香味觸，能夠顯現者是心識，心識就是依他起。在能顯現的基礎──心識上，所顯現出來的粗糙景象，還有這個粗糙的心識本身，都不能夠成立的這個部分，是圓成實性。

　　所以，遍計所執性是顯現出來的部分，是世俗諦；但是依他起和圓成實性這兩項，則是勝義諦。

　　這兩項還有差別，依他起是屬於有法的勝義諦，圓成實性是屬於法性的勝義諦，這是一種主張。

　　但有另外一種主張則認為，依他起也是屬於世俗諦，因為心識粗糙的部分，其實也是不能夠成立的，因此仍然歸納到世俗諦。所以就依他起這個項目而言，有些主張認為是勝義諦，有些主張認為是世俗諦，主張並不相同，這是唯識宗的主張。

　　其次，中觀宗的傳統，分成中觀自續派和中觀應成派兩種類型，他們如何主張呢？

　　第一種，中觀自續派的主張是指，我們一般凡夫所顯現出來的一切色聲香味觸，都僅僅只是在世俗方面成立而已，色聲香味觸等還有許多蘊，只在世俗上顯現出來，這個部分仍然稱為世俗諦。不過，在世俗上所成立、所存在的這個部分，如果我們內心仔細作個推理，發現它只不過像是個幻影，雖然顯現出來，但是沒有自性，沒有自己的性相存在，所以世俗諦的萬法，在勝義諦上而言，其實不存在，並不能夠成立。不存在的情況就好像天空一樣，譬如我們說天空，只是把它取一個名字，如果內心思維天空到底是什麼？想

要指出來，卻不能夠辨認清楚，沒辦法指出來。就像這種情況一樣，所以自續派主張：在世俗方面，色聲香味觸都是有的；不過在勝義上，色聲香味觸都是無的。空性的部分（空分）屬於勝義諦；顯現出來的部分（顯分）屬於世俗諦。

應成派的宗派義理部分，分成基中觀二諦雙運、道中觀二資糧雙運、果中觀二身雙運。

• 基中觀二諦雙運

基中觀二諦雙運要說明的是：基抉擇的方式是什麼？就所抉擇的基，最殊勝的是應成派，原因何在？就所抉擇的意義進行觀修，如何進行？

首先，怎麼樣來抉擇基？方式是什麼？通常在經教乘門裡，所謂的宗派義理有很多種。宗派義理之中，見地最為純正、殊勝的，就是中觀應成派。中觀應成派關於二諦的理論是什麼呢？在不作邏輯推理、不作分析的狀況下，顯現出來的一切就是世俗諦，世俗諦的一切都是顯現出來的；不過雖然顯現出來，但是並不成立，所以是空性，這是勝義諦。

無論是顯現部分的世俗諦，還是雖顯卻不成立所以是空性的勝義諦，兩者其實都是我們內心給它取一個名字而已。有人主張「世俗諦的萬法，在名相上取一個名字，在名相上成立就存在」，應成派則不作這樣主張，應成派主張在推理分析之下，色聲香味觸一切萬法在勝義諦上不成立，在名言的世俗上也是沒有的。

總而言之，色聲香味觸等萬法，自續派主張「就世俗的主張而

言是有的」，應成派就不如此主張，應成派認為這也是不成立的，世俗諦或勝義諦都只是我們內心的施設，給它取一個名字而已，實際上都不能夠成立。即使是世俗諦，如果我們仔細推理分析，它也是遠離有、無、二有、二無，仍然是遠離一切戲論；所顯現出來的部分，如果我們仔細分析，仍然是不生也不滅，沒有說某一個法是從這個處所移動到別的處所，或者是某一個法從別的處所移動到這個處所，完全都沒有，所以萬法本身並不能夠成立。

自續派認為色聲香味觸法在世俗諦依他起上所顯現出來的，在世俗上是有的，但是自續派所承認的世俗方面是有的這個部分，到了應成派就不這樣承認了。

應成派的主張，主要是由奠基者龍樹軌範師傳承給他的弟子佛護，之後傳到清辨、月稱、寂天等很多弟子。前面的說法是這些弟子不共的主張和特色，而這些不共的特色和主張，即使是自續派的軌範師，也都還沒有證悟。

一般都說在一切宗義之中，應成派的宗義最為殊勝，原因何在？為什麼強過其它的宗義呢？

應成派二諦的理論，比起下宗義而言，是最為殊勝的。下宗義的說分別部、經部宗、中觀自續派，在這些宗義裡，應成派的宗義見地最為殊勝，原因是：最先，說分別部提出自己的見地、宗派義理，建立了說分別部的宗義，但仔細研究，發現裡面有許多矛盾，把這些矛盾去蕪存菁，沒有過失後，就變成經部宗的宗義。

經部宗提出自己的見地宗派義理之後，後面的人再分析一下經部宗的主張，發現裡面還是有許多矛盾，再把這些矛盾去除掉，留

取精華後，形成唯識宗的主張。

　　但是唯識宗的宗派義理提出來之後，有人再把唯識宗的宗派義理仔細分析檢討，發現裡面還是有許多矛盾，再把這些矛盾去除掉，留下精華，就變成了自續派的主張。

　　自續派的宗派義理提出來之後，再把這個宗派義理進行分析，發現裡面還是有矛盾的地方，又把這些矛盾去除掉之後，就形成了應成派的宗派義理。可見應成派的宗派義理，是把前面所有一切的宗派義理全都仔細地檢查過了，彼此辯論，作了很多討論，經過許多的分析和檢查，所以就這些結果來看，應成派的宗派義理是最完整、最上等的，再也沒有錯誤了，這是它最殊勝的原因。

　　針對宗派義理，已經抉擇之後，如何辨明清楚它的觀修意義是什麼？這個就是道中觀二資糧雙運。

· 道中觀二資糧雙運

　　就宗派義理而言，世界上的宗教何其多，教法也很多，不過這一切的宗教，大多數是有人自己隨便做些打坐修禪定，隨便修一些安止，之後產生了一些神通，也有了一些威力，就吸引許多信眾成為他的弟子，因為要對他們解釋說明，所以內心開始構思了很多內容，開始思維，因此就產生了他要說明的一些理論，形成了宗教，所以世界上才會出現這麼多的宗教。

　　不過，內道佛教卻不是這樣。首先，導師佛陀是經過三個無數劫的時間，歷經難行苦行，千辛萬苦，廣大地積聚資糧，將過失全部斷除，將能夠得到的功德逐漸累積，並且完全得到，所以佛法是

佛陀所說出來的教法，跟其它宗教不一樣。

現在美國有一個男性說：「我就是佛。」他說自己就是佛，有很多弟子追隨他，他也講了很多教法教理。許多宗教都是如此地信口開河，內心想到什麼就說什麼，許多人相信之後就變成了宗教。

但是內道不是這樣，內道裡，說分別部、經部宗、唯識宗、自續派、應成派的義理，深入且廣大甚深，非常複雜。對於這些義理，我們應當個別的了解，如果上等者來學習，應當把外道的理論都好好學習了解，譬如印度古代的佛學大博士廣泛地學習外道的理論，非常深入地了解外道的理論；西藏古代佛學院裡也都要對外道的理論作深入的研究。不過，以前西藏佛學院所學習的外道理論，是古代的外道，當然現代外道也會接受或繼續這些主張，可是現在外道理論歷經這麼久的時間，也產生很多變化。所以如果是上等的情況，應當把這些內道、外道的義理全部都作一個廣泛的了解，這是非常重要的。

在這些宗義裡，最為純正的是應成派，類似的是自續派；佛教裡不正確的，就是說分別部、經部宗和唯識宗。

為什麼正確、為什麼不正確呢？有什麼過失？為什麼沒有過失？這些應當一項一項個別的區分清楚，用能夠區分的勝慧，不混雜的認識清楚，這個就要靠多聞。

前面講勝慧的部分，分成聞所生慧、思所生慧、修所生慧三種。首先要多聞，產生認識，這是聞所生慧。廣為多聞後，內心產生聞所生慧，就能夠調伏煩惱，如果內心的煩惱能夠鎮壓住，就不會被魔鬼邪祟侵犯、傷害了。

其次，內道的宗派義理非常多，這麼多的宗派義理中，我要怎樣來作實修呢？就顯教乘門而言，在一切的宗派義理中，最為殊勝的是中觀應成派的宗義見地，是順著一切事物實際的情況。

但是萬事萬物原來的情況、實際的面貌，不是我們嘴巴能夠說明的、我們內心能夠思維的，所以在中觀應成派的見地裡，認為不是用嘴巴可以說明、不是用腦袋可以思維的這個部分，就是屬於勝義諦；如果一般我們可以用口來說明、可以用內心來思維、來活動、來進行的一切，就屬於世俗諦。

就世俗諦而言，在對境上不能夠成立，但是我們內心想成可以成立，本來是無，可是我們把它想成是有，這些都是內心的施設，所以內心施設所形成的一切萬法，都屬於世俗諦。不過，在究竟上，萬法是二諦雙運，二諦雙運的究竟實相不是我們所能了知的。這個部分是對境自己方面不能夠成立，因此了悟對境的本智當然也不能夠成立，所以，究竟實相是超越了能悟與所悟，超越這二邊。

過去沒有人了悟勝義的部分，現在也沒有人了悟勝義的部分，未來也不會有人了悟勝義的部分。這個部分不是眼睛所能看到的色法、不是耳朵所能聽到的聲音。而且就佛果而言，並不是像做生意一樣，我給他錢，然後把這個東西拿過來，因此我得到了，這樣稱為我得到了佛果，佛果不是這樣的。所以，過去沒有得到、現在沒有得到、未來也不會得到。

可是佛陀在很多佛經裡提到，空性是可以了悟的，為了要了悟空性，所以我要消滅、清淨罪障；而且又說為了了悟空性，所以我要觀修菩提心。佛陀為什麼要這樣講呢？

其實所謂的了悟空性，只是說說而已，只是一個名相罷了，實際上沒有「空性」可以了悟。佛陀這樣講，只是運用名相來說明。就了悟空性而言，我們仔細分析一下對境，發現對境不能夠成立，如果對境不能夠成立，暗地裡漸漸就了解：「喔，那了解對境的主體本身——本然智慧，也是不能夠成立嘛！」

　　因此，對境和有境本身的真實情況，其本質是互相符合的，這時就稱為「了悟空性」，這只是一個稱呼，給它取一個名字而已，實際上沒有所謂的「空性」可以了悟，也沒有佛果可以得到。

　　佛陀這樣講，弟子也這樣講，說空性可以了悟、佛果可以得到，為了得到佛果，所以要觀修菩提心等等，作了很多說明，其實都是因為我們內心的煩惱很多，不管什麼時候都不能了悟這些內容，因此，佛經裡提到佛果可以得到，這只是運用一個名相而已，實際上不能夠說像一個外在的事物，譬如一個東西我拿在手裡，說我得到了，佛果不是這樣子得到的；也不是說原來我沒有這個東西，現在我得到了，佛果也不是這樣子得到的。同樣地，說勝義諦可以證悟、空性可以證悟、佛果可以得到，也都只是運用名相來作說明而已。

　　所以，為什麼在佛經裡有時講可以得到，有時講不可以得到；有時說可以證悟，有時又說不可以證悟？不能只看表面，必須依個別的情況分開來了解。

• 果中觀二身雙運

　　最後，果中觀二身雙運，分成三項來說明，包含萬法的實相是

緣起、輪迴的法的緣起、涅槃的法的緣起，。

第一項，萬法的實相是緣起。一般而言，由任何因和緣聚集起來，就形成了果，這樣的果當然各種各類非常多，不過因為它是因緣和合，是緣起，所以緣起的理論是一切萬法的基礎、根本部分。

如果能再三思維萬法緣起的意義，好好學習，這就是三慧中的思所生慧。如果把思所生慧學習得非常好，當然就能進入佛陀所說的教法大海之中。

一般而言，顯有是指不清淨的輪迴的萬法，涅槃是指清淨的法，不管是清淨或不清淨的法，都不是由別的地方搬過來這裡；或現在這裡是輪迴、不清淨的法，我把它丟掉，我到另外一個地方去，那邊是清淨的法，都不是這種情形。

不管是輪迴的法或是涅槃的法，其實根本就不能夠成立，因為一切萬法的本性是既不來也不去，現在有法的部分——色聲香味觸，對我們來講都是不清淨的，所以會顯現成凡夫所見的樣子，出現了稱為「生」，之後又消失了，就稱為「滅」。

有法生出來，我們如果仔細分析，它的本質當然是空的；就滅而言，如果我們再作分析，它仍然是空的。所以顯現出來時，針對我們來講，色聲香味觸是不清淨的方式，有生、住、滅，但是仔細一分析，卻發現沒有生、住、滅，可見生、住、滅這個部分不是實相，不是它原來的面貌，生、住、滅在實相上根本不存在，不能夠成立。這是中觀應成派的道路。

所以，不清淨的部分在實際上根本就不成立。實際是沒有，但雖然是無，不過仍然可以顯現出來，在無之中顯現出清淨的部分，

也顯現出不清淨的部分，這個情況就好像是夢境，好像魔術師在石頭、木片上念誦咒語，變出了牛羊馬，本來沒有，可是它還是可以顯現出來。萬法就像是這個樣子。

因此，對無而顯現出來的萬法，我們就會去分辨好的、不好的，清淨、不清淨的，我們內心的分別念頭進行了很多活動，這個活動就是增益減損，然後內心就產生取捨和追求，形成了三界的輪迴。這些分別妄念，如果仔細分析，在我們的分別妄念裡會想到：這是好是壞、是有是無、是二有是二無……，所以，一切分別心都是施設，經由分別心的施設，就產生了很多邊執和戲論，簡單歸納來講，就是形成了四邊。

有邊、無邊，或是常邊、斷邊，或是中間者，主張非有非無，不常也不斷，有很多的主張和想法，以這些主張來作實修，那就不算是一個善巧者。好像蜘蛛作繭自縛一樣，蜘蛛在房子角落佈下天羅地網，小蟲飛進來就會被吃掉，不過到最後，也把自己纏在蜘蛛網裡面死了，這種情況也是會發生的。

同樣的道理，自己有很多的分別念頭和妄念，把自己束縛在輪迴中，也有這種情況。自己的煩惱很多，受到煩惱的束縛，經由內心形成很多法，這些法的生、住、滅，這一切其實根本就沒有，說是一或很多個一，或是常，或是斷（斷就是無常），這其實根本就沒有，都只是我們內心的妄念戲論。唯有止息掉妄念戲論，在沒有妄念戲論的狀況下，內心才能認知到萬法的實相，這個部分就是思所生慧。

第二項是輪迴的法的緣起，輪迴的法有外在和內在兩項，所以

分為外輪迴的緣起和內輪迴的緣起。

外輪迴的緣起，是指所顯現的一切對境，地、水、火、風、空、山河大地、森林、高樓大廈等一切事物，全都屬於有為法，皆是因緣和合所形成，這一切都是屬於外輪迴的緣起。

內輪迴就是指眾生，有情生命，如何形成的呢？對於善惡取捨不知道，這是無明，經由無明就會累積很多不善業，因此無明形成行，接著有識，接著名色、六入、觸、受、愛、取、有、生、老死，這是緣起的十二個支分，是內在輪迴的緣起。

第三項是涅槃的法的緣起，分成道的本質和果的本質兩個項目。就道的本質而言，當我們在三有輪迴中不斷流轉，是因為無明，由無明產生行、識……，一個支分產生一個支分，就形成了輪迴，這是緣起的順生規則。

仔細分析緣起的十二個支分，根本之處是無明，所以要斷掉無明的話，要有了悟無我的勝慧，由無我慧去除掉無明；無明沒有了，當然就沒有行；沒有行，就沒有識；沒有識，就沒有名色、六入……，一項一項都沒有了，全都滅除掉了，這也是緣起的順生規則。

另外還有返轉的方式，就是老死從何而來？從生而來，生從有而來……，如此一項一項往前分析，最後了悟一切輪迴的源頭就是無明，這是緣起的返轉規則。不僅如此，要把老死去除掉，需靠把生去除掉，從後面一項一項往前，到最後面，一切都靠去除無明，這也是緣起的返轉規則。

把緣起順生、返轉的每一種情況都好好地了解，就會了解苦

諦,就會知道:「喔!我不喜歡這個痛苦,要避免掉痛苦。」

如果要避免痛苦,就要把它的原因去除。痛苦的原因是什麼呢?集諦,努力把集諦去除掉,如果能把集諦去除掉,就會得到涅槃的果。如果產生了要得到涅槃果位的想法,可是涅槃果位不是隨便就可以得到,它有它的因存在,對它的因要好好努力,因的部分就是道諦,所以要在道諦上非常精進努力。

一個人如果能對十二緣起的情形好好了解,這個人便可以證悟四聖諦。

修所生慧

分成四幾個段落來說明,說明修所生慧本身、道路提昇進步的方式、得到果的情況、用六度作個歸納總結。

首先第一項,說明修所生慧本身。總而言之,所顯現出來的萬法本來是不生的,就萬法本不生這個部分再三思維,作了很多分析後,把疑問去除,然後作了抉擇,進行再三反覆的觀修,就會產生修所生慧。

經由如此產生的修所生慧,就好像沒有任何雲朵的天空一樣,意思就是在修所生慧之中,沒有任何分別念頭和執著。譬如在禪修中,五蘊八識都有,如果有這種執著,執著有,這個禪修就不算是好的;或者說五蘊八識根本就沒有,這是執著無,如果執著無,這個禪修也是不好的。

執著有既然不好,那我要把一切是有的執著排除,消除一切,但若變成執著無的話,也是跟勝慧相互違背。

　　所以，實相部分是無，不是說我們閉著眼睛什麼都看不到，說這就是實相，不是這個意思。凡是我們內心思維的，是煩惱心所進行的施設，經由煩惱心進行施設而產生的這一切，它的實相其實是沒有的，所以，萬法實相是指煩惱心所思維出來的一切都是無的。萬法實相不是我們的煩惱心所能夠了解，只有本然智慧可以了解；本然智慧所可以了解的佛身、佛本智的部分，這是萬法實相。

　　就萬法實相而言，遠離一切戲論，因此是自性清淨。如果內心能夠順著萬法的實相，遠離戲論，自性清淨而安住，這就是萬法實相的見地。

　　為了使弟子按照順序逐漸學習，把這個情況取個名字，稱之為見地。但如果取了個名字，那就變成世俗，就是世俗諦。實際上並沒有見地存在，只是取一個名字而已，主要是去除妄念和分別執著。

　　如果能夠安住在萬法實相上，這是一切禪修中最殊勝的禪修。內心分成兩項，就是心王和心所。在好的禪修裡，實際上已經超越心王和心所這二邊，如果能對這個勝慧好好地了解，有了這個勝慧後，所進行的布施、持戒、安忍，這一切善行都會變成得到佛果的原因。如果沒有純正的見地，沒有這種勝慧，當然也可以作布施、持戒、安忍等各種實修，不過這些實修是墮入輪迴的因，雖然可以得到輪迴中天人安樂的果位，可以避免三惡道，投生天人善道，但仍是輪迴的因，不能成為得到佛果的因。

　　可見，正確的見地多麼重要。那要如何得到正確的見地呢？多聞，靠著廣大聽聞學習佛法才能夠了悟正確的見地。除此之外，不

多聞而能夠了悟見地，則絲毫不可能，在現代這個時代，當然更加困難。以上是說明修所生慧本身。

其次是道路提昇進步的方式。

修道的方式如何不斷地進步？修道時，見地是空性，方便是悲心，這兩個項目在內心輪流作實修，有時候修空性、有時候修悲心，輪流做。這樣的實修不斷地進步，會進入下品資糧道、中品資糧道、上品資糧道，這些功德會逐漸產生。過了上品資糧道之後，就進入加行道，分成暖位、頂位、忍位、世第一法位四項。

在等置位的階段是觀修空性，後得位階段是觀修悲心，這只有在加行道是這樣。之後進入見道位，空性和悲心的觀修在等置位階段和後得位階段就毫無差別了。等置位階段觀修空性悲心雙運結合，後得位階段也是觀修空性和悲心結合在一起，無論什麼時候都不會離開這兩者。

見道位初地是極喜地，就是最初見到法性無我實相，證量看到了；然後到了第二地以上，就是修道位了，不斷地提昇，從初地、二地開始，就是逐漸斷掉煩惱障和所知障。

接著是獲得果位的情況。什麼時候能夠得到果位呢？從初地、二地不斷開始進入修道位，一直到第七地斷除煩惱障和所知障，但是到了第八地、第九地、第十地清淨三地時，純粹只有斷掉所知障，前面煩惱障已經沒有了。最後到了第十地最後段落，就是斷掉所知障裡最微細的部分，這個禪定稱為「金剛喻定」，就成佛了。

得到了佛果，就不管什麼時候都在等置位階段，根本不會離開等置位。所以證得佛果時，會產生十八不共法、十力、四無畏等無

量無邊的功德，這個時候就取一個名字，稱之為「佛」。

最後一項是用六度來作一個結論。

第九章講的就是六度，這是三時一切諸佛成佛的大道，所以如果能夠在這條大道上，見地齊備，具足沒有絲毫過失的清淨見地後實修六度：布施、持戒、安忍、精進、靜慮、勝慧，這個實修就非常純淨，因此可以投生在密嚴佛土。

進一步來講，六度在學習上是有順序的，之所以有這些順序安排，是有差別作用的。

如果從因果的觀點來看，布施是原因，以布施作為原因，它的果就會產生持戒；以持戒作為原因，所產生的果就是安忍；以安忍作為原因，所產生的果就是精進；如果把精進作為原因，所產生的果就是禪定靜慮；如果把禪定靜慮作為原因，所產生的果就是勝慧。所以，前者是因，後者就是果，這是從因果方面來排列。換句話說，六度波羅蜜之所以按照這個順序排列，裡面有因和果的原因存在。

若就利益高低來看，也有原因存在。就布施來講，它的利益比較低、比較薄弱；比起布施的利益而言，持戒的利益非常廣大；跟安忍比起來，持戒的利益又比較低、比較薄弱，安忍的利益比較廣大；如果跟精進比較，安忍的利益比較低，精進的力量比較高；如果精進的利益和靜慮的利益比較，靜慮的利益高太多了；如果把靜慮和勝慧比較，靜慮的利益很低，勝慧的利益廣大無比。這是從利益高低來看，前者低、後者高，前者利益小、後者利益更加廣大。所以，為什麼六度要按照這個順序來排列呢？在利益方面有高低差

別，由低到高排列。

其次，在實修方面的粗和細有差別，在實修方面的簡單和困難也有差別。

在實修方面，布施最容易，就算是世俗之人也可以做到布施，但不是所有世間的凡夫俗子都能持戒，所以持戒比較困難，布施比較容易；把持戒和安忍比較，持戒就容易多了，安忍非常困難，小乘當然也可以持守戒律，大乘當然也可以持守戒律，不過小乘要做到像大乘一樣的安忍，是做不到的，所以安忍比持戒更加困難，它的實修也就沒那麼容易；安忍和精進比較，安忍容易多了，精進又更加困難，要歷經難行苦行；如果把精進和靜慮比較，靜慮是要斷除內心的妄念心，寧靜地安住在安止之中，把這種情況和精進比較，靜慮實在太困難了；如果把靜慮和勝慧比較，勝慧又更加困難，為什麼呢？勝慧是要了悟一切萬法的實相，有個正確純粹的了悟，這實在是非常困難，比起靜慮而言，勝慧困難多了。

總而言之，有粗和細的差別，在實修上有容易和困難的差別，所以是按照從易到難的順序安排，前者粗糙、容易，後者微細、困難。

從前面所談來看，六度是有順序的，因和果、利益高和低，還有實修的難易度，會這樣安排是有其順序的必要性存在。

此外，如果只靠布施、持戒、安忍、精進、靜慮五個項目，並不能成就佛果，這五個項目應當放在勝慧之下來作實修，以勝慧的本質遍及這五個項目來作實修的話，這五個項目才可以得到佛果。

慈氏彌勒怙主在《寶性論》裡有一個比喻說明，譬如國王告訴

六個大臣要興建一尊非常莊嚴的佛像，一個大臣負責做左腳、一個負責做右腳、一個負責做身體、一個負責做左手、一個負責做右手，之後派一個非常優秀的大臣負責做佛頭。如果這個負責做頭的大臣出國了，就算手、腳、身體都做好了，這尊佛像能不能算是佛像呢？不能，因為沒有頭。同樣的道理，六度的頭就是勝慧，沒有勝慧，靠其它五項也不能成就佛果。

從法的角度來看六度的情況，勝慧就好像是一條廣大的河流，其它五度只能算是小小的河流。在西藏，土地廣大，如果是小小的河流，無法流到大海，中間就會乾掉，因為小河流本身的能力不能流到大海。如果小河要流到大海該怎麼辦呢？首先要流到大河，和大河結合在一起，之後和大河一起流動，才能流到大海。

同樣的道理，布施、持戒、安忍、精進、靜慮五個項目，如果僅靠著自己的能力，並不能成就佛果，這五個項目不能當作成就佛果的原因。如果要把五個項目轉變成為能夠證得佛果的因，就必須把這五個項目放在勝慧之下，以勝慧的本質來轉變它們，或者說是以勝慧給予加持，之後這五度就會變成能夠證得佛果的原因，就具有這個能力。這是佛陀在《般若經》中提到的。

顯宗分的部分到此講解完畢。

結語

為了生活之故，大家都非常辛苦忙碌；再者，大家不是比丘，也不是阿尼，不能不上班不工作，所以也不能說大家有什麼錯誤。

不過，沒有把下輩子的事好好想一想，絲毫不去作思維，只做這輩子的事，如果這樣過一生，將來死亡時，就可能會後悔，在死亡時會有強烈的恐懼，這種情形很可能會發生，會有這種危險。所以，進入了佛教內道之門，作實修就很重要，至少在死亡時，不要讓自己感到遺憾，也不會感到恐懼害怕。

　　進入佛法實修後，即使此生沒有成就佛果，但至少在死亡時沒有後悔，也不會害怕，這是最為重要的。我在最早時曾經說過，我的期望就是弟子在死亡時能夠安住在實修裡，不過這部分不是我個人期望就能達成，大家在這方面也要自己精進努力修行，而且經常有相信之心，有信心好好學一學慈心、悲心、菩提心，這些佛法的學習，都是非常重要的。

JB0067	最勇敢的女性菩薩——綠度母	堪布慈囊仁波切◎著	350元
JB0068	建設淨土——《阿彌陀經》禪解	一行禪師◎著	240元
JB0069	接觸大地——與佛陀的親密對話	一行禪師◎著	220元
JB0070	安住於清淨自性中	達賴喇嘛◎著	480元
JB0071/72	菩薩行的祕密【上下冊】	佛子希瓦拉◎著	799元
JB0073	穿越六道輪迴之旅	德洛達娃多瑪◎著	280元
JB0074	突破修道上的唯物	邱陽·創巴仁波切◎著	320元
JB0075	生死的幻覺	白瑪格桑仁波切◎著	380元
JB0076	如何修觀音	堪布慈囊仁波切◎著	260元
JB0077	死亡的藝術	波卡仁波切◎著	250元
JB0078	見之道	根松仁波切◎著	330元
JB0079	彩虹丹青	祖古·烏金仁波切◎著	340元
JB0080	我的極樂大願	卓千拉貢仁波切◎著	260元
JB0081	再捻佛語妙花	祖古·烏金仁波切◎著	250元
JB0082	進入禪定的第一堂課	德寶法師◎著	300元
JB0083	藏傳密續的真相	圖敦·耶喜喇嘛◎著	300元
JB0084	鮮活的覺性	堪千創古仁波切◎著	350元

橡樹林文化 ❖❖ 成就者傳記系列 ❖❖ 書目

JS0001	惹瓊巴傳	堪千創古仁波切◎著	260元
JS0002	曼達拉娃佛母傳	喇嘛卻南、桑傑·康卓◎英譯	350元
JS0003	伊喜·措嘉佛母傳	嘉華·蔣秋、南開·寧波◎伏藏書錄	400元
JS0004	無畏金剛智光：怙主敦珠仁波切的生平與傳奇	堪布才旺·董嘉仁波切◎著	400元
JS0005	珍稀寶庫——薩迦總巴創派宗師 貢嘎南嘉傳	嘉敦·強秋旺嘉◎著	350元

橡樹林文化 ❖❖ 蓮師文集系列 ❖❖ 書目

JA0001	空行法教	伊喜·措嘉佛母輯錄付藏	260元
JA0002	蓮師傳	伊喜·措嘉記錄撰寫	380元
JA0003	蓮師心要建言	艾瑞克·貝瑪·昆桑◎藏譯英	350元
JA0004	白蓮花	蔣貢米龐仁波切◎著	260元

善知識系列　JB0085

本智光照 ── 功德寶藏論　顯宗分講記

藏　文　原　著／遍智　吉美林巴
講　　　　　記／堪布徹令多傑仁波切
口　　　　　譯／張福成
編　　　　　輯／廖于瑄
業　　　　　務／顏宏紋

總　編　輯／張嘉芳
出　　　版／橡樹林文化
　　　　　　城邦文化事業股份有限公司
　　　　　　台北市民生東路二段 141 號 5 樓
　　　　　　電話：(02)25007696　傳眞：(02)25001951
發　　　行／英屬蓋曼群島家庭傳媒股份有限公司城邦分公司
　　　　　　台北市民生東路二段 141 號 5 樓
　　　　　　客服服務專線：(02)25007718；(02)25001991
　　　　　　24 小時傳眞專線：(02)25001990；(02)25001991
　　　　　　服務時間：週一至週五上午 09：30 ～ 12：00；下午 1：30 ～ 17：00
　　　　　　劃撥帳號：19863813；戶名：書虫股份有限公司
　　　　　　讀者服務信箱：service@readingclub.com.tw
　　　　　　城邦讀書花園網址：www.cite.com.tw
香港發行所／城邦（香港）出版集團有限公司
　　　　　　香港灣仔駱兊道 193 號東超商業中心 1 樓
　　　　　　電話：(852)25086231　傳眞：(852)25789337
　　　　　　E-mail：hkcite@biznetvigator.com
馬新發行所／城邦（馬新）出版集團
　　　　　　Cité (M) Sdn. Bhd.
　　　　　　41, Jalan Radin Anum, Bandar Baru Sri Petaling,
　　　　　　57000 Kuala Lumpur, Malaysia.
　　　　　　Tel: (603) 90563833
　　　　　　Fax:(603) 90576622
　　　　　　Email:services@cite.my

內頁版型／歐陽碧智
封面設計／周家瑤
印　　刷／中原造像股份有限公司

初版一刷／2012 年 12 月
初版六刷／2022 年 11 月
ISBN ／ 978-986-6409-46-2
定價／ 380 元

城邦讀書花園
www.cite.com.tw

版權所有‧翻印必究（Printed in Taiwan）
缺頁或破損請寄回更換

國家圖書館出版品預行編目資料

本智光照 ── 功德寶藏論　顯宗分講記 / 遍智
　吉美林巴藏文原著；堪布徹令多傑仁波切講記．
　-- 初版 . -- 臺北市：橡樹林文化，城邦文化出版
　：家庭傳媒城邦分公司發行，2012.12
　　面 ； 公分 . -- （善知識系列；JB0085）
　ISBN 978-986-6409-46-2（平裝）

　1. 藏傳佛教　2. 注釋　3. 佛教修持

226.962　　　　　　　　　　　　　101021252

廣　告　回　函
北區郵政管理局登記證
北 台 字 第 10158 號
郵資已付　免貼郵票

104 台北市中山區民生東路二段 141 號 5 樓

城邦文化事業股份有限公司

橡樹林出版事業部　收

請沿虛線剪下對折裝訂寄回，謝謝！

|橡|樹|林|

書名：本智光照 —— 功德寶藏論　顯宗分講記　書號：JB0085

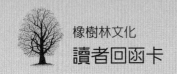

橡樹林文化
讀者回函卡

感謝您對橡樹林出版社之支持，請將您的建議提供給我們參考與改進；請別忘了給我們一些鼓勵，我們會更加努力，出版好書與您結緣。

姓名：＿＿＿＿＿＿＿＿＿＿＿＿　□女　□男　生日：西元＿＿＿＿＿年

Email：＿＿＿＿＿＿＿＿＿＿＿＿＿＿＿＿＿＿＿＿＿＿＿＿＿

● 您從何處知道此書？

□書店　□書訊　□書評　□報紙　□廣播　□網路　□廣告 DM　□親友介紹

□橡樹林電子報　□其他＿＿＿＿＿＿＿＿＿

● 您以何種方式購買本書？

□誠品書店　□誠品網路書店　□金石堂書店　□金石堂網路書店

□博客來網路書店　□其他＿＿＿＿＿＿＿＿＿

● 您希望我們未來出版哪一種主題的書？（可複選）

□佛法生活應用　□教理　□實修法門介紹　□大師開示　□大師傳記

□佛教圖解百科　□其他＿＿＿＿＿＿＿＿＿

● 您對本書的建議：

＿＿＿＿＿＿＿＿＿＿＿＿＿＿＿＿＿＿＿＿＿＿＿＿＿＿＿＿＿＿＿

＿＿＿＿＿＿＿＿＿＿＿＿＿＿＿＿＿＿＿＿＿＿＿＿＿＿＿＿＿＿＿

＿＿＿＿＿＿＿＿＿＿＿＿＿＿＿＿＿＿＿＿＿＿＿＿＿＿＿＿＿＿＿

＿＿＿＿＿＿＿＿＿＿＿＿＿＿＿＿＿＿＿＿＿＿＿＿＿＿＿＿＿＿＿

＿＿＿＿＿＿＿＿＿＿＿＿＿＿＿＿＿＿＿＿＿＿＿＿＿＿＿＿＿＿＿